Verlag Bibliothek der Provinz

Brigitte Krizsanits
Manfred Horvath

Das Leithagebirge

Grenze und Verbindung

Abbildung auf Seite 2-3: Blick von Au nach Stotzing, dahinter das Leithagebirge.

Abbildung auf dieser Seite: Blick von der Leithaprodersdorfer Bergkirche auf Stotzing.

Abbildung auf Seite 6-7: Die Marienwallfahrt nach Loretto führt die Schützener vorbei am Schlösschen Rendezvous im Esterházy'schen Tiergarten.

Abbildung auf Seite 8: Geschichte in Bildern. Detail im Steinmetzmuseum Kaisersteinbruch.

Vorwort

Am Anfang des Buches stand ein Gespräch zwischen der Autorin und dem Fotografen über verborgene Plätze und die Spuren, die die Geschichte im Leithagebirge hinterlassen hat. „Machen wir ein Buch", sagte daraufhin der Fotograf. Das war bei einem Frühlingsfest auf einer Lichtung, umschlossen von den Wäldern des Leithagebirges – und damit waren wir auch schon mitten im Geschehen.

Entstanden ist ein Buch, wie es bisher noch keines gab. Das Leithagebirge als Ganzes, das Leithagebirge in Wort und Bild. Ein Buch über uralten Siedlungsraum, über ein Grenzgebiet mit Sagen, Legenden, Schmugglergeschichten, prominenten Gästen und einer wunderbaren Natur. Nicht fehlen dürfen natürlich der Wein und die Kulinarik, denn der Name „Leithaberg" ist längst auch eine Herkunftsbezeichnung geworden.

Auf unseren Reisen haben wir Weinbauern besucht, wir haben Berge erklommen (auch wenn sie nicht sehr hoch waren), wir sind in Höhlen geklettert, haben Wallfahrer begleitet und wir haben mit vielen Menschen gesprochen, die mit ihren Geschichten zum Entstehen dieses Buches beigetragen haben. Ihnen allen danken wir, dass sie uns teilhaben ließen an ihrem Wissen, dass sie uns so manches verborgene Plätzchen gezeigt haben.

Wir haben ihre Erzählungen in unsere Worte gebracht, haben die Eindrücke mit dem eigenen Blickwinkel eingefangen. Einen Anspruch auf Vollständigkeit kann es dabei nicht geben, daher haben wir in dem vorliegenden Buch unser ganz persönliches Bild vom Leithagebirge gezeichnet.

Brigitte Krizsanits und Manfred Horvath

Inhalt

Sagenhaftes Leithagebirge

Und vor rund hundert Jahren, da soll beim Öden Kloster in Kaisersteinbruch immer wieder ein Feuer aufgelodert haben ...

Im Leithagebirge soll so mancher Schatz versteckt sein. Oft hatten die Bewohner aus Angst vor drohender Gefahr ihr Hab und Gut vergraben und konnten es dann nicht mehr heben.

In Eisenstadt, so wird erzählt, ging einst ein Maurer des Nächtens durch die Marktzeile, die heute Hauptstraße heißt. Kein Wölkchen trübte den sternenklaren Himmel, voll leuchtete der runde Mond. Als er nun so ging, da sah er einen runden Schatten auf dem Weg. Wohl hatte er gehört, dass dieser Schatten jenen Platz anzeigt, an dem dereinst zur Türkenzeit ein Schatz vergraben worden war. Und als er sich schon auf den Weg nach Hause machen wollte, um eine Schaufel zu holen, da kam ein schwarzer Hund auf ihn zu gelaufen. Groß wie ein Kalb, laut knurrend und die Zähne fletschend. Aus Angst ergriff der Maurer schnell die Flucht, sprang über einen Zaun, der Hund ihm nach und erst, als er in seinem Haus angekommen war, da wähnte er sich in Sicherheit. Den Platz, wohin der Schatten gefallen war, hat er sich wohl gemerkt. Verraten hat er ihn jedoch niemandem, denn er wollte nicht, dass jemand in Gefahr käme.

Auch zwischen Au und Hof soll ein Schatz vergraben sein. Kleine Flämmchen, blauen Blumen gleich, zeigen von Zeit zu Zeit den Platz an, wo er liegt. Glücklich kann sich der schätzen, der das Geheimnis der Flammen kennt: Denn es bedarf lediglich ein paar Brocken Brot, die in die Flammen gebröselt werden, und schon kehrt man reich beschenkt nach Hause. Manch einer soll auch schon versucht haben, dort Goldstücke in die Erde zu legen, woraufhin diese begonnen haben, mit blauen Feuerzünglein zu blühen. Ausgegraben werden konnte das Gold erst wieder, als man Brot in diese Feuerblumen streute.

Und vor rund hundert Jahren, da soll beim Öden Kloster in Kaisersteinbruch immer wieder ein Feuer aufgelodert haben, wie Feuerlilien sind die Flammen empor gestoben. „Dort blüht ein Schatz" sagten die Leute dann. Ob er je gehoben wurde? Man weiß es nicht.

So reich das Leithagebirge an Sagen ist, so reich ist es auch an Schätzen. Und wie in unseren drei Sagen hier, sind diese manchmal nicht gleich auf den ersten Blick sichtbar. Manchmal ist eine Suche vonnöten, manchmal sind sie unmittelbar vor uns und es bedarf lediglich eines Hinweises darauf, was sich bislang vor uns verborgen hat.

Links: Frühes Morgenlicht am Sonnenberg.
Nächste Seite: Gewitter über Hornstein.

Ausläufer und Bindeglied

Das Leithagebirge als Übergang von den Alpen zu den Karpaten

Ein Überblick

Reizvoller Gebirgszug zwischen Alpen und Karpaten

Wer heute auf die Hügel und Wälder des Leithagebirges blickt, der möchte kaum vermuten, dass hier vor 15 Millionen Jahren Haie, Seekühe, Zahn- und Bartenwale im Meer schwammen. An den sumpfigen Buchten wuchsen Palmen, Wasserfichten, Wasserulmen, Kieferngewächse und Platanen, die wiederum Affen, Krokodilen, Nashörnern und Landschildkröten Schatten spendeten.

Von dieser Meereslandschaft zeugen heute nur noch versteinerte Funde: Muscheln, Seeigel, Haifischzähne. Zurück geblieben ist ein bewaldetes Gebiet, rund 35 Kilometer lang und drei bis sieben Kilometer breit. Bevölkert wird es von Wärme liebenden Tieren wie der Haselmaus, der Schling- und Äskulapnatter oder der Smaragdeidechse. Hoch-, Rot-, Schwarz- und Muffelwild machen es zu einem beliebten Jagdrevier, aber auch zum Ziel für jene, die gerne mit der Natur auf Tuchfühlung gehen. Eidechsen verschwinden raschelnd im hohen Gras, in der Ferne ertönt ein „Kuckuck", auf dem Weg, da blüht ein blaues Blümchen. Ja kann es sein, dass das ein Enzian ist? Und dort am Wegesrand, ein Weißer Fingerhut, im Wald drinnen Schneeglöckchen, Himmelschlüssel, aber auch Zyklamen! In den zahlreichen Höhlen nisten Fledermäuse und wenn man abends leise ist, so kann man auch manchmal den Ruf eines Uhus hören.

Bewegte Geschichte

Das Land rund um das Gebirge war schon zur Jungsteinzeit besiedelt, was bemalte Keramiken und Steinkeile beweisen. Die Menschen, die sie gefertigt hatten, lebten

Links: Reste der römischen Villa an der Bernsteinstraße bei Bruckneudorf.

in Steinzeitdörfern, sie bewohnten kleine Hütten, die mit Stroh oder Schilf gedeckt waren. Nicht in den Höhlen, diese dienten eher als Lagerplätze oder als Kultorte. Zahlreiche Funde aus keltischer Zeit, als das Gebiet zu Noricum gehörte, sowie römische Funde aus der Provinz Pannonien zeugen von einer reichen Geschichte, in der auch die Germanen und Hunnen ihre Spuren hinterlassen haben. Mit der Gründung eines ungarischen Königreiches im 11. Jahrhundert kam das Leithagebirge unter magyarische Herrschaft, mit der Belehnung der Esterházy ab dem 17. Jahrhundert fiel das Gebiet von Stotzing bis Breitenbrunn an dieses ungarische Adelsgeschlecht. Die heute niederösterreichischen Orte Au, Hof, Mannersdorf und Sommerein waren in kaiserlichem Besitz, später im Privatbesitz der Habsburger. Winden und Kaisersteinbruch wurden von den Heiligenkreuzer Zisterziensern verwaltet, Jois hingegen war auch in Habsburgischem Besitz und Parndorf stand, in einer wechselvollen Geschichte, im Besitz der Grafen Harrach. Durch diese unterschiedlichen Zugehörigkeiten lassen sich auch die heutigen Grenzen erklären: Die vier niederösterreichischen Gemeinden gehörten immer schon zu Österreich, während die anderen in Ungarn lagen. Zwischen den Orten Breitenbrunn und Winden verlief die Grenze zwischen den ungarischen Komitaten Ödenburg und Wieselburg, heute teilt sie die Bezirke Eisenstadt und Neusiedl am See.

Über Jahrhunderte lag das Gebiet rund um das Leithagebirge in der Durchzugslinie von feindlichen Scharen. Hier mussten sie vorbei, wenn sie nach Westen wollten. Im Süden bildete der Neusiedler See eine Sperre, dazwischen lag das Leithagebirge wie ein Riegel und im Norden war die Donau eine kaum überwindbare Hürde. Besonders die Zeit der Türkenfeldzüge nach Wien 1529, 1532 und 1683 brachte große Not über die Bevölkerung. Ortschaften wurden niedergebrannt, Familien ausgelöscht oder verschleppt. In vielen Gemeinden wurden kroatische Bauern angesiedelt, um diese Lücke zu schließen. Heute sind nur noch Parndorf und Hornstein kroatische Ortschaften, doch waren auch die meisten anderen Gemeinden – auch auf niederösterreichischer

Oben: Sarkophage und ein Blick in das Einst und Jetzt beim G'schlössl in Leithaprodersdorf.

Unten: Sonnenuhr-Stein in Kaisersteinbruch aus dem Jahr 1590.

Rechts: Feuerbrand einer dreiköpfigen Stierkopfurne.

Seite – bis ins 19. Jahrhundert zumindest zweisprachig. Die Bedrohung durch feindliche Scharen wiederholte sich in den Jahren 1605 und 1619/20 durch die aufständischen Heiducken Bocskays. 1705 zogen die Kuruzzen durch, wieder hatte die Bevölkerung zu leiden. Neben dem bekannten Ausruf „Kruzzitürken" ist in vielen Ortschaften noch ein anderer Spruch aus dieser Zeit überliefert: *„Felber, Felber geh | geh mit mir in See | dort sind die Kuruzzen | die werden dir d'Ohrwaschl'n stutzen".*

Die Ortschaften rund um das Leithagebirge wurden verwüstet und geplündert, ihre Bewohner getötet, sofern sie es nicht schafften, in den Höhlen und Wäldern Zuflucht zu finden. Kaum war diese Gefahr überstanden, brach die Pest aus. Die folgende Zeit brachte jedoch einen wirtschaftlichen Aufschwung und rege Bautätigkeit – nicht nur bei den Bauten des Adels, sie spiegelt

sich auch in den prunkvollen Fassaden der Bauernbürgerhäuser wider. Rund 100 Jahre später wurde der Raum wieder von Truppen heimgesucht, diesmal waren es die Franzosen, die während der napoleonischen Kriege das Leithagebirge beiderseits passierten und von der Bevölkerung Verpflegung und Quartier forderten.

Die Aufhebung der Grundherrschaft im Jahr 1848 brachte eine Umverteilung von Grund und Boden – für jene, die es sich leisten konnten. Zusätzlich wurde die Verwaltung reformiert, wobei die Umstellung nicht überall gleich vollzogen werden konnte, brauchte es doch Zeit, um Einigung mit den Grundherren zu erzielen.

Mit dem Frieden von Trianon 1920 kam das Burgenland, ehemaliges Deutsch-West-Ungarn, zu Österreich. Die Grenze zu Niederösterreich wurde entlang der alten Grenze zwischen Transleithanien und Cisleithanien

Oben: Alte Mauern mitten im Wald. Einst stand hier die Burg Scharfeneck.

gezogen, wodurch die nördlich des Leithagebirges gelegenen Ortschaften Leithaprodersdorf, Loretto und
Stotzing, die vormals im Herrschaftsgebiet der Esterházy
gelegen waren, auch weiterhin beim Burgenland verblie-
ben, die ehemals habsburgischen Besitzungen nieder-
österreichisch wurden.

Die beiden Weltkriege brachten, wie überall, großes
Leid über die Bevölkerung. Viele Söhne, Väter, Ehe-
männer kehrten nicht aus dem Krieg nach Hause. Im
Wald wurden Radar- und Funkstationen errichtet,
immer wieder stürzten Flugzeuge vor den Augen der
Bewohner ab, die Ortschaften Kaisersteinbruch und
Sommerein wurden komplett ausgesiedelt, das Areal zu
militärischen Zwecken verwendet. Mit dem Heran-
rücken der Roten Armee ab April 1945 und dem Ende
der Nationalsozialistischen Herrschaft im Mai 1945

sahen sich die Bewohner nun einer neuen Bedrohung
gegenüber. Viele Soldaten nahmen sich, was sie wollten,
wenn notwendig auch mit Gewalt. Ab den 1950er Jahren erfolgte schließlich der Aufschwung, die Gemeinden machten sich daran, ihre Infrastruktur zu errichten.
Straßen wurden gebaut, Elektrizität und Wasser einge-
leitet. Aus der ehemals landwirtschaftlich dominierten
Gesellschaft wurde zunächst eine Industrie-, dann eine
Dienstleistungsgesellschaft.

Durch die Jahre sind Ortschaften neu entstanden,
andere sind gänzlich verschwunden. Die Lage von manchen ist bis in unsere Zeit nicht geklärt, etwa jene der
römischen Siedlung Mutenum, die bei Hornstein vermutet wird. Auch die in der Tabula Peutingeriana, die
das spätrömische Straßennetz zwischen den Britischen
Inseln bis in den Nahen Osten und Zentralasien zeigt,

17

eingezeichnete römische Siedlung Ulmo konnte bis heute nicht lokalisiert werden, muss aber von Bedeutung gewesen sein, sonst wäre sie nicht kartographisch erfasst worden. Letzte Zeugnisse aus dem Mittelalter finden wir von dem Ort Pirichendorf auf dem Hotter des heutigen St. Georgen ebenso wie von den Siedlungen Temfel südlich von Eisenstadt und Hof westlich von Schützen am Gebirge oder auch von der rätselhaften Burg Roy, deren Lage bis in unsere Zeit Anlass vieler Spekulationen ist – auf beiden Seiten des Leithagebirges.

Heute umsäumen 20 Gemeinden das Leithagebirge, das, gemeinsam mit der Leitha auch die Grenze zwischen Niederösterreich und dem nördlichen Burgenland bildet. 16 Gemeinden befinden sich im burgenländischen Verwaltungsgebiet, vier auf niederösterreichischem Territorium. Daneben haben auch die Ortschaften Oggau und Oslip nennenswerte Waldanteile, die bis zur niederösterreichischen Grenze hinauf reichen.

Naturraum zwischen Neusiedler See und Wiener Becken

Mit seinen 484 Metern über der Adria an der höchsten Erhebung, dem Sonnenberg, wird das Leithagebirge weithin belächelt – und dennoch fungiert es als Wetterscheide zwischen dem pannonischen Klima des Neusiedler Sees und dem, vor allem im Winter häufig nasskalten, Wiener Becken.

Ergiebig und fruchtbar, aber auch steinig und karg. Das Leithagebirge hat viele Facetten. Den Kern bildet dichter Wald. Rot- und Hainbuchen sowie Eichenwälder dominieren den Gebirgszug, vereinzelt finden sich Föhrenwälder, die aber nicht so recht in das Landschaftsbild passen wollen.

Dort, wo das Gebirge in die Ebene übergeht, kommen beiderseits mancherorts Heidelandschaften vor, mit einzigartigem, teilweise auch bizarr anmutendem Bewuchs. Eine außergewöhnliche Landschaft in einer bezaubernden Umwelt.

Oben: Hölzel- oder Hexenstein, Wulkaebene und am Horizont das Leithagebirge.

Nächste Seite: Blick von der Kaisereiche in Richtung Niederösterreich.

Die Südhänge des Leithabergs sind begünstigt durch das Mikroklima des Neusiedler Sees. Weinreben und Obstbäume fühlen sich hier wohl. In sanften Linien schlängeln sich die Weingärten hinauf bis zu den Wäldern und laden so zu Wanderungen und Radtouren ein. Besonders reizvoll zeigt sich der Südhang zur Zeit der Kirschblüte, wenn Mitte bis Ende April die Kirschbäume mit ihren abertausenden weißen Blüten die Landschaft mit einem sanften Weiß überziehen.

Geheimnisvoller Rückzugsort

Drei Straßen führen über das Leithagebirge. Für jene, die es schnell überqueren müssen. Wer Zeit und Muße hat, durchquert es zu Fuß. Als unterschätztes Wandergebiet wird es oft bezeichnet. Zu Recht, denn es bietet neben jeder Menge Naturerlebnisse gepflegte und gut markierte Wanderwege. Freilich, jene, die hoch hinaus wollen, sind hier fehl am Platz, denn alpine Erlebnisse wird man nicht finden. Um sich einen Überblick zu verschaffen, kann man auf eine der Aussichtswarten steigen – um mit einem Ausblick belohnt zu werden, der wahrlich als kaiserlich bezeichnet werden kann. Von Bratislava bis Wien, vom Neusiedler See bis zum Schneeberg schweift das Auge. Und man beginnt, die Dimension des Leithagebirges zu begreifen.

Vereinzelt finden sich im Wald auch Überreste menschlicher Besiedlung: Ruinen, verfallene Jagdhäuser oder eine Eremitage geben Zeugniß davon, dass jene, die die Einsamkeit suchten, hier ihren Platz gefunden hatten. Quellhäuser oder Wasserstellen zeigen, dass der Berg, der seiner Bevölkerung in Kriegszeiten stets Schutz geboten hat, auch die Grundlage des Lebens liefert. Religiöses Zeugnis geben die zahlreichen Marterl und Bildstöcke.

Das Leithagebirge ist reich an Geschichte und Geschichten, es steckt voller Überraschungen – und so manche, die glaubten, es gut zu kennen, haben sich darin auch schon verlaufen…

19

Korallenriff und Bärenhöhle

Die Geologie zwischen Kalk und Schiefer

Muscheln in Stein

Wie kann man sich als Laie der Geologie nähern? Wie wird der Stein, an den man zuvor noch nie einen Gedanken verschwendet hat, mit Interesse bedacht und mit Begeisterung erfüllt?

Die einen tun es über den Wein. Ich hörte einst einen Vortrag eines anerkannten Weinkritikers. Der Fachmann sprach von Kalk, von Schiefer und von Löss und ich meinte fast, einen Geologen vor mir zu haben. Er sprach von Mineralik, von Gneis und Schiefer. Jede Sorte hat ihre Vorliebe beim Boden, dieser bestimmt den Wuchs, die Note, den Geschmack.

Doch nicht der Wein war es, der mir den Zugang zum Aufbau, der Zusammensetzung und Struktur der Erde ein wenig näher gebracht hat. Es war ein Enzian, ein gefranster, auf dem Weg nach Loretto. Mit den Streifzügen durch die Wälder entdeckte ich plötzlich Pflanzen, die ich hier nie vermutet hätte, ich begann über jene Plätze nachzuforschen, die wir schon von klein auf besucht haben, weil's dort so viele Schneeglöckchen gibt oder weil dort die Himmelschlüssel blühen. Und so begann ich die Zusammenhänge zwischen Boden und Wuchs zu erkunden und fand den Schlüssel darin in der Geologie.

Alpen und Karpaten. Dazwischen das Leithagebirge. Einst stellte es die Verbindung zwischen den beiden Gebirgszügen her, bis es zu Zerrungen kam. Der Alpen-Karpaten-Bogen brach auseinander. Das war vor etwa 16,5 Millionen Jahren. Das Leithagebirge blieb als Erhebung erhalten, das Wiener Becken, zu dem auch das Eisenstädter Becken gehört, senkte sich ab. Rund 150 bis 250 Meter erhebt sich der Kamm des Gebirges über den Feldern des Wiener Beckens, der Neusiedler See liegt etwa 350 Meter unter dem höchsten Punkt. Vom Alpen-Karpaten-Bogen geblieben ist der kristalline Kern, bestehend

Links: Reste von Muscheln bröckeln aus dem Leithakalkstein.

aus Granit, Gneis, Schiefer. Vereinzelt baut auch Quarzit Teile des Leithagebirges auf, wie etwa den Lebzelter Berg bei Wimpassing, den Knörzelberg und den Schlossberg in Hornstein, im nordöstlichen Teil den Königsberg und den Schieferberg. Bergkristalle und Granate sind zwar eine Seltenheit, dennoch traten sie schon vereinzelt zutage.

Viel ertragreicher ist da schon die Suche nach Fossilien, nach versteinerten Lebewesen aus der Zeit, als von Norden her das Meer einströmte. Das Leithagebirge bildete den sprichwörtlichen „Fels in der Brandung". Hier herrschten Verhältnisse wie heute im Roten Meer oder in der Karibik. Bunte Korallenbänke, schillernde Fische, sogar Haifische tummelten sich rund um die kleine Insel, deren Gipfel aus dem Meer heraus ragte. Die kristallinen Glimmerschiefer, grünlich graues bis silbergraues Gestein, das einst mit den Alpen und Karpaten eine Einheit bildete, sind am Kamm des Leithagebirges erhalten geblieben. Um diesen Kamm herum wogte das Meer. Dort, wo die Wellen auf das Land trafen, bildete sich durch Absonderungen von Rotalgen eine Kalkschicht, jene Kalktafeln, die heute dem Wein seine Mineralik geben und auf denen sogar Enziane wachsen.

Bis auf etwa 450 Meter Seehöhe ist der Leithakalk anzutreffen. Bedenkt man, dass der Sonnenberg als höchste Erhebung 484 Meter misst, so ragte die Insel wohl nicht sehr hoch aus dem Meer. Die Algen aber, die sich abgelagert haben, begegnen uns heute noch auf Schritt und Tritt, in Mauern oder Bodenplatten aus dem in den Steinbrüchen rund um das Gebirge gebrochenen Kalkstein: Rosettenförmige Gebilde zeichnen als „Rodolite" kleine Kreise in den geschliffenen Stein, auch die Schalen der Muscheln, die beim Schneiden getrennt wurden, geben jedem Stein seine Charakteristik. Sie erinnern heute noch an das Meer. So wie die zahlreichen Funde in den großteils aufgelassenen Steinbrüchen: Seeigel, Haifischzähne, Krebse, Krabben, Austern kommen hier mit etwas Glück zutage, mehr als tausend Arten umfasste die Fauna zu dieser Zeit, viele ihrer Verwandten leben heute noch im tropischen Atlantik. Auch auf alten Wegen stolpert man immer wieder über versteinerte

Oben: Eingänge zur Kürschnergrube.

Unten: Die Sandgruben rund um das Leithagebirge sind heute aufgelassen. Früher lieferten sie wertvolles Baumaterial.

Rechst: Bizarre Vegetation in einer kargen Landschaft bei Hornstein.

Muscheln und wundert sich, dass niemand zuvor sie schon entdeckt und mitgenommen hat.

Doch kehren wir noch einmal zurück in die Zeit, als das Meer die kleine Insel umspülte, sich aber langsam zurückzog. Die Kalkalgenriffe lagen nun frei, wurden unterspült, zerrieben, bröckelten ab und lagerten sich schließlich, ins Meer zurück gespült, als Sande wieder ab. Vor etwa 13 Millionen Jahren wurde die Verbindung zum Mittelmeer unterbrochen, der Salzgehalt nahm stetig ab, ein Brackwassermeer entstand, bis das Salz schließlich ganz verschwand und ein Süßwassersee – der Pannonische See – das Wiener Becken und die burgenländischen Kleinbecken bedeckte. Die Pflanzen- und Tierwelt veränderte sich. An den Ufern brüteten Sumpfschildkröten. Waldantilopen, Zwerghirsche und Buschwaldschweine streiften durch die dichten Wälder aus Birken, Ulmen, Ahornen, Erlen, Buchen, Eichen, Linden, Pappeln, Weiden und Kastanien – Vorläufer unserer heutigen Flora. Spuren von Myrten, Zimtbäumen, Feigen und anderen Pflanzen zeigen die Vielfalt dieser Landschaft. Auch Rüsseltiere, wie etwa das Dinothe-

rium, ein Ur-Elefant mit nach hinten gebogenen Stoßzähnen, waren unter den Bewohnern, die sich bei mittleren Jahrestemperaturen von 18,5 bis 20,5 Grad Celsius hier wohl fühlten. Tektonisch war es eine unruhige Zeit, gleichwohl die Gebirgsbildung langsam abgeschlossen war. Aschetuffe im Bereich von Breitenbrunn und Mannersdorf zeugen auch von Vulkantätigkeit. Vor etwa fünf Millionen Jahren zog sich der Pannonische See dann vollständig zurück. Die Landschaft rund um das Leithagebirge war Land geworden – stets einer weiteren Veränderung unterzogen.

Über Millionen von Jahren sanken die Temperaturen. Nicht plötzlich, sondern stetig wurde es kälter. Die Palmen verschwanden so wie die Zimtbäume, hingegen traten vermehrt Pflanzen des gemäßigten Klimas auf. Wölfe, Hirsche, Höhlenbären, Mammuts, Elefanten und Pferde tummelten sich nun rund um das Leithagebirge. Mit dem langsamen Einsetzen des Glazials waren sie die neuen Bewohner. Ihren Höhepunkt erreichte sie vor etwa 40.000 Jahren. Die Landschaft glich jener der heutigen Tundra oder Taiga.

Reste von Vergletscherungen finden sich keine, doch hat die Eiszeit dennoch ihre Spuren hinterlassen: Der Schotter, den die Donau mit sich trug, der hat sich am östlichen Rande des Leithagebirges abgelagert. Das war, wahrscheinlich, vor über 100.000 Jahren. Entstanden ist eine zwischen fünf und zehn Metern hohe Schotterdecke, die eine Fläche von rund 200 Quadratkilometern bildet: die Parndorfer Platte.

Auch andere Funde aus dieser geologisch bewegten Zeit gibt es rund um das Leithagebirge: Vereinzelt finden sich zwischen Au und Mannersdorf oder in Breitenbrunn „Windkanter", Gerölle, die durch sturmgetriebenen Sand kantig abgeschliffen wurden und so bizarre Formen zeigen, wie man sie sonst aus Wüsten kennt. Auf dem Föllig bei Großhöflein treten Pseudofossilien an den Tag – zu ungewöhnlichen Formen gepresster Sand. Durch Bruch- und Senkungsbewegungen entstanden Gräben im Leithagebirge, sie brachten aber auch ein anderes Phänomen mit sich: Schwefelhältiges Wasser und Säuerlinge, die entlang der Verwerfungslinien aus zum Teil großen Tiefen an die Oberfläche traten wie etwa im heutigen Schützen am Gebirge, in Leithaprodersdorf oder Großhöflein.

Bis in die heutige Zeit heben und senken sich die tektonischen Platten, die einst für die Entstehung des Leithagebirges verantwortlich waren. Die Hauptlinie reicht vom Mürztal über den Semmering bis nach Neusiedl am See, sie bildet die südliche Begrenzung des Wiener Beckens im seismologischen Sinn. Immer noch arbeitet die Erde. Nicht häufig, aber doch kann es zu Erdstößen mit teils heftigen Erschütterungen kommen, die Risse in Hausmauern verursachen und Rauchfänge zu Boden fallen lassen.

Höhlen und Felsdächer

Wohl jeder, der rund um das Leithagebirge aufgewachsen ist, hat seine persönliche Erinnerung an eine der Höhlen, die sich über die Jahrtausende gebildet haben oder die durch Menschenhand entstanden sind. Das Teufelsloch in Loretto, die Bärenhöhle und die Grafenlucke in Winden, die Kürschnergrube und die Johannesgrotte in Eisenstadt. Rund 30 Höhlen sind heute erforscht, jede hat ihre Besonderheit, ihre eigene Geschichte. Alle waren sie einst Biotope, waren Lebensraum für Lebewesen. Heute gelten sie als Geobiotope, Lebensräume vergangener Erdzeitalter, in denen neues

Leben angesiedelt ist. Verschiedene Fledermausarten haben inmitten der Reste aus Muscheln, Schnecken und Kalk ein Zuhause gefunden und ziehen in der Dunkelheit ihre lautlosen Kreise über das Leithagebirge. Auch, wenn sie sich dem Höhlenbesucher nicht auf den ersten Blick zeigen, da sie sich gekonnt in Nischen und Löchern verstecken, sollte auf sie Rücksicht genommen werden, Lagerfeuer oder Lärm in den Höhlen sind auf jeden Fall fehl am Platz.

Gleichwohl boten die Höhlen sowohl den Menschen als auch den Tieren über die Jahrtausende hinweg einen schützenden Zufluchtsort. Der wohl bekannteste Fund ist der Höhlenbär von Winden. Auf einer Fuchsjagd stießen Wolf und Doringer im Jahr 1928 auf das „Ludl-Loch". Sándor Wolf, Weinhändler, passionierter Sammler und Begründer des Landesmuseums in Eisenstadt, erkannte rasch in den gefundenen Knochen etwas ihm Unbekanntes. Grabungen im Jahr 1929 brachten Knochen von Höhlenbären, aber auch von Hyänen, Wölfen, Katzen-, Marderarten und anderen Tieren hervor – 17 Kisten mit Knochen wurden in das Landesmuseum gebracht. Dort steht heute auch ein Skelett des Höhlenbärs, so wie auch im Turmmuseum in Breitenbrunn. Bemerkenswert erscheint, dass kein einziges Tier vollständig gefunden wurde, dass also die ausgestellten Skelette aus den Knochen mehrerer Tiere zusammengestellt wurden, wohl deshalb, weil Aasfresser stets auf der Lauer lagen und ihren Hunger stillten, sobald sie Verwesungsgeruch in ihre Nasen bekamen und so die Knochen vertragen wurden.

Nicht nur die Skelette, auch die Höhle selbst, das „Ludl-Loch", kann sich sehen lassen. Rund 45 Meter führt es in den Leithakalk hinein, zwischen sieben und acht Metern breit, bis zu zwei Metern hoch. Nach hinten hin muss man sich schon bücken, denn an den niedrigsten Stellen ist es nur 0,8 Meter hoch. Zwar ist es von zwei Eisentoren verschlossen, doch lassen sich diese ohne Mühe öffnen. Sie sollen wohl nur verhindern, dass Tiere sich in der Höhle breit machen.

Zu der Zeit, als das Meer hier wogte, lag die Höhle unter der Erde. Erst als sich das Pannonische Meer aus dem Wiener Becken zurückzog, als die Kraft des Wassers einen Einschnitt in die Landschaft grub, um abfließen zu können, wurde die Höhle angeschnitten.

Nicht unweit davon befindet sich die Grafenlucke, im Volksmund auch, nach ihren früheren Bewohnern,

Rechts: Quarzformationen in Winden – angeblich spendet der Felsspalt positive Energie.

26

Oben: In der Bärenhöhle in Winden.

„Zigeunerloch" genannt. Wie Augen sind hier die Löcher in das Gestein geschlagen und geben den Blick in sechs künstlich veränderte Halbhöhlen zwischen ein und zwölf Metern frei. Eine Begehung der einzelnen Kammern ist nicht ungefährlich, da sich immer wieder Gesteinsbrocken von der Decke lösen und dann laut polternd zu Boden krachen.

Die Höhlen boten einerseits Schutz, andererseits erfüllten sie auch andere Zwecke. Von der Kürschnergrube in Eisenstadt heißt es 1569 im Herrschaftsurbar der Grafschaft Forchtenstein: „Die Khürschnergrueb, so ain Gstetten Ist, dataus Stain gebrochen unnd Kirschen Meel gemacht dient." Den Sand, der aus der Kürschnergrube gebrochen wurde, das „Kirschen Meel", verwendeten die Kürschner zum Entfetten ihrer Häute. In der Nähe der Kürschnergrube finden sich tiefe Einschnitte mitten im Wald, an die 16 Meter tief und gerade so breit, dass man

sie mit ein wenig Mut überspringen kann. Es handelt sich dabei um Probebohrungen, anhand derer ermittelt werden sollte, ob das vorhandene Gestein zum Bau taugte.

Die Kolmlucke in Sommerein wiederum diente als Kultgrotte. Aufgrund ihrer Beschaffenheit und auch durch Scherbenfunde aus keltischer und römischer Zeit könnte es sich hier um einen „Durchkriechstein" gehandelt haben. Einem alten Glauben zufolge kam alles Gute und auch alles Böse aus der Erde. Beim Durchzwängen durch Steine glaubte man, das Böse abstreifen und somit der Erde zurückgeben zu können.

Höhlen lagen meist etwas verborgen im Wald und so hofften die Menschen, vor durchziehenden, raubenden und mordenden Scharen dort auch sicher zu sein – und derer gab es über die Jahrhunderte viele. Die Sulzberghöhle südöstlich von Loretto, auch Teufelsloch genannt, wurde den Schutzsuchenden zum Verhängnis, als sie

Oben: Blick aus der Johannesgrotte in Eisenstadt.

Nächste Seite: Früher tranken hier die Ochsen, heute spenden ein kleines Wäldchen und eine Quelle Erfrischung beim Ochsenbründl in Jois.

sich 1683 vor den über das Leithagebirge gekommenen Türken verstecken wollten. Die Osmanen stöberten die Verstecke auf, die Aufgefundenen wurden teils verschleppt, teils getötet. Rund 260 Jahre später sollte die Bevölkerung wieder Schutz suchen, diesmal vor den Russen. In Müllendorf findet sich mit der Kolloweinhöhle ein Felsvorsprung mit zwei Räumen, der sowohl als Zufluchts- als auch als Versammlungsort gedient hatte, in Breitenbrunn befand sich am Nordrand der „Kuruzzenschanze" die Kuruzzenlucken, wohin die Bewohner von Breitenbrunn und Winden in Kriegszeiten flüchteten. Anfang des 20. Jahrhunderts wurde sie durch den Straßenbau verschüttet.

In Eisenstadt waren die Johannesgrotte und die Hartl-Lucke versteckte Plätze im Wald, die zu Belagerungszeiten aufgesucht wurden. Geologen hingegen kennen diese Höhlen wegen der in Europa bedeutendsten Vorkom-

men an Moostierchen und Armfüßern, den sogenannten „Terebratula macrescens". Nach ihnen wurde auch das vorherrschende Material auf dem Hartl benannt: „Eisenstädter Terebratelsande". Lag die Hartl-Lucke vor rund 20 Jahren noch an einem Schotterweg, ist sie heute weitgehend verwachsen. Wer sie nicht kennt, würde dort wohl keine Höhle vermuten. Wie sehr sich Orte im Wald verändern, in nur 20 oder 30 Jahren! Wie anders hat es hier wohl ausgesehen vor 50, 100 oder 1000 Jahren? Manchmal erzählte mir meine Großmutter von einem Mann, der dort gelebt hatte. Ob er ein Einsiedler war?

Denn viele Höhlen des Leithagebirges boten auch jenen, die ihr Leben in Demut vor dem Herrn verbringen wollten, ein Dach über dem Kopf und so sind manche Höhlen auch mit Geschichten von Einsiedlern verknüpft, so wie die nur mehr in Erzählungen bekannte Lukas Klause bei Bruckneudorf.

Quellen, Bründl und Bäder

Wasserkreislauf im Wald

Wenn alle Brünnlein fließen

Ein Musikant aus Winden hatte einst auf einer Hochzeit in Jois aufgegeigt und machte sich so kurz vor Mitternacht auf den Heimweg. Als er bei einem Bründl vorbei kam, traf er auf eine lustige Gesellschaft und spielte, reichlich bewirtet, auch gleich für sie auf. Als nun die Turmuhr im nahen Jois zwölf Uhr schlug, da hießen ihn die Frauen heimzugehen. „Mein Weib, das wird wohl mit mir schimpfen, dass ich so spät nach Hause komme", meinte er. Da brauche er sich nicht zu fürchten, entgegneten die Frauen und steckten ihm reichlich Mehlspeis in seinen Sack. So machte er sich auf den Weg und als sein Weib die Tür ihm öffnete, da hielt er ihm sogleich den Sack hin. Was aber sah er, als er hinein schaute! Nicht Mehlspeis war darin, kein Zuckerwerk, sondern stinkende Rossknödel. Da begriff er wohl, mit wem er gefeiert hatte und machte fortan einen großen Bogen um das Hexenbründl.

Das Wasser bringt Leben, das Wasser sichert Leben. Es spielte und spielt stets eine wichtige Rolle, im Alltag, in Mythologien, in Religionen. Wo Quellen sind, da siedelten die ersten Menschen, und die Spuren menschlicher Besiedlung in unserem Raum sind in der Nähe von Wasser zu finden. Was wichtig ist, muss auch geschützt werden. Als im Mittelalter Seuchen wie die Pest auftraten, die sich niemand erklären konnte, glaubte man den Grund dafür in vergiftetem Wasser zu wissen, bald waren in den Juden die „Schuldigen" dafür gefunden. Europa begann, sie auszugrenzen, zu verfolgen. Auch unsere Sage in Jois zeigt die Angst der Bevölkerung vor der Brunnenvergiftung, doch ist dadurch niemand zu Schaden gekommen, vielmehr hat man versucht durch das Erzählen dieser Sage Fremde von diesem Brunnen fern zu halten.

Die Angst vor vergiftetem Wasser zog sich über Jahrhunderte und selbst aus dem 20. Jahrhundert finden sich

Links: Wasser-Sumpfkresse und abgefallene Äpfel im Johannesbach in Leithaprodersdorf.

noch Zeugen davon im Leithagebirge. Als Eisenstadt nach dem Zweiten Weltkrieg unter sowjetischer Besatzung stand, waren die russischen Offiziere in der Kaserne einquartiert. Das Trinkwasser für die Kaserne kam aus dem Aubach nördlich der Johannesgrotte, jenem Bächlein, das heute unter dem Buchgraben geführt wird, und wurde in einer Zisterne im Kasernenareal gesammelt. Damit niemand die Möglichkeit hatte, das Wasser zu vergiften, wurde im Wald ein Zaun errichtet und rund um die Uhr bewacht. Noch heute erinnern Betonpfeiler zwischen den Bäumen an diese Zeit.

Es ist noch gar nicht so lange her, da war der Wasseranschluss in den Haushalten nicht selbstverständlich. „Vielfach habe ich den erfreulichen Aufschwung zum Badezimmer gesehen. In manchen Häusern eine wirklich wohltätige Einrichtung, in anderen zur Rumpelkammer degradiert", schreibt Martha Bauer im Jahr 1954. Damals war es vielfach noch gang und gäbe, das Wasser aus dem Hausbrunnen zu holen – der heute noch in vielen alten Höfen vorhanden, aber nicht mehr in Verwendung ist – oder aber von einem der Dorfbrunnen. Dieser war zugleich kommunikatives Zentrum, der Ort Breitenbrunn verdankt ihm sogar seinen Namen.

Die Straßennamen „Brunnengasse" oder „Quellengasse" weisen vielerorts noch auf das einstige Vorhandensein eines Brunnens oder einer Quelle hin. Auch andere Namen zeugen von der früheren Bedeutung, wie etwa das Waschstattgassl in Eisenstadt, wo Wäsche gewaschen wurde oder die Rossschwemme, wo die Pferde gereinigt wurden. Dazwischen, wo heute das Hotel Burgenland steht, war die „Leinwandbleich", dort wurde die Wäsche zum Bleichen ausgelegt. Von der Leinwandbleich ist heute nichts mehr übrig, die Rossschwemme wurde in Stein gefasst und von einem kleinen Park umgeben, mit üppiger Bepflanzung lädt der Platz ein zu verweilen. Ganz anders muss es hier früher gewesen sein, als man hier den Dreck von den Pferden wusch.

Auch das Ochsenbründl in Jois sah früher anders aus, war eine Sumpflacke, zu der die Kühe und Gänse von der nahen Hutweide zum Trinken kamen; so wie auch

Oben: In einem Wasserbecken spiegelt sich das 24 Meter hohe Kriegerdenkmal in Bruckneudorf.

die Ochsen, die Karren durch die Weingärten zogen und denen das heute lauschige Plätzchen seinen Namen verdankt.

Die Bauern füllten hier ihre „Blutzer" mit Wasser, in den Gefäßen blieb es schön kühl. Längst bringen die Landwirte heute ihr Wasser zur Feldarbeit von daheim mit. Die Quelle jedoch sprudelt immer noch und wohl jeder Ort hat solch ein Bründl, das Wasser dafür kommt aus dem Leithagebirge oder es quillt scheinbar unvermittelt aus dem Boden.

Im Wald nördlich von Eisenstadt steht ein Bildstock. Er zeigt Maria und Joseph, gemeißelt in den Stein des Leithagebirges. Maria schaut in Richtung Eisenstadt, Josephs Kopf ist nach Loretto gewandt. Dass das „hochheilige Paar" an dieser Stelle Rücken an Rücken steht, kommt nicht von irgendwo. Das Standbild symbolisiert die Wasserscheide im Leithagebirge, die an der breiten,

flachen Kammzone verläuft. Auf der südlichen Seite fließt das Wasser in die Wulka oder den Neusiedler See, im Norden in den Fluss, der dem Gebirge seinen Namen gab: die Leitha. So steht also das Marterl mitten im Wald. Kein Bach ist weit und breit zu sehen, kein Bründl das hier quillt, doch irgendwo weiter unten tritt das Wasser dann zutage.

Der Berg saugt, einem Schwamm gleich, das Wasser auf, erst andernorts gibt das Gestein es wieder frei, was wiederum dem Wein als Tiefwurzler an den Südhängen gefällt. Am Nordrand des Leithagebirges ist so auch eine besondere Landschaft entstanden: die Frauenwiesen in Leithaprodersdorf. Das Wasser, das von den Hängen kommt, sammelt sich hier über dem Untergrund aus Tegeln und Sand und bildet die Grundlage für unterschiedlichste Wiesentypen mit für das Burgenland einzigartigen Pflanzen.

Oben: Der Brunnen vor der Franziskanerkirche war einer der drei Stadtbrunnen innerhalb der Eisenstädter Stadtmauer.

Nicht nur an den Ausläufern, auch im Wald tritt mitunter Wasser auf, wo an trockenen Tagen keines war. Bei Starkregen konnte im Wald unterhalb des Sonnenbergs beobachtet werden, wie es unvermittelt aus dem Berg quoll. Kaum war der Regen vorbei, war auch die Quelle wieder versiegt. Ähnlich ist es auch beim Krainerbach in Purbach, der nur bei großen Niederschlagsmengen auf einigen hundert Metern Wasser führt, ansonsten versickert das Wasser und auch zahlreiche andere Stellen weisen ausgetrocknete Bachläufe auf, die nur durch ihre Auswaschung auf regen Wasserfluss bei starkem Niederschlag schließen lassen. Und dieser kann dann durchaus auch heftig ausfallen und zur Bedrohung für die Ortschaften werden.

Abgesehen davon ist aber dem Wasser weitgehend positive Wirkung nachzusagen. Die Schichten, die es durchfließt, wirken sich nämlich auf seine Qualität aus.

Im Wald hingegen kann es vorkommen, dass sich das Wasser an Stellen, wo der Boden nicht durchlässig ist, sammelt. „Wildschweinlacken" sagen die Leute dann, denn die schlammigen Stellen sind zerfurcht von den Tieren, die sich hier suhlen. Auch der „Saubründlgraben" im Gebiet von Stotzing ist nach den borstigen Waldbewohnern benannt. Er ist einer von rund 80 Wasser führenden Gräben im Leithagebirge, deren Namen sich häufig nach landschaftlichen Gegebenheiten richten oder aber auch nach ehemaligen Besitzern. Und auch, wenn man es nicht vermuten würde: Sogar Krebse gab und gibt es vereinzelt in den Bächen des Leithagebirges. In St. Georgen erinnert heute das Kroißental noch an die Kroißen, die Krebse, und auch der Groisbach in Sommerein hat seinen Namen von den einstmals dort heimischen Krustentieren. Womit es das Leithagebirge einmal mehr schafft, uns zu verblüffen.

Wo die Leitha fließt

So unbedeutend die Leitha mit ihrer geringen Wassermenge vor allem im Sommer erscheint, so wichtig war sie über Jahrhunderte als Grenze. In Transleithanien, also jenseits der Leitha und somit im Königreich Ungarn, befanden sich die meisten Gemeinden des Leithagebirges bis 1921 – ausgenommen waren die zur ehemaligen Herrschaft Scharfeneck/Mannersdorf gehörenden Orte Au, Hof, Mannersdorf und Sommerein, sie lagen noch in Österreich, während der Rest zur ungarischen Stephanskrone gehörte.

Schon 833 wurde in einer Urkunde die in der Awarenprovinz gelegene Lithaha erwähnt, lange bevor die ersten Siedlungen entlang des Flusses Eingang in schriftliche Quellen fanden. Zum Ursprung des Namens „Leitha" gibt es unterschiedliche Deutungen, wobei jeder das althochdeutsche Wort „Litaha/Lithaha" zugrunde liegt. Wahrscheinlich geht es auf die indogermanische Wurzel „loidh" zurück, was so viel wie schleimig oder glitschig bedeutet, was auch durch den ursprünglichen ungarischen Namen „Sárviz" („Kotwasser") untermauert wird.

Wo kommt sie her, die Leitha, und wo fließt sie hin? Ihr Ursprung liegt in Lanzenkirchen, wo sie aus dem Zusammenfluss von Schwarza und Pitten entsteht. Zwischen Pottendorf und Hornstein trifft sie erstmals auf die burgenländische Grenze, trennt von hier weg weitgehend Niederösterreich und das Burgenland, bevor sie bei Nickelsdorf die ungarische Grenze überquert. Rund 180 Kilometer nach ihrem Ursprung fließt sie zwischen Moson und Magyaróvár in die Mosoni-Duna, die Kleine Donau.

Bis zu Maria Theresias Zeiten galt sie mit ihren Sümpfen als schwer überwindbares Gebiet, nur an wenigen Stellen war ein Überschreiten möglich. Unter den Römern führte der Weg von Scarbantia (Ödenburg) am Leithagebirge vorbei und überquerte bei Leithaprodersdorf den Fluss. In der ersten Hälfte des 14. Jahrhunderts wurde die Furth nach Wimpassing verlegt, was für Leithaprodersdorf durch fehlende Zoll- und Mauteinnahmen zwar wirtschaftliche Nachteile brachte, den Ort jedoch aus der stets umkämpften, von feindlichen Scharen durchbrochenen Linie brachte.

Über die Jahrhunderte galt die Leitha als eine der letzten natürlichen Hürden auf dem Weg nach Wien. Friedrich II. der „Streitbare", der letzte Babenberger, hatte 1246 bei der Schlacht an der Leitha sein Leben gelassen, schon damals wachten Bogenschützen und Späher von den Anhöhen des Leithagebirges über den Fluss. Im Jahr 1411 legte Kaiser Sigismund die Leitha per Dekret als Grenze – „Gemerk" – fest und das sollte sie über die Jahrhunderte zum großen Teil auch bleiben. Einzige Ausnahme bildete die Herrschaft Scharfeneck/Mannersdorf, die unter Kaiser Maximilian I. um 1500 endgültig an die Habsburger fiel.

Ab dem 18. Jahrhundert wurde versucht, den Fluss in mühevoller Arbeit in Kanäle zu bringen und so das Land an seinen Ufern urbar zu machen oder Mühlräder drehen zu lassen. Dadurch ging für den Fluss viel Wasser verloren, da es meist nicht zurück geleitet wurde und versickerte. Ein Überbleibsel aus dieser Zeit ist der Zylinderteich in Hornstein, der ursprünglich zur Viehtränke und als Eisteich angelegt worden war, mit seinen weitläufigen Wiesen und Hutweiden. Heute ist er ein kleines Naturparadies, in dem zahlreiche, auch seltene, Vögel und Amphibien einen Lebensraum gefunden haben.

Im Bereich der Gemeinde Hof wurde 1863 die Regulierung des zwei bis vier Kilometer breiten Leithasumpfes beschlossen und 1874 abgeschlossen. Schon lange gab es damals in Hof eine Mühle, die, nach ihren ersten Besitzern aus dem 16. Jahrhundert, „Kotzenmühle" genannt wurde. Das Wasser der Leitha trieb die Räder an, die das Getreide mahlten. Mit dem Einsetzen der Industrialisierung wurde in der Mühle eine Weberei eingerichtet, um 1900 entstand ein Eisen- und Stahlwalzwerk für Band- und Stabeisen – stets von der Kraft der Leitha angetrieben. Rund 25 Jahre zuvor waren eine Eisenbahnbrücke und eine Straße über die Leitha errichtet worden, die fortan Hof und Seibersdorf verbanden. In Au hatte man schon 1815 mit den Vorarbeiten für die Flussregulierung begonnen, der Bau einer Brücke eröffnete den Bauern nun auch eine wirtschaftliche Situation: Denn nun konnten sie mit einem Pferdefuhrwerk die großen Märkte in Wien in sechs bis acht Stunden erreichen.

Wenn die Leitha aber Hochwasser führte, so stellte sie für die Gemeinden eine große Bedrohung dar, da Felder und Wiesen überschwemmt wurden und großer Schaden für die Landwirtschaft entstand. Auch die Ortschaften waren stets bedroht. In Leithaprodersdorf erreichte das Hochwasser im April 1965 einen Pegelstand von 3,40 Meter, ein Großteil der Ortschaft stand zwischen 0,8 und 1,2 Meter unter Wasser. Die Straßen waren zu Wasserwegen geworden, teilweise von Booten befahren, von der G'schlössl-Anlage ragten lediglich die kreisförmigen Wallanlagen heraus. Hochwasserschutzmaß-

Oben und unten:
Impressionen im Flussbett
der Leitha.

Nächste Seite:
Eisformation im Aubach
in Eisenstadt.

nahmen der letzten Jahre haben zwar Erleichterung gebracht, dennoch kann die Leitha bei starkem Regen immer noch zur Gefahr werden.

So hatten und haben die Menschen über die Jahrhunderte ihren Respekt vor dem Fluss behalten. Er war Grenze und barg stets Gefahren, eröffnete den Bewohnern der Gemeinden aber auch stets die Möglichkeit, Profit aus ihrer Randlage zu schlagen. Zwischen Österreich und Ungarn entwickelte sich ein reger Schmuggel, der bis in das 20. Jahrhundert anhielt. Die Güter wurden über das Leithagebirge und anschließend über den Fluss gebracht. Die Zollstellen lagen an der Leitha, was sich vor allem die auf österreichischem Herrschaftsgebiet liegenden Gemeinden Au, Hof und Mannersdorf zunutze machten, da die Zollstation zwischen ihrer Ortschaft und Österreich lag. Wein und andere Güter wurden über die Grenze gebracht. Die Zollbeamten mussten dabei zusehen, denn die Transporteure beriefen sich stets auf alte Rechte und Privilegien, nach denen sie eigenen Wein nicht zu verzollen brauchten. Darin sah wiederum der Zoll seine Chance und legte fest, dass der Wein, der nicht aus Eigenbau stammte, zu verzollen sei. Auch hierauf wussten die findigen Schwarzhändler eine Lösung: Sie füllten die aus Ungarn über das Leithagebirge gebrachten Weine kurzum in ihre eigenen Fässer um.

Auch als sich die Staaten nach dem Ersten Weltkrieg neu bildeten und die endgültige Grenze zwischen Österreich und Ungarn noch nicht gezogen war, versiegte der Schleichhandel nicht. „Der Schmuggel wird nirgends so groß betrieben wie in Hof", berichtet die Pfarrchronik Hof nach dem Krieg. So ertragreich der Schmuggel auch war, er forderte auch viele Opfer. Wen die Soldaten erwischten, mit dem gingen sie ins Gericht. Im besten Fall war das Vergehen mit einer Strafe bis zu 15 fl oder bis zu acht Tagen im Gemeindekotter abgetan, im schlechtesten Fall bezahlte der Schmuggler mit seinem Leben.

Geschmuggelt wird heute nichts mehr, gemächlich läuft der Fluss in seinem Bachbett. An seinen Schotterinseln lassen sich heiße Tage angenehm verbringen, ein Spaziergang oder eine Fahrt mit dem Kajak – vorausgesetzt, die Leitha führt genügend Wasser – geben einen Einblick in die teils urwüchsige Aulandschaft. Zahlreiche Vogelarten sind entlang des Flusses und des Kanals anzutreffen, wie etwa im Naturschutzgebiet „Batthyányfeld" in Bruckneudorf, das Schilfvögel auf ihrer Wanderung zwischen Donau und Neusiedler See gerne als „Trittstein" verwenden. Auch auf niederösterreichischer Seite findet sich – vor allem am nördlichen Leitha-Ufer – mit der „Feuchten

Ebene Leithaauen" ein einzigartiges Naturparadies. Das heute vorhandene Gebiet ist nur noch ein Teil der ursprünglichen Feuchtlandschaft, die Flussregulierungen in den letzten Jahrhunderten dokumentieren den Eingriff des Menschen in den einst verästelten und gewundenen Flusslauf. Und dennoch sucht sich das Wasser hier selbst seinen Weg. Erlen, Eschen und Weiden fühlen sich hier wohl, bei Moosbrunn, schon etwas von unserem Leithagebirge entfernt, findet sich ein, für den trockenen pannonischen Raum äußerst seltenes, Niedermoor, in dem Eisvogel oder Wachtelkönig und auch Insekten, etwa seltene Schmetterlinge wie das Moorwiesenvögelchen, Lebensraum gefunden haben. Im Wasser tummeln sich Donau-Kammmolche, Steinbeißer und Schlammpeizger.

So fließt die Leitha vor sich hin, von Tieren bewohnt, von Menschen gelenkt. Die heutige Idylle lässt sich nichts anmerken von der doch wichtigen Rolle, die der Fluss dereinst in der Geschichte gespielt hatte und von den Gefahren, die er nach wie vor in sich trägt. Irgendwann taucht die Leitha in die Donau ein. Da ist sie aber schon in Ungarn, zu dem sie einst die Grenze bildete, zwischen Transleithanien und Cisleithanien.

Gesundbaden und Badespaß

„… den 23. war die Partie de bain und musten sich alle mitgekommene Dames und Cavalliers […] in dem dortigen Bade zugleich baden, pour voir leur contenance. Der Herzog badete auch mit. Die Königin schaute von dem Balcon herunter zu", schrieb Fürst Johann Joseph Khevenhüller-Metsch, der Oberhofmeister von Maria Theresia, Königin von Böhmen und Ungarn, 1744 in sein Tagebuch.

Das Bad in Mannersdorf war damals wegen seiner entspannenden und heilsamen Wirkung sehr bekannt, von weit her kamen die Gäste. Wenngleich Mannersdorf ob seiner hochkarätigen Badegäste sicher der „Hotspot" der Badeorte war, fanden sich rund um das Leithagebirge noch andere Badestätten bzw. Quellen, denen heilsame Wirkung nachgesagt wurde und wird.

Ihr Vorkommen ist einmal mehr in der Geologie zu suchen: Mineralwässer und Säuerlinge treten an Störungslinien oder Brüchen in der Erdkruste auf, die weit in die Tiefe reichen. Solch eine Linie verläuft auch entlang des Leithagebirges. Purbach, von dem es in den 1960er Jahren hieß, die magnesiumreichste Quelle Europas zu besitzen, Schützen, Großhöflein, Leithaproders-

Oben: Der Eingang zum Eisenstädter Freibad beherbergte einst die erste Dampfmaschine im Habsburger Reich.

dorf und Mannersdorf konnten sich so einen Namen machen. Interessant ist wohl, dass die Geschichte des Heilwassers in jedem Ort anders verlief, allen gemein ist jedoch, dass die einstige Bedeutung und Bekanntheit heute weithin verloren gegangen ist.

Wo die Römer waren, da haben sie auch gebadet und sie waren bekannt für ihre Thermen. Wohl werden die Badeanlagen, die sich in den Villen entlang des Leithagebirges fanden, keine Thermen, sondern eher kleine „Balnea", also Bäder gewesen sein, dennoch gab es damals schon so etwas wie eine Badekultur und die Römer wussten auch schon um die Heilkraft der Quellen. In Eisenstadt wurde in einem Nebengebäude einer römischen Villa eine Badeanlage gefunden – sie war durch einen überdachten Gang mit dem Haupthaus verbunden. In Leithaprodersdorf und in Mannersdorf stieß man nahe der Quelle auf römische Reste, auch in Winden konnten bei einem römischen Gutshof die Reste einer Badeapsis

freigelegt werden und natürlich verfügte auch die Villa in Bruckneudorf über ein Bad – freilich, das war Luxus, den sich nur wenige leisten konnten.

Die mit dem Mittelalter entstehenden Badhäuser hatten aber weit andere Funktionen zu erfüllen, als dass man sie zur Entspannung aufgesucht hätte – obwohl diese natürlich auch eine Rolle spielte, wie wir dem Eintrag von Fürst Khevenhüller entnehmen können. In erster Linie galten die Bader, die die Berechtigung zum Betreiben einer Badstube erhielten, aber als die „Ärzte der kleinen Leute". Ein Kinderlied, gesungen nach der Melodie von „Kuckuck, Kuckuck ruft's aus dem Wald" erinnert heute noch an eine ihrer Tätigkeiten: *„Stieglitz, Stieglitz, Zeiserl ist krank! / Geh ma zum Bader / lass ma eahm Ader / Stieglitz, Stieglitz, Zeiserl ist krank"*

Der Aderlass war eine der Behandlungen der Bader, daneben versorgten sie Wunden und Verletzungen, waren für Zahn- und Augenleiden, aber auch für Kos-

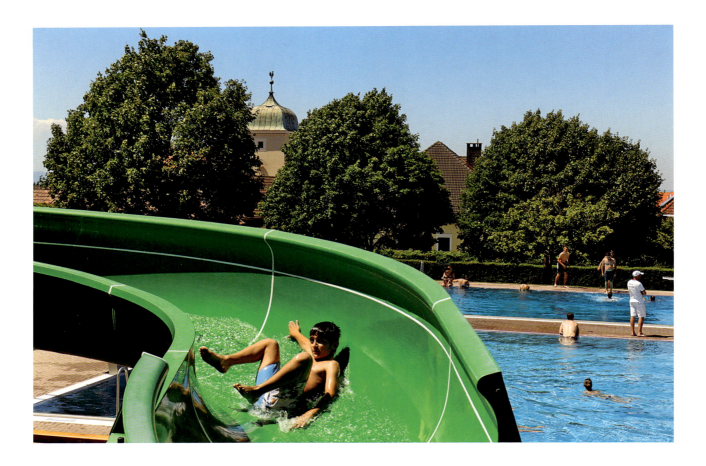

metik und Körperpflege wie Rasur zuständig. Kurzum, der Bader war ein hartgesottener Allrounder, der bis zum Aufkommen der akademischen Medizin auch kleinere Operationen durchführte.

Für die Ansiedlung eines Badhauses war natürlich das Vorhandensein einer Quelle von Nöten. Die Quellen waren meist schon lange, bevor die Bader ihr Amt ausübten, bekannt und genützt und wurden schließlich auf behördliche Erlaubnis in Stein gefasst um sodann die Funktion eines Badhauses zu übernehmen. So entstanden ab dem 15. Jahrhundert schließlich die Badhäuser, häufig an jener Stelle, an der bereits ein „Wildbad" bekannt war. Oft finden sich in der Nähe der Quellen Spuren menschlichen Lebens, die bis in die Steinzeit zurück reichen. Wurden die Orte als Kraftplätze gesehen oder war einfach das Wasser der Grund für die Ansiedlung? Ein gewisser Kult war den Plätzen wohl gewiss, denn häufig werden sie auch in Verbindung mit einer Kapelle zu Ehren der Heiligen Radegundis genannt, wie

etwa in Großhöflein oder Mannersdorf. Wohl haben hierhin Quellwallfahrten stattgefunden, die wiederum auf heidnische Brunnenverehrungen zurückgingen – also steckt doch auch Kult dahinter, der in unserem Raum bis in die Karolingerzeit, ins 9. Jahrhundert, zurück geht.

Sowohl in Mannersdorf als auch in Großhöflein entstanden im 16. Jahrhundert Badhäuser, die bald auch eine gewisse Bekanntheit erlangten. Zu dieser Zeit war der Kult um St. Radegundis schon verblasst, dafür kam die barocke Marienverehrung gerade recht und so ließ Fürst Paul I. Esterházy statt der Überreste einer verfallenen, kopflosen Radegund in Großhöflein Ende des 17. Jahrhunderts in der Kapelle eine Madonnenstatue aufstellen. Bald sagte man der Muttergottes Heilkräfte nach und so wurde aus dem Badhaus mit seiner Kapelle ein Wallfahrtsort. Der Fürst aber, der seine Residenz mittlerweile verlegt hatte, holte sich schließlich nach einigem Hin und Her seine Madonna nach Eisenstadt. Der

Links und rechts: Mannersdorf ist der einzige Ort im Leithagebirge, wo das Thermalwasser noch für Badezwecke genützt wird.

Badebetrieb blieb weiter aufrecht, das heutige Gebäude stammt aus der Zeit des Biedermeiers, jene Zeit, in der das Bad auch einen letzten Aufschwung erlebte. Die Quelle ist heute erkaltet, zur Madonna von Großhöflein pilgern immer noch viele Menschen, nur nicht nach Großhöflein, sondern nach Eisenstadt.

Auch Mannersdorf war ein Badeort mit Tradition. 1517 erteilte Kaiser Maximilian die Erlaubnis zur Errichtung eines Bades, das bald Bekanntheit über die Reichsgrenze hinaus erlangte. Prinzen, Fürsten und Grafen verbrachten hier vor allem die Sommermonate, stets begleitet von einem Hofstaat und von Künstlern wie Johann Christoph Wagenseil, Christoph Willibald Ritter von Gluck oder dem damals noch unbekannten jungen Joseph Haydn. So wie auch in Großhöflein gab es ein Badhaus und eine Kapelle, errichtet 1719 unter Gräfin Fuchs. Rund 70 Jahre später sollte das Mannersdorfer Bad jedoch einer Reformmaßnahme Kaiser Josephs II. zum Opfer fallen: Er ließ das Bad aufheben, in das barocke Gebäude zog die Leoni-sche Drahtzugfabrik, die Kapelle diente fortan als Lager. Vom einst so glanzvollen Badebetrieb in Mannersdorf blieb eine eher unbedeutende Badestätte. Erst Ende des 20. Jahrhunderts sollte das Mannersdorfer Wasser wieder zu Badezwecken sprudeln: Mit der Errichtung des Thermal-Sportbades lässt es sich in dem konstant 22,5 Grad warmen Wasser gut plantschen. Zumindest im Sommer, denn das Mannersdorfer Bad ist heute ein Freibad.

Daneben gab es aber natürlich auch in anderen Ortschaften rund um das Leithagebirge Badhäuser, die auch von Mineralquellen gespeist wurden. Ein Eintrag aus dem Jahr 1668 belegt, dass die Bader aus Leithaprodersdorf, Schützen, Purbach, Donnerskirchen und Eisenstadt der Wiener Neustädter Baderinnung angehörten. In Eisenstadt bestand in der heutigen Haydngasse ein Wannen- und Brausebad, das „Tröpferlbad", in dem später auch Schwimmunterricht gegeben wurde. Bei St. Georgen wurde 1950 auf der Suche nach Trinkwasser eine Schwefelquelle erbohrt, die aber sofort wieder verschüttet wurde.

Oben: Das Badhaus in Großhöflein zog einst viele Menschen an, nicht nur wegen seiner Quelle, sondern auch wegen der wundertätigen Madonnenstatue.

Rechts: Die sprudelnde Thermalquelle in Mannersdorf.

Das Bad in Leithaprodersdorf wurde bis ins frühe 20. Jahrhundert als Ausflugsort mit einer Heilquelle mit einer Temperatur von 24 Grad Celsius erwähnt. Für die kurmäßige Anwendung standen ein gedecktes Bassin und emaillierte Eisenwannen zur Verfügung. Empfohlen wurde ein Besuch des Bades in Leithaprodersdorf bei Katarrhen der Atmungsorgane, bei Anämie und Nervenleiden. Gleichwohl die Quelle von ihrer Heilkraft her durchaus mit jener in Baden gleichgestellt ist, wird sie heute nicht weiter verwendet.

Auch die Schwefelquelle in Schützen ist heute stillgelegt. Seit der Römerzeit war der Ort als Badeort bekannt, von 1672 an bis Mitte oder Ende des 19. Jahrhunderts wird in den Grundbüchern ein Bader geführt. Aufgrund der Heilkraft der Quelle und einer Temperatur zwischen 24 Grad und 26 Grad Celsius wurde in den 1920er Jahren überlegt, eine Kur- und Badeanstalt zu errichten,

die Pläne wurden allerdings nicht realisiert. Während Grabungsarbeiten zum Kanalbau wurde 1971 die Wasserader, die die Quelle speiste, angerissen.

Ein ungewöhnlich hoher Salzgehalt wurde Mitte des 20. Jahrhunderts in einer Quelle in Purbach nachgewiesen: Mit einem Bitterwasservorkommen von 38,4 Gramm pro Liter galt das „Purgina" genannte Heilwasser als die stärkste Bitterwasserquelle in Europa. Der Verkauf wurde jedoch wieder eingestellt.

Heute kommt das Wasser aus der Wasserleitung, niemand kommt mehr zu den Quellen, um es zu schöpfen oder zum Baden ans Leithagebirge, es sei denn, er verbindet den Ausflug mit einem Besuch am Neusiedler See. Die Quellen sind teilweise versiegt oder bleiben ungenutzt, mit Ausnahme von Mannersdorf, wo man zumindest im Sommer in dem heilsamen Wasser baden kann.

Uhu, Diptam und Smaragdeidechse

Wundersame Natur

Tiere und Pflanzen im Wald

Dem bewaldeten Teil des Leithagebirges nähert man sich am besten über die Sinne, indem man alles ausblendet, was nicht hier her gehört: das ferne Brummen der Autos, die Flugzeuge, die ihre Schleife über dem Gebirge drehen, die Motorräder, deren Motorenlärm ständig die Stille zerschneidet. Hört man über all dies hinweg, so kann man sich auf das einlassen, was sich im Rauschen der Blätter zuträgt. Der Eichelhäher beschwert sich über ungebetene Gäste, in der Ferne klopft ein Specht, ständig ruft's irgendwo „Kuckuck" und wenn es finster wird, ertönt ein dumpfes „Uhu". Die Vögel sind es, die mit ihrem Gezwitscher dem Wald ihre Stimme geben. Meist im Verborgenen, doch manchmal ziehen sie durch ihr buntes Federkleid die Aufmerksamkeit auf sich, als bunte Farbtupfer inmitten des saftigen Laubes. Der Pirol ist so einer. So einen Vogel würde man hier nicht erwarten, fast tropisch mutet er mit seinem gelben Gefieder an. Auch andere Vogelarten zeigen ihre bunten Seiten: Der seltene Mittelspecht hat einen roten Scheitel, so, wie auch der Schwarzspecht. Farblich dezenter, aber in seiner Federzeichnung nicht minder kunstvoll zeigt sich der Halsbandschnäpper. Auch der Ziegenmelker ist hier in nennenswerter Zahl beheimatet. Der zu den Nachtschwalben zählende Vogel fällt vor allem durch seinen eigenartigen Gesang auf: Er erinnert an ein vorbeifahrendes Motorrad.

An den Bäumen auf und ab – und das auch noch kopfüber, läuft der Kleiber, während die Nachtigall mit ihrem mehrstrophigen Gesang ihre Zuhörer begeistert.

Die Vögel leihen dem Leithagebirge die Stimme, die Pflanzen den Geruch. Im Frühling macht sich der Duft des Lärchensporns, der umgangssprachlich auch „Hahnenkrampen" genannt wird, breit, ehe der Bärlauch seine charakteristischen Aromen verströmt, bis in die Zeit hinein, wenn sein weißer, sternförmiger Flor schon verblüht ist. Langsam wird er abgelöst von den Blüten der

Links: Stets auf der Hut und blitzschnell: Smaragdeidechsen sind häufig an sonnigen Plätzen anzutreffen.

Sträucher: Holler, der vor allem den Waldrand und die Lichtungen bevölkert, versprüht im Mai mit seinen weißen Dolden Wohlgeruch, im Juni und Juli zieht die Ligusterblüte Bienen und Insekten an. Wenn der Herbst seinen Weg durch die Wälder sucht, die Blätter von den Bäumen fallen und alles bedecken, was über den Sommer gewachsen ist, dann riecht es nach feuchter Erde, nach Laub, das sich langsam zersetzt, nach Pilzen wie den Parasolen, die in regenreichen Tagen erst ihre Köpfe aus der Erde stecken um schließlich ihre Schirme aufzuspannen, und nach einer Landschaft, die sich vorbereitet auf den Winter, der mit seiner Schneedecke alles zudecken wird. Die Natur macht sich bereit für den Winterschlaf. Für die Menschen, die im Wald arbeiten, be-ginnt jetzt die Saison. Motorsägen durchschneiden die Stille, frisch geschnittenes Holz versprüht seinen eigenen Duft.

Das Leithagebirge riecht nach dem, was hier wächst. Stets sei auf seine besondere Lage zwischen Alpen, pannonischem Raum und Wiener Becken hingewiesen. Die Zyklame, das Alpenveilchen, ist in den Wäldern in Mannersdorf und Sommerein beheimatet, auf den kalkreichen Wegen und in aufgelassenen Steinbrüchen, etwa in Müllendorf, findet sich manchmal der gefranste Enzian, im Wald der giftige Fingerhut. Vereinzelt wächst auch, etwa bei Stotzing, der Türkenbund, eine der stattlichsten in Europa heimischen Lilien, die botanisch gesehen zwischen der Hügellandstufe und subalpinen Höhenstufen auftritt – eben auch am nördlichen Leithagebirge. Das Leithagebirge als Ausläufer der Alpen, auch in botanischer Hinsicht. Von seiner höchsten Erhebung im Südwesten, dem Sonnenberg mit 484 Metern, fällt es nach Nordosten hin ab, der Gipfel des Zeilerbergs in Jois liegt 302 Meter über dem Meeresspiegel. So ändert sich auch der Bewuchs von montanen Pflanzen hin zu südlichen und östlichen Gewächsen.

Nun aber hinein in den Wald. Sobald sich das Blätterdach über dem Wanderer schließt, findet er sich in einem Reich der Sinne. Vögel zwitschern, der Alltag scheint plötzlich fern. War da ein Rascheln? Tatsächlich. Ein Rehbock springt davon, verschwindet zwischen Stämmen

Oben und rechts: Bunte Vielfalt: Segelfalter, gefranster Enzian und eine ca. 700 Jahre alte Eiche. Ihre Früchte liefern dem Eichelhäher (rechts) jede Menge Nahrung.

von Eichen und Hainbuchen. Beide Baumarten lieben warme, niederschlagsarme Gebiete. Das Leithagebirge bietet somit gute Voraussetzungen für Trauben- und Zerreiche, auch Elsbeere und Winterlinde fühlen sich hier wohl, in den Laubmischwäldern des Leithagebirges, an dessen sonnigen Hängen Feldulme, Feldahorn und Flaumeiche wachsen. Eichenschwärmer, Eichenspinner und Eichenzipfelfalter, ihr Name sagt schon, an welche Pflanzen diese Falterarten gebunden sind, so wie auch Bock-, Pracht-, Schnell-, Bunt- oder Hirschkäfer.

So gar nicht in das Bild des sanften Leithagebirges mit seinen zarten Grüntönen passen hingegen die Föhrenwälder mit ihren hohen, schuppigen Stämmen und den dunklen, langen Nadeln. Als anspruchslose Baumart wurde die Kiefer an den Hängen ausgesetzt und so findet sich nahe den Siedlungen in beinahe jedem Ort ein Föhrenwäldchen.

Wohlriechend zur Blütezeit und vor allem für Imker ertragreich, doch für den hiesigen Wald als Bedrohung hat sich die Robinie, im Volksmund auch Akazie genannt, verbreitet. Hat sie sich einmal festgesetzt, ist sie nur schwer wieder loszuwerden und so wird nicht nur auf den Trockenrasen gegen ihre Ausbreitung angekämpft.

Auch so manch anderer Gast wurde im Wald von Menschen angesiedelt und ist geblieben. Im westlichen Leithagebirge wurde Mitte der 1960er-Jahre Muffelwild ausgesetzt, heute sind zwei Populationen erhalten. Andere Bewohner wiederum wurden im Laufe der Jahrhunderte gejagt und ausgerottet, wie etwa der Wolf. In der ersten Hälfte des 19. Jahrhunderts wird über den Abschuss der letzten Tiere in Kleinhöflein sowie in Mannersdorf berichtet.

Allgemein fühlt sich das Wild in den Wäldern des Leithagebirges wohl, die Niederwälder bieten gute

Deckung. Eicheln und Bucheckern stehen bei vielen Arten, vor allem auch den Wildschweinen, ganz oben auf dem Speiseplan. Das Leithagebirge war lange Zeit das einzige Gebiet in Österreich, wo sich das Schwarzwild in freier Wildbahn erhalten hat, von hier aus hat es sich schließlich über das Bundesgebiet ausgebreitet. Mittlerweile nimmt die Population teilweise überhand. Wo die Wildschweine gegraben haben, bleibt nicht viel übrig, was die Wildschweine dennoch übersehen, holen sich kleinere Waldbewohner wie Siebenschläfer, Eichhörnchen oder die Haselmaus. Auch der Rothirsch langt bei den Früchten der Eiche und Buche zu, während Rehe sich von den saftigen Kräutern und zarten Trieben ernähren. Längst haben sie auch den Weg in die Gärten gefunden, wo sie sich mit Vorliebe über Rosen und andere Gartenpflanzen hermachen. Doch auch im Wald finden sie Delikatessen vor, die ihnen wiederum wir Menschen gerne wegnaschen: Brombeeren, Maulbeeren oder Walderdbeeren, aber auch die als „Dirndln" bekannten Kornelkirschen.

Im März schon werfen sich die Dirndln in ihr gelbes Blütenkleid, gehören damit zu den ersten Frühlingsboten im Leithagebirge. Noch früher sind die Schneeglöckchen heraußen, denn es kommt vor, dass sie im Februar schon ihre kleinen weißen Köpfe recken. In Breitenbrunn sind sie jedes Jahr besonders früh dran, auf dem Buchkogel zwischen Eisenstadt und Stotzing zeigen sie sich ob der höheren Lage meist etwas später. Durch selbst erzeugte Wärme schmelzen sie den Schnee um sich herum, blühen schon, wenn andere Pflanzen noch unter der Schneedecke ruhen.

Die Wolfsmilch mit ihren gelben Blüten liebt die Flaumeichenwälder ebenso wie der Blut-Storchschnabel, der wiederum gerne in Kombination mit der äußerst seltenen Spechtwurz, dem Diptam, auftritt. Welch ein Schauspiel für die Sinne ist es, wenn es an heißen Tagen über dem Diptam zu flimmern beginnt, wenn er seine ätherischen, nach Zitronen duftenden Öle freigibt. Hält man eine Flamme über die Blüte, so lodert diese, angeheizt

durch diese Öle, auf. Vielleicht war es sogar der Diptam, der in der Bibel als brennender Busch beschrieben wurde.

Zurück von der Bibel in unser Leithagebirge, das nicht nur Blumenfreuden bereithält: Gelsen und Bremsen können an einem schwülen Tag so manche Freude am Wald verderben. Schon ihr Surren lässt den Wanderer die Flucht ergreifen oder aber einen Schritt zulegen. Da scheint es wenig zu nützen, dass sie bei Nacht von den Fledermäusen, die untertags in den zahlreichen Höhlen Quartier beziehen, gejagt werden. Wimperfledermaus, Großes Mausohr, die Bechsteinfledermaus, Kleine Hufeisennase und die Mopsfledermaus aber auch der Abendsegler gehen nach Sonnenuntergang lautlos auf Beutejagd, bis zu 4.000 Mücken fängt eine Fledermaus pro Nacht.

So ist das Leben im Wald ein Geben und Nehmen. Wir aber sind nur Gäste hier, die den Aufenthalt genießen wollen, ohne jemandem zu schaden.

Trockener Boden

Adonis gilt in der Mythologie als Sinnbild der Schönheit und der Vegetation. Er war das Produkt einer Intrige, denn Aphrodite hatte im Zorn in Myrrha, seiner Mutter, eine Leidenschaft zu ihrem Vater entfacht, woraufhin das Mädchen des Nächtens seine Nähe suchte. Als dieser aber herausfand, dass es seine eigene Tochter war, die ihm Gesellschaft geleistet hatte, trachtete er ihr nach dem Leben. Die Götter hatten Mitleid und verwandelten sie in den Myrrhenstrauch. Als Frucht aus dem Verhältnis mit ihrem Vater ward aber Adonis aus diesem Strauch geboren. Ein strahlender Jüngling, der durch seine Schönheit die Götterwelt bald durcheinander brachte und der schließlich durch die Hauer eines Ebers den grausamen Tod fand.

Wenn die ersten Sonnenstrahlen die Trockenrasen am Leithagebirge schön langsam erwärmen, dann erwacht Jahr für Jahr auch der Adonis wieder. Strahlend gelb, makellos, streckt das ursprünglich aus Sibirien und dem Altai stammende Adonisröschen seine Blüten aus und lässt sich gerne betrachten. Und wie in der Antike sind die Bewunderer nach wie vor zahlreich. So üppig seine Schönheit, so genügsam ist es mit seinem Untergrund – oder aber auch wieder nicht. Denn es sind die steinigen, kargen und trockenen Böden, auf denen Adonis vernalis seine Knospen öffnet, und dieser Lebensraum wird durch verschiedene Einflüsse bedroht.

Über Jahrhunderte weideten meist, wo heute die Adonisröschen blühen, die Tiere der Ortschaften. Die gelben Blümchen haben sie dabei stehen gelassen, denn die Pflanze ist giftig. Sonst fraßen sie, was sie hier fanden. Aufkeimende Büsche ebenso wie Gras. Die Tiere verbrachten hier den Sommer, von einem Hirten oder den Kindern des Dorfes behütet, was den Weidegebieten die Bezeichnung „Hutweide" einbrachte. Jede Gemeinde hatte einst solch eine Hutweide, meist zwischen dem Ort und dem Wald. Der Boden war zu karg, um hier etwas zu pflanzen, oft machten der herausstehende Fels oder die Hanglage die Bearbeitung unmöglich. Den Tieren aber genügte es, um Futter zu finden: Trockenresistente Horstgräser, die in dem sandig bis schottrigen, lockeren Boden wachsen, waren ihnen gut genug.

Die Zeiten, als hier große Rinder- oder Schafherden weideten, sind längst vorbei. Und doch sind sie wieder häufiger anzutreffen als in den letzten Jahren. Denn die traditionelle Beweidung scheint der einzig gangbare Weg, um diese historische Kulturlandschaft und den Naturraum zu bewahren.

So hat also ein Umdenken stattgefunden und immer noch befindet sich der Frühlingsadonis in bester Gesellschaft: Die ebenfalls giftige Kuhschelle liebt so wie er kalkreiche Magerrasen in sonniger Lage. So haben sich die Zwei auf dem Thenau in Breitenbrunn gefunden. Oder in Großhöflein, in Hornstein, zwischen Winden und Jois oder Hof am Leithaberge oder an manch anderem Plätzchen an den Hängen des Leithagebirges.

Sie sind die ersten Frühlingsboten, wenn alles rundum noch trocken und braun ist. Wenn die knorrigen Bäume noch keine Blätter tragen, vereinzelt aber schon mit Blüten bezaubern, der Rasen noch in der Farbe seiner Winterstarre verharrt.

In diese lila-gelbe Frühlingsstimmung mischt sich an einigen Standorten, wie auf dem Thenau in Breitenbrunn, dem Hackelsberg oder dem Jungerberg zwischen Winden und Jois allmählich die Iris pumila, die Zwergschwertlilie. Rund 30.000 Stück sind es, die auf dem Thenau mit ihren Perigonblättern um die Gunst der Insekten rittern. Sieben verschiedene Farbausprägungen, von weiß über gelb bis hin zu blassrot und violett, die die Hummeln über die Tatsache hinweg täuschen, dass es hier keinen Nektar zu holen gibt. Mit der Zwergschwertlilie wird schließlich der Farbenreigen eröffnet. Wohl nur in Purbach zeigt „Didlwumpasgeigei" seine blauen Glöckchen. Dahinter verbirgt sich die Traubenhyazinthe, die freilich auch an anderen Standorten vor-

Vorige Seite: Wie ein lila-weißer Teppich hat sich der Lerchensporn im Frühjahr ausgebreitet.

Diese Seite: Beweidung und Erkundung: Die Trockenrasengebiete des Leithagebirges bieten seltenen Arten einen Lebensraum.

53

Oben und rechts: Die seltene Zwerg-Schwertlilie (Iris pumila) täuscht durch ihre Farbenvielfalt die Insekten.

kommt, den eigentümlichen Namen trägt sie aber nur in Purbach. Orchideen wie das Helm- oder das Wiesen-Knabenkraut, Nelken wie die Karthäuser Nelke, Mieren, Seggen, Sukkulenten mit ihren prächtigen Blüten finden auf den kargen Böden doch genug, um wachsen und leben zu können. Extrem sind die Bedingungen, die Pflanzen haben sich daran angepasst.

Mit 50 Hektar ist der Thenau der größte Trockenmagerrasen des Burgenlandes. Die größte Fläche dieser Art im Leithagebirge befindet sich aber in Hof. Seltene Pflanzen wachsen hüben und drüben und auch sonst herrscht reger Betrieb in den nach außen dürr scheinenden Wiesen. Zieselkolonien haben sich häuslich eingerichtet – etwa in Stotzing, auf dem Thenau, in Hof oder in der Parndorfer Heide. Heraus kommen die kleinen Erdhörnchen erst, wenn die Sonne schon hoch am Himmel steht, um sich von Samen, Pflanzenteilen oder Wurzeln zu ernähren. Was der magere Standort eben hergibt. Einem Bad in der Sonne nicht abgeneigt ist auch die Smaragdeidechse und gar meditativ gibt sich die Gottesanbeterin – beide kennt man ja aus dem Mittelmeerraum. Auch am Leithagebirge haben sie ein angenehmes Zuhause gefunden. So wie auch der Warzenbeißer, eine seltene Heuschreckenart. Was gibt das für ein Konzert, wenn erst einmal eine Heuschrecke mit ihrem Gezirpe beginnt, allmählich andere einstimmen!

Schmetterlinge beginnen scheinbar dazu zu tanzen. Nicht irgendwelche, versteht sich. Viele seltene Arten sind dabei, wie etwa der Hecken-Wollafter, der mit seiner bräunlichen Färbung zwar eher unspektakulär wirkt, dies aber rasch durch seine Flügelspannweite von bis zu sechs Zentimetern wettmacht. Auf dem Hackelsberg zwischen Winden und Jois wurden bislang 1080 verschiedene Schmetterlingsarten nachgewiesen, 80 davon kommen in Österreich nur hier vor. Sie geben sich ein Stelldichein mit botanischen Seltenheiten. Gemeinsam mit dem Junger Berg in Jois bildet der Hackelsberg ein einzigartiges Biotop von unschätzbarem Wert – nicht nur für Biologen!

Denn die Schönheit der Magerwiesen zeigt sich auch gerne jenen, die offenen Auges durch die Landschaft gehen. Atemberaubend ist vom Junger Berg oder vom Hackelsberg der Ausblick auf den Neusiedler See. Auf der anderen Seite erhebt sich das Leithagebirge. Es scheint, als ständen wir auf dem Scheidepunkt zwischen den Alpen und der Tiefebene.

Langsam geht hinter den Bäumen die Sonne unter. Noch einmal blitzt sie über die Wipfel, dann taucht sie alles in ein wunderbares Abendlicht. Eine Kiefer steht allein inmitten der trockenen Wiese. Sie zieht das Licht, wie's scheint, für einen Augenblick auf sich. Dies ist ein Ort, an den man wieder kommen möchte, dies ist ein Ort, an den man wieder kommen muss. Wie weit erscheint von hier aus die Landschaft, wie klein fühlt man sich selbst darin. Wie einzigartig ist das, was hier wächst, das, was hier lebt!

Der fürstliche Landschaftsgarten

Wohl jeder Eisenstädter hat seine persönlichen Erinnerungen, die an den Schlosspark geknüpft sind. Eine meiner Kindheitserinnerungen sind die Spaziergänge zu jenem Gewächs, dem ich in kindlicher Einfalt den Namen „trauriger Baum" gegeben hatte. Dass es sich dabei um eine botanische Besonderheit handeln sollte, kam uns nicht in den Sinn. Der ganze Schlosspark war für uns wie selbstverständlich. Das Füttern der Enten im Maschinenteich, das Durchwandern der Kastanienallee, die Weinkosten in der Orangerie. Das alles sind Erinnerungen, vergangene Momente, die doch häufig wieder kehren. Und so haben sich über die Jahre auch Rituale eingeschlichen. Noch heute nehme ich lieber den Eingang beim Parkbad, so wie ich es immer getan habe. Die Enten im Maschinenteich scheinen mir heute noch vertrauter als jene beim Leopoldinenteich. Immer noch sehe ich meine Großmutter neben mir stehen, mir Brotkrumen für die Enten reichend. Für sie war der Schlosspark zeitlebens der „Hofgarten", und manchmal erzählte sie auch Geschichten von damals, als er für die Bevölkerung noch nicht zugänglich war.

Welch Glück, dass im Jahr 1962 der Garten durch ein Abkommen zwischen der Stadtgemeinde Eisenstadt und Dr. Paul Esterházy für die Öffentlichkeit geöffnet wurde, und es ist auch ein Glück, dass in den 1980er-Jahren einige Visionäre erkannt hatten, dass in diesem Landschaftsjuwel mehr steckt, als ein verwilderter Garten, dass ein trauriger Baum eine Alaskazeder ist, die neben anderen botanischen Besonderheiten hier wächst, und daher einen Verein zur Wiederherstellung und Erhaltung

Links: Blick vom Portikus des Schlosses Esterházy in Eisenstadt auf den Leopoldinentempel und das Leithagebirge.

dieses einzigartigen Landschaftsgartens gegründet hatten.

Was im 16. Jahrhundert als Blumengarten, später als Obst-, Kraut- und Arzneipflanzengarten hinter dem Schloss der Fürsten Esterházy erwähnt wurde, wurde durch die Jahre stetig erweitert. Die Fürsten gestalteten die Landschaft nach der Mode der Zeit. Quadratisch angelegte Beete im italienischen Stil zierten den Garten um 1700, später wurde er im Sinne des Rokoko gestaltet. Dafür beauftragte Fürst Paul II. Anton Esterházy (1711-1762) den Gartenarchitekten Louis Gervais, der ihn mit Blumenbeeten, Springbrunnen, Buchen, aber auch Orangenbäumen, Lusthäusern und einem von Statuen geschmückten Teich versah. Auch ein „Thiergarten der Fürstin" wird erwähnt, in dem Hühner aus den verschiedensten Ländern gehalten wurden.

Der Garten traf den Geschmack der damaligen Zeit und erfreute beinahe ein halbes Jahrhundert lang die allerhöchsten Herrschaften. Schließlich sollte er ein neues Gesicht erhalten, zu einer nie da gewesenen Pracht gelangen.

Nikolaus II. Esterházy (1765-1833) ließ den streng nach Formen folgenden Rokokogarten in einen Landschaftsgarten nach englischem Vorbild verwandeln, in dem die Elemente arrangiert wurden, als ob der Zufall es so gewollt hätte. Nach Plänen von Charles Moreau wurde die Anlage nach Norden erweitert, hinter dem Schloss entstand der klassizistische Leopoldinentempel mit seiner Felswand. „Gleich beym Eintritt wird man von einem schönen mit Blumen besetzten Wiesenplatz und dem großen sogenannten Teich überrascht, in dessen Hintergrunde der Leopoldinentempel ruht", schrieb Adalbert Krickel in seinem Reisebericht über Österreich und Ungarn 1831. Sicher hat er auch einen Blick in das Innere geworfen und sich von dem Anblick verzaubern lassen. Inmitten des Tempels saß, einer Muse gleich, Marie Leopoldine, die Tochter des Fürsten Nikolaus II. Kein geringerer als Antonio Canova hatte die Prinzessin in weißem Marmor verewigt. Im ganzen Garten wurden exotische Bäume und Sträucher gesetzt und jene Pflanzen, die im Winter ein Dach über dem Kopf brauchten, die wurden in der neu errichteten Orangerie untergebracht. Was heute als Veranstaltungsräumlichkeit dient, ist lediglich der Rest vielzähliger Überwinterungsgebäude. Auch heute blühen und reifen hier noch die Zitronen. Welch herrlicher Anblick, durch den herbstlichen Park zu spazieren und dann hinter den Fenstern die Früchte und Blüten des Südens zu erblicken!

Doch nicht nur ein Naturerlebnis, nein, auch ein technisches Wunderwerk stellte dieser Landschaftsgar-

Links: Sichtachse vom Leopoldinentempel zur Nordfassade des Schlosses Esterházy.

Rechts: Kindheitserinnerungen an ein altes Holzhäuschen beim Maschinenteich im Eisenstädter Schlosspark.

Nächste Seite: Die Marmorstatue der Leopoldine Esterházy von Antonio Canova und der verschneite Schlosspark.

ten dar. Von Müllendorf und vom Buchgraben her wurden Wasserleitungen gebaut, mit einer Wasserpumpe wurde das Wasser zu den meist höher gelegenen Teichen und auch zur Orangerie geleitet. Zum Betreiben der Pumpe wurde 1803 eine Dampfmaschine angeschafft – die erste in der Donaumonarchie. Was hat das wohl für ein Rauschen, Murmeln und Plätschern gegeben inmitten der riesigen, raschelnden Bäume! Nikolaus II. ließ aber auch den hinter dem Park liegenden Föhrenwald in das Konzept mit einbeziehen. Vom Schloss den Berg hinan wurde eine Allee gepflanzt, von Linden oder Ulmen gesäumt, im Wald wurde Anfang des 19. Jahrhunderts unter der Leitung von Charles Moreau ein Lusthaus errichtet, der Marientempel. Das schon zu seiner Entstehungszeit als „Gloriette" bezeichnete Gebäude war das Zentrum eines kleinen Gartens mit einem strukturierten Wegenetz, einer kleinen Grotte und einer kleinen Batterie, die vom Volksmund bald „Kanonenplatzl" genannt wurde, da bei besonderen Anlässen Salutkanonen abgefeuert wurden.

Unter Nikolaus II. hatte der Schlosspark seinen gestalterischen Höhepunkt erlebt, in der zweiten Hälfte des 19. Jahrhunderts wurde er mehr und mehr sich selbst überlassen. Erst Fürst Nikolaus IV. und seine Frau Margit nahmen sich zu Beginn des 20. Jahrhunderts seiner wieder an, ließen Wege und Sichtachsen freilegen und die Orangerie renovieren. Auch ihr Sohn Paul zeigte Interesse an der Anlage, seine Pläne für eine Neugestaltung kamen jedoch aufgrund der politischen Situation nie zur Umsetzung. Schließlich wurden im Park ein Fußballstadion, ein Tennisplatz und das Parkbad eingerichtet. Zum Wohle der Allgemeinheit, nicht aber des Landschaftsgartens.

Und trotzdem scheint dieser Park ein Luxus zu sein, eine Auster, deren wahrer Wert sich erst im Geiste öffnet. In der Orangerie werden glamouröse Feste gefeiert, im Leopoldinentempel geben sich Verliebte das Jawort, die Jahreszeiten konkurrieren durch Farben und Pracht, auf dem Spielplatz tummeln sich lachende Kinder. Und die Enten, sie schnattern noch immer laut. Bringen die eigenen Kindheitserinnerungen zurück.

Lebensraum

Ein Streifzug durch die Orte

Au am Leithaberge

Wo sich einst Mühlräder drehten

Noch immer dreht sich das alte Mühlrad, klappert schnarrend vor sich hin. Korn wird hier keines mehr gemahlen, kein Mühlstein, der sich dreht. Müller ist auch keiner mehr hier, dafür werden die Gäste in den Mühlen heute bewirtet. Die Edelmühle ist ein Haus mit Tradition – die obere wie die untere. Das spürt man schon, wenn man durch das Tor tritt.

Als im Mittelalter die Menschen rund um das Leithagebirge sesshaft wurden, schien dies hier ein geeigneter Platz zum Siedeln. In einer Urkunde aus dem Jahr 1375 wird der Besitz „Edelmeuch" erwähnt und es ist wahrscheinlich, dass es sich hierbei um eine der beiden Mühlen gehandelt hat. Der Name selbst stammt nicht von „edlen Herren" ab, sondern von den Erlen, die den Bach säumen. Noch heute tragen die zwei Mühlen den Namen „Edelmühle" und natürlich waren es Konkurrenten, deren Mühlräder vom gleichen Wasser angetrieben wurden.

Der Edelbach war über Jahrhunderte die trennende Linie zwischen Österreich und Ungarn. Die Mühlen lagen an der Grenze, sie sicherten den Betreibern ein gutes Einkommen. Vielleicht wurde dies auch noch durch die besondere Lage aufgebessert. Wer hätte schon bemerkt, wenn das eine oder andere Stück Vieh hier die Grenze überschritt?

Draganitsch, Dragschitz, Kusolitsch, Messeritsch, Jagoditsch, Püreschitz. Die Familiennamen in Au lesen sich wie die in einer burgenländisch-kroatischen Gemeinde. Und doch liegt Au in Niederösterreich, ist ein „deutscher" Ort. Über Jahrhunderte wurde hier aber kroatisch gesprochen, gebetet, gesungen. Bereits 1415 finden sich die ersten kroatischen Namen in den Matri-

Links: Vorne die Kirche von Au, dahinter die Basilika Loretto. Am Horizont erhebt sich der Schneeberg zum Greifen nah.

keln, es war die Zeit, als die Osmanen mit ihrer Expansion nach Europa begannen. Nach 1530 setzte eine zweite Ansiedlungswelle ein. Die Bewohner waren vor der drohenden Türkengefahr nach Scharfeneck geflüchtet, die Burg wurde gestürmt, die Zuflucht Suchenden grausam niedergemetzelt.

Der Ort stand ein paar Jahre leer. Bis kroatische „Kolonialisten" hier angesiedelt wurden. Sie bauten die Häuser wieder auf, sie erhielten Land, das sie bestellen konnten. Sie waren Leibeigene, sie waren dem Herrschaftssystem unterworfen. Sprachlich wie wirtschaftlich waren sie Außenseiter und schon bald gab es erste nationalistische Bestrebungen gegen sie. Der katholische Glaube war es, der ihnen Zusammenhalt gab in ihrer neuen Umgebung. An ihm hielten sie fest, waren unempfänglich für die neuen, protestantischen Strömungen, die das Land damals durchzogen. Aber auch von der katholischen Seite kamen Anfeindungen: Deutsch sollte die Sprache in der Pfarrgemeinde sein, immer wieder gab es Streit wegen der Nachbesetzung der Pfarrerstelle. Obwohl die zuständige Diözese Raab die Einsetzung kroatisch sprechender Priester befürwortete, übte die österreichische Verwaltung der Herrschaft Scharfeneck Druck dagegen aus. Aber erst 1808 sollte der erste nicht-kroatischsprachige Priester nach Au gelangen.

Zu jener Zeit war das Kirchengebäude in einem schlechten Zustand. Der ursprünglich gotische Bau war über die Jahrhunderte erweitert worden, teilweise, so scheint es, ohne auf statische Regeln zu achten: Dem Gewölbe der gotischen Apsis wurde Anfang des 16. Jahrhunderts ein Turm aufgesetzt, ohne die Fundamente zu verstärken. Rund 300 Jahre hielt der Bau, doch 1827 musste die Kirche gesperrt werden. Die Messen wurden fortan in einem Bauernhaus gelesen, 1830 wurde mitten in der Kirche ein Pfeiler errichtet, der den Turm stützen sollte. So wurde nun Sonntag für Sonntag die Messe gelesen. Der Platz war eng und viele der Gläubigen hatten keinen Blick auf den Pfarrer und die Kanzel. Es fehlte das Geld zum Neubau. Erst 1876 wurde ein neues Gotteshaus errichtet, 1909 wurde dem noch eins draufgesetzt, der Turm noch um fünf Meter erhöht. Bei einer Renovierung 1956 wurde der Putz abgeschlagen, was der Kirche von außen heute das Flair einer alten, mediterranen Kirche verleiht. Tatsächlich ist das Bauwerk aber keine 150 Jahre alt und steht in Au am Leithaberge, jenem Ort, der über Jahrhunderte Steine geliefert hatte, um weit Größeres zu bauen, als dieses kleine beschauliche Kirchlein.

Der Auer Stein wurde schon im Mittelalter nach Wien gebracht, er wurde für das Gesamtkunstwerk Stephansdom herangezogen. Dort hat der Stein Beständigkeit, im Albertinischen Chor, in der Glockenstube der Pummerin, im Nord- und Südturm, in zahlreichen Plastiken. Die Steinbrüche sind aus dem heutigen Ortsbild verschwunden, sind zugeschüttet oder überwachsen. Manche liegen heute auch nicht mehr in Au, aber immer noch heißt er der „Auer Stein". Er zeigt, wie schwer es war, Grenzen zu ziehen und Grenzen einzuhalten. Denn die Gemeinde Au lag als Teil der Herrschaft Scharfeneck in Österreich, die Gebiete, wo der Auer Stein abgebaut wurde, waren bereits in Ungarn, später gehörten sie zu den im 16. und 17. Jahrhundert gegründeten Ortschaften Loretto und Stotzing.

Ein Bild aus der Zeit, als hier noch Stein abgebaut wurde, zeigt das Deckenfresko im Maria-Theresien-Saal im Schloss Mannersdorf: Da wird gehämmert, gemeißelt und gesägt, Stein wird aus der Felswand gebrochen, Blöcke werden behauen in einem Steinbruch zwischen Au und Hof. Im Hintergrund dreht sich ein Mühlrad, vielleicht ist es jenes der oberen Edelmühle?

Als die ersten Aufzeichnungen über Steinlieferungen nach Wien auftauchen, ist die Gemeinde Au gerade einmal zwei- oder dreihundert Jahre alt – zumindest in der urkundlichen Erwähnung. Tatsächlich aber führen die Spuren der Besiedlung bis in die Jungsteinzeit zurück. Damals schon legten die Menschen den Grundstein für die Landwirtschaft in diesem Raum. Die Bedingungen schienen relativ günstig, es gab Wald, es gab Weideflächen für die Tiere und es gab Felder. Es gab auch genügend Wasser: Die am weitesten zurück reichenden archäologischen Entdeckungen wurden in der Flur „Äcker am Hofer Grenzbach" gemacht. Auf anderen Fluren fanden sich Spuren menschlicher Besiedlung aus der Bronze-, Hallstatt- und Römerzeit. Nicht alles, was zutage trat, konnte für die Öffentlichkeit erhalten bleiben, vieles wurde weggebracht, anderes verkauft. Viele Funde aber haben eine Heimat im Museum in Mannersdorf gefunden: Mondidole, Grabsteine, Tonsteine. Dort dokumentieren sie den uralten Siedlungsboden am Nordhang des Leithagebirges. Im Niederösterreichischen Landesmuseum befindet sich heute ein römischer Grabstein. „Marcus Valerius Ma(n)suetus, pensionierter Leibwächter aus dem kaiserlichen Hauptquartier (in Rom), hat diesen Grabstein zu seinen Lebzeiten für sich und seinen Sohn setzen lassen". Ein Heimkehrer, der in der glanzvollen Stadt Rom einen ehrenvollen Dienst geleistet hatte und danach zurück kam nach Pannonien, um hier begraben zu werden.

Auch die Draganics sind hier begraben, die Dragsics, die Pyreshicz und die Mezerics. Draganitsch, Dragschitz, Püreschitz oder Messeritsch steht heute auf ihren Grabsteinen. Die kroatische Sprache ist großteils aus Au verschwunden, doch in den Namen der Bewohner lebt die kroatische Abstammung weiter. Auch die Flur- und Landschaftsnamen wie „Pjesak", „Glavica" oder „Gonich" erinnern daran und was sich hinter dem Namen „Gradina" verbirgt, darüber kann nur gemutmaßt werden. Vielleicht stand die einstige Befestigung ja sogar im Zusammenhang mit der verschwundenen Burg Roy.

Hof am Leithaberge

Marktgemeinde mit historischem Blick

„Land, Vater, Freunde will ich verlassen. Ich liebe sie zärtlich, doch kann ich sie auch in ihrer Abwesenheit lieben", schrieb 1774 ein junger Bauernsohn aus Hof, ehe er als Missionar in die Welt ging um sich nicht nur im Dienste des Glaubens, sondern auch der Wissenschaft einen Namen zu machen. Schon einige Ortschaften weiter ist der Name Philipp Weszdin kein Begriff mehr. Dafür kennt man ihn in Indien, wo er als Pater Paulinus a. S. Bartholomaeo nicht nur seelsorgerisch und missionarisch tätig war. Bald schon erkannte er eine Verwandtschaft zwischen dem Sanskrit, dem etwa 1200 vor Christus entstandenen Alt-Indischen, und den europäischen Kultursprachen und verfasste neben zahlreichen anderen Werken zur Orientalistik zwei Sanskrit-Grammatiken. Er war Missionar, Kosmopolit, Sprachforscher und Seefahrer, verwurzelt mit dem Leithagebirge, mit jenem Land, das er schweren Herzens verließ, ein Land, das ihn sicherlich geprägt hat: Deutsch, Ungarisch, Kroatisch waren nur einige der Sprachen, in denen er schrieb. Es waren die Sprachen seiner Heimat Hof, wo er 1748 das Licht der Welt erblickt hatte.

Oben: Der Leithakalkstein verleiht der Kirche von Au ihr individuelles Aussehen und lässt sie viel älter erscheinen, als sie tatsächlich ist.

Unten: „Leiterberg" innerhalb des Kreisverkehrs in Hof.

65

Links: Ein gut befestigter Edelhof und ein Zwiebelturm überragen die Dächer von Hof.

Nächste Seite: Ungewöhnliches Flugobjekt.

Zu dieser Zeit war Hof ein Grenzort, hauptsächlich von Kroaten besiedelt, jenseits der Leitha gelegen und dennoch zu Österreich gehörend. Grenzen bringen ihren Bewohnern stets Gefahren, sie bieten aber auch Möglichkeiten und diese wurden in Hof über die Jahrhunderte genutzt. Gute Beziehungen zum ungarischen Nachbarort Donnerskirchen ließen einen regen Handel entstehen. Salz, Wein oder Getreide wurden über die Grenze gebracht, selbst Vieh wechselte unauffällig den Besitzer, indem die Bauern von beiden Seiten auftrieben und eben abends einer mit mehr Tieren heimging, als er gekommen war. Überhaupt war die Landwirtschaft die Lebensgrundlage der Hofer, schon in der Jungstein- und Hallstattzeit. Später siedelten die Kelten hier und schließlich die Römer. Zahlreiche Fundstücke erinnern noch an jene, die hier schon gepflügt haben. Die hier gegessen, getrunken, gespielt haben. Vieles eröffnet dem heutigen Betrachter, wie sie gelebt haben und manches gibt Rätsel auf. So wie der um 1830 auf einem Acker gefundene Dodekaeder, ein aus zwölf Fünfecken bestehender Hohlkörper aus Bronze, dessen Bedeutung bis heute nicht geklärt werden konnte. Christbaumständer, Kerzenleuchter, Kinderspielzeug. Er musste als vieles herhalten, ehe er schließlich im Museum in Agram (Zagreb) landete. Eine Kopie ist im Museum in Mannersdorf ausgestellt.

1208, also bereits relativ früh, taucht der Name „Hof" in einer Urkunde auf, schließlich kam die Ortschaft zur Herrschaft Scharfeneck und teilte fortan mit ihr ihre Geschichte. Wie Mannersdorf wurde auch Hof immer wieder Ausflugsziel des Kaiserhauses. Maria Theresia und ihr Gemahl Franz Stephan sollen gerne durch die Weingärten an den Hängen des Leithagebirges spaziert sein. Im Jahr 1743 war das Kaiserpaar auch zur Weinlese in Hof, gekommen ist das so: Die Kaiserin hatte zur österlichen Fußwaschung auch eine Mannersdorfer Bäuerin gebeten, die sich dafür mit einer Einladung zur Weinlese revanchierte. Wie ertragreich die Lese war, davon steht nichts geschrieben, die Trauben aber wurden bezahlt und auf der kaiserlichen Tafel in Wien aufgetragen. In Mannersdorf erinnert heute noch ein Obelisk an dieses Ereignis: „Hier hat Maria Ther. Königin Mit dero Gemahl Francisco Stefano Gross Herzogen Die Hände Welche die Geburt mit Sceptern Tugend und Glick mit Lorbeer gestil Zu den Traubensaemeln und allen mühsamen Verrichtungen des Wein Lösens erniedriget…", ist darauf zu lesen.

Auch spätere Kaiser kamen nach Hof und suchten im Wald Zerstreuung: Franz II./I. und auch sein Sohn Ferdinand I. genossen vom Wald aus den Blick über den Neusiedler See. Wegen einer auf einer Eiche montierten Aussichtsplattform erhielt der Punkt bald den Namen „Kaisereiche", zum 40. Regierungsjubiläum von Kaiser Franz Joseph wurde ein Aussichtsturm eröffnet. Von hier aus sieht man auch die Alpen. Wie fern sie sind, wie hoch. Auf der anderen Seite die Kleinen Karpaten. In der Mitte liegt das Leithagebirge.

Zurück in der Marktgemeinde sticht ein Gebäude besonders heraus: Ein mächtiges, altes Bauwerk hat sich im Ort zwischen modernen Fassaden verschanzt. Der „Turmhof" geht bis ins 16. Jahrhundert zurück, er war einer von drei Edelhöfen, von einer Ringmauer umgeben, mit Kasematten, Wohn- und Wirtschaftsgebäuden, drei Rondellen und – daher der Name – einem Turm. Ein wenig außerhalb liegt eine alte Kaserne.

Stets war der Markt durch die Lage an der Grenze bestimmt. Die Hofer kontrollierten den Handel, der von Westungarn über das Leithagebirge nach Österreich ging. 1918 war plötzlich alles anders. Mit dem Ende des ersten Weltkrieges sicherte Ungarn seine Grenze auf der Passhöhe zwischen Hof und Donnerskirchen mit einem Panzerwagen, Österreich postierte Gendarmen im Ort. Doch erst als mit der Ratifizierung des Friedens von St. Germain 1921 die Grenze ein Stück weiter wanderte, sollte auch der Schleichhandel vorerst ein Ende haben.

Für die Bevölkerung brachen jetzt schwere Zeiten an. Die Wirtschaftskrise machte sich auch am Fuße des Leithagebirges bemerkbar. Während die Preise für Vieh und Getreide sanken, blieben jene für Brot und Fleisch konstant. Gegessen wurde, was Wald und Wiesen hergaben, so manch einer schaffte es auch, sich durch gute Geschäfte über Wasser zu halten. Ein findiger Hofer sammelte Schnecken und verkaufte sie in großem Stil über Wien nach Frankreich, wo sie als „Escargots" die Gaumen der Genießer erfreuten. Mehr als 100.000 Schnecken sollen es allein in den Jahren 1936 und 1937 gewesen sein.

Bei den meisten jedoch war die Not groß, verschlimmerte sich noch durch den Krieg, der die Männer ins Feld rief. Auch jene, die daheim waren, bekamen den Schrecken des Krieges vor Augen geführt, denn immer wieder stürzten Maschinen der deutschen Luftwaffe ab. Insgesamt fanden bei Abstürzen rund um Au, Hof und Mannersdorf an die 60 Männer den Tod, beim Kampf um Hof am 2. April 1945 mussten 21 deutsche Soldaten und elf Sowjets ihr Leben lassen.

Langsam erholte sich die Marktgemeinde von den Wirren, der Aufbau wurde vorangetrieben, Feste wurden gefeiert. Zum 250. Geburtstag seines berühmten Sohnes setzte Hof Philipp Weszdin ein Denkmal. Eine Skulptur aus Stein zeigt den Orientalisten als Missionar, Sprachforscher und Seefahrer.

Mannersdorf am Leithagebirge

Kaiserliches Ausflugsziel

Zwischen 1572 und 1617 veröffentlichten der Kupferstecher Frans Hogenberg und der Geograph und Verleger Georg Braun den Band ‚Civitates Orbis Terrarum' – die Städte der Welt. London, Lissabon, Wien, Budapest, Agram sind nur wenige der rund 500 gestochenen Städte nach Zeichnungen von Georg und Jacob Hufnagel, die sich in dem Werk finden. Und Mannersdorf an der Leitha, das 1617 offensichtlich bereits solche Bekanntheit erreicht hatte, um in dem Werk ebenfalls aufgenommen zu werden, gemeinsam mit Eisenstadt.

Die Siedlungsgeschichte reicht jedoch wesentlich weiter zurück, in die Zeit, als die Menschen noch kein Metall kannten und sich aus Steinen, derer es hier reichlich gab, Werkzeuge fertigten, um das fruchtbare Land rund um die Leitha urbar zu machen. Aus späterer Zeit zeugen Lanzenspitzen, Fiebeln sowie römische und germanische Grabsteine von der Besiedlung.

War der Boden über die Jahrhunderte hinweg auch weiter besiedelt, so liegt die Geburtsstunde des heutigen Mannersdorf im Mittelalter, was eine Urkunde aus dem Jahr 1233 belegt. Der Name selbst leitet sich wohl von „Menhardsdorf" ab, also von den Namen Menhart oder Mainhart. Eine kleine Ortschaft in einer unruhigen Zeit. So war sie stets von Brandschatzungen und Auseinandersetzungen zwischen Österreich und Ungarn betrof-

Oben: Blick auf Mannersdorf mit dem Baxa-Steinbruch.

fen, da ein genauer Grenzverlauf zwischen den beiden Königreichen noch nicht gesichert war. Ab etwa 1390 taucht der Name der Brüder Friedrich und Herrmann Scharfeneck als Herren von Mannersdorf und der Burg inmitten des Waldes auf. Sie muss wohl eine Grenzfeste gewesen sein, gab es doch keinen Weg zu bewachen und keinen Fluss, oder aber eine Spionageburg, um zu beobachten, was in Wien vor sich ging und dies nach Ungarn weiter zu melden. Mächtig war sie auf jeden Fall, doch ein Frühlingsgewitter setzte im Jahr 1555 der einst prachtvollen Burg mit einem Blitzschlag ein Ende. Und dennoch sollte sie in den folgenden Jahrhunderten der Bevölkerung weiterhin Schutz bieten, denn häufig, wenn Feinde nahten, verschanzten sich die Leute noch in der Burg mit dem „scharfen Eck".

Auch wenn die Lichter in der Burg bereits recht früh erloschen, entwickelte sich Mannersdorf stetig. Wirt-schaftlich profitierte der Markt vom nahe gelegenen Steinbruch, bereits ab 1407 finden sich Einträge von Steinlieferungen nach Wien zum Bau des neuen Domes zu St. Stephan.

Mit der Errichtung eines Badhauses durch Johann Enzianer, „Doctor der Arzney", im Jahr 1517 setzte auch so etwas wie Tourismus ein. Namhafte Gäste besuchten das Bad. So war Kaiserin Maria Theresia gerne in Mannersdorf zu Gast, ihr Mann Franz Stephan kaufte nach dem Tod der Gräfin Fuchs, Maria Theresias Erzieherin und späterer engen Vertrauten, deren Schloss, sodass der Markt auch weiterhin ein kaiserliches Ausflugziel blieb: Joseph II, sein Nachfolger Franz II./I. und auch Ferdinand II. kamen später hier her.

War die Geschichte des Ortes schon lange an den Stein geknüpft, erfuhr diese Symbiose mit dem Eintreten der Industrialisierung einen neuen Aufschwung. 1894

Oben: Das ehemalige Badhaus mit der Johanneskapelle.

wurde eine Zementfabrik gegründet, welche sich später mit der Perlmooser AG vereinigte. Nach dem Ersten Weltkrieg, fielen die ehemals habsburgischen Besitzungen an die Republik Österreich, das Schloss wurde 1942 von der Gemeinde erworben.

Heute präsentiert sich Mannersdorf, 1989 zur Stadt erhoben, als wahres Kleinod. Zwei große Gebäude prägen den Stadtkern: Zum einen das Schloss, das um 1600 aus einem Gutshof entstanden und nach barockem Geschmack, vermutlich nach Plänen von Fischer von Erlach, umgebaut wurde. Der zweistöckige Maria Theresien Saal zeugt vom einstigen Prunk, heute dient das Schloss als Amtsgebäude und beherbergt auch eine Dauerausstellung des in Mannersdorf verstorbenen Künstlers Edmund Adler.

Zum anderen überrascht das so genannte „Fabrikshaus". Denn nicht etwa eine Halle zeigt sich dem

Betrachter, sondern ein barockes Bauwerk mit Türmchen, Schnörkeln und sogar einem „Rittersaal". Ursprünglich war es nämlich das Badhaus des Johann Enzianer, das in der Folge ausgebaut worden war. Joseph II., bekannt für seine Reformen, ließ es schließen. In den Räumen wurde Ende des 19. Jahrhunderts eine Drahtzugsfabrik angesiedelt, später übernahmen die Herren Cornides und Steininger den Betrieb und exportierten ihre Metallborten sogar bis ins osmanische Reich, wo diese in kostbare Teppiche eingearbeitet wurden.

Im ehemaligen Schüttkasten der Herrschaft Scharfeneck ist ein Museum eingerichtet. Und wer es schon besucht hat, weiß, es ist nicht irgendein Museum. Liebevoll gestaltet führt es seine Besucher auf drei Etagen durch die Vergangenheit, vorbei an Seeigeln, Affenzähnen, einer Rhinozeros-Backe und schließlich zu den ersten Quellen menschlicher Besiedlung. Auf dem Weg

71

durch die Geschichte begegnet man den Kaisern und Adeligen, die in Mannersdorf zu Gast waren und auch den Katastrophen, die den Markt immer wieder heimgesucht haben. Und natürlich ist der Stein stets präsent: Die Ausstellung zur Steinmetztechnik gilt als die größte in Europa, sie zeigt, wie sich die Arbeit mit dem klingend harten Leithakalk seit der Römerzeit verändert hat.

Stein und Kalk sind auch im „Kalkofen Baxa" die Hauptakteure. Das eigentümlich anmutende Bauwerk aus dem Jahr 1893 – es ist heute Industriedenkmal – war für die damalige Zeit vergleichsweise modern. Eine Ausstellung informiert über die Kalkgewinnung und den Kalkofenbrand sowie die industrielle Steinverarbeitung. Von hier ist es auch nicht mehr weit in die Wüste. Ein einsames Kloster auf einer Streuobstwiese, mitten im Wald, seit 1986 Naturpark. Und das zu Recht. Denn mit ihren Ruinen, dem Kloster, dem Arbach und den Bründln ist die Wüste ein willkommenes Ausflugsziel und wer ein wenig höher hinaus will, der steigt von hier auf zur Ruine Scharfeneck.

Sommerein

Marienort und heidnischer Kultplatz

In sanften Wellen begleiten die Weinkeller den Ortsanfang von Sommerein. Rundgiebel an Rundgiebel reihen sich Erdkeller an Erdkeller. Die fließende Bewegung wird scheinbar abrupt von einem geknickten Dach mit außergewöhnlich breitem Winkel unterbrochen. Das Wogen der Kellerdächer setzt sich hinter dem Haus in einer neuen Weise fort, geht schließlich in einen alten Steinbruch über. Sommerein und der Stein.

Wieder ein Ort, der den Stephansdom mit seinem Stein belieferte, auch am Heidentor in Petronell soll der Stein Verwendung gefunden haben, der über Jahrhunderte hier gebrochen wurde. 13 Steinbrüche waren es 1830, heute ist keiner mehr in Verwendung. Der Leithakalk hier ist weicher als jener im Nachbarort Mannersdorf, etwa vergleichbar mit jenem in St. Margarethen. Die Steinmetzhochburg im Nachbarort Kaisersteinbruch gehörte von ihrer Gründung 1576 bis zum Jahre 1618 der Pfarre Sommerein an. Jener Pfarre verdankt der Ort auch seinen Namen: Sommerein – Sankt Marein. Ein Ort, der heiligen Mutter Gottes geweiht, 1436 erstmals als „Samaria" erwähnt. Die alte Kirche von Sommerein war aber dem Heiligen Wenzel geweiht. Noch heute

erinnert der Wenzelsberg an ihren einstigen Standort. Im Stil der Renaissance wurde schließlich 1565 die Kirche Maria Heimsuchung dort errichtet, wo zuvor schon ein romanischer Bau gestanden war.

So wie die anderen Orte der Herrschaft Scharfeneck war Sommerein unter Kaiser Maximilian Anfang des 16. Jahrhunderts zu Österreich gekommen. Zur Zeit der Türkenfeldzüge hatte es großes Leid zu ertragen: 1529 wurde der Ort in Flammen gelegt, 376 Einwohner starben oder wurden gewaltsam mitgenommen. Noch schlimmer sollte es Sommerein 1683 treffen: 280 Einwohner wurden getötet, der Rest verschleppt. Nur ein einziger, ein gewisser Jonas Gleichentheil, kehrte nach dieser Schreckenszeit zurück. Sommerein wurde mit Kroaten besiedelt, die nun die Geschichte des Ortes mittragen sollten. Seuchen und Brände zählten dazu ebenso wie die weitere Heimsuchung durch feindliche Scharen. 1707 fielen „madjarische Vandalen" über den Ort her, setzten vier Häuser in Brand, zerstörten die Fleischbank, schlugen den Fleischhauermeister Baumann nieder. Das Fleischhauerkreuz, auch Weißes Kreuz genannt, an der Straße nach Trautmannsdorf zeugt heute noch von diesem Vorfall.

Der Ort am Fuße des Leithagebirges florierte, wuchs stetig an und war im Jahr 1900 die Heimat von 1775 Menschen. Bis das dunkelste Kapitel der Geschichte des 20. Jahrhunderts auch Sommerein traf: So wie im Nachbarort Kaisersteinbruch sollte hier im Zweiten Weltkrieg ein Truppenübungsplatz entstehen. Die Bevölkerung musste dem militärischen Vorhaben weichen. Während der Ort 1939 noch 1620 Einwohner zählte, waren es zu Kriegsende nur noch 630. Sie lebten hier, als ihr Ort unter die Administration der USIA fiel, jenen sowjetischen Konzern, der die beschlagnahmten Güter nach dem Zweiten Weltkrieg verwaltete. Das Leben war nicht leicht für die Bevölkerung, die Trauer um die Gefallenen, der Wiederaufbau, die Fremdbestimmung. Trotzdem kehrten viele wieder zurück, und so konnte der Ort 1961 schon wieder 1499 Einwohner zählen. Zu dieser Zeit wurde auch mit der Neugestaltung begonnen. Die Felder wurden neu aufgeteilt, woraus sich ihre heutige Dimension ergab, neue Wohngebiete wurden aufgeschlossen.

Im ehemaligen Bethaus, einer „Kapelle der heiligen Kosmas und Damianus", der Schutzpatrone der Ärzte,

Rechts: Bildstock bei Sommerein.

Apotheker, Ammen und Bader, gleich neben der Kellergasse, in dem Haus, das mit seinem ungewöhnlich breiten Dach der Kellerreihe ein Ende setzt, zog 1962 mit Maria Biljan-Bilger eine Wegbereiterin der zeitgenössischen Kunst ein. Durch einen Tausch erhielt die Künstlerin von der Gemeinde das dahinter liegende Grundstück mit einem alten, aufgelassenen Steinbruch dazu. Die Gemeinde bekam im Gegenzug dafür etwas ebenso Einzigartiges: Maria Biljan-Bilger entwarf die Fenster der neu errichteten Totenhalle. Ein von ihr gestalteter Brunnen steht auch vor der Kirche und gegenüber des Bethauses, hinter dem sich die Ausstellungshalle mit ihren Exponaten befindet, dort befindet sich eine Skulptur. Daneben wiederum plätschert der alte Dorfbrunnen. Im Schatten großer Bäume imitiert sein Rahmen die alten Weinkeller. Der Ort selbst erklärt sich quasi durch seine Straßennamen. „Haltergasse", „Krautgarten", „Anger", „Markt", „Heideweg", und es gibt auch eine von Stadeln gesäumte, offiziell so bezeichnete „Hintausgasse", hier endete einst der alte Ortskern, heute liegt sie mitten im Siedlungsgebiet. Und dann: „Schlossstraße". Denn auch Sommerein hat sein Schloss. Anfang des 18. Jahrhunderts wurde es ganz nach barockem Geschmack erbaut. Später kaufte es die Gräfin Fuchs, von ihren Töchtern wiederum erwarben es Kaiser Franz Stephan I. von Lothringen und seine Frau Maria Theresia.

Auch ein anderer Adelsname ist mit Sommerein verknüpft: Nathanael Freiherr von Rothschild ließ 1902 hier eine Villa errichten. Eigentlich ließ er sie wiedererrichten, denn die Villa hatte davor schon bestanden. Nicht hier, sondern in Südtirol, nahe des Monte Cristallo. Am Fuße des Leithagebirges wurde sie nun wieder aufgestellt, in einzigartiger Lage, wie es der Lehrer L. G. Ricek 1910 beschreibt: „Von hier aus schweift das Auge über den weiten Boden des ehemaligen Tertiärmeeres und findet auf der einen Seite […] an dem Ostkap der Alpen, […] auf der anderen an den Kleinen Karpaten seine Grenzen […]. Über der Kaiserstadt lagert gewöhnlich ein bleischwerer Vorhang und über der Ebene qualmen die Schlote; aber die Luft der Leithaberge erleidet durch sie keine Verderbnis."

Die Luft der Leithaberge, sie weht vom 355 Meter hohen Kolmberg herab. Zwei Kultorte befinden sich bei diesem Berg. Von der Kolmlucke vermutet man, dass sie einst eine Kultgrotte war, ein sogenannter Durchkriechstein, bei dem die Menschen hofften, das Böse abstreifen zu können. Scherbenfunde aus keltischer und römischer Zeit würden diese Vermutung jedenfalls bestärken. Ihr Mundloch ist nur schwer erreichbar, hat man es dennoch

geschafft, so gestaltet sich der Abstieg durch die Lucke als kleines Abenteuer.

Der zweite Kultplatz befindet sich nicht unweit davon: eine mehrere Meter lange schiefe Steinebene, nicht breiter als eine gewöhnliche Rutsche. Rutschstein wird das genannt und mit ein wenig Übung und der richtigen Technik rutscht man auf einem Stein über die bereits wohlgeschliffene Schräge. Schön warm ist er, der Stein, wenn man unten ankommt und das ungewöhnliche Rutscherlebnis macht richtig Spaß. Ob es die Fruchtbarkeit fördert, wie gerne geglaubt wird, wer weiß! Jedenfalls lohnt sich dieser Abstecher ins Leithagebirge – vorausgesetzt, man findet die beiden Plätze tatsächlich.

Lagerfriedhof Kaisersteinbruch

Letzte Ruhe

Das Leithagebirge hat auch eine sehr traurige Seite, über die viele seiner Bewohner gar nichts wissen. Im Zweiten Weltkrieg wurde auf dem Gelände des „Brucker Lagers", welches bereits im Ersten Weltkrieg Kriegsgefangene aufgenommen hatte und das im Ständestaat als „Anhaltelager" diente, bei Kaisersteinbruch im Sommer 1939 ein Kriegsgefangenenlager errichtet. Es war das erste Lager in der „Ostmark", wurde vorerst als Dulag (Durchgangslager) geführt und schließlich in Stalag XVIIA (Stammlager zur Unterbringung von Kriegsgefangenen) umbenannt.

Der Ort war, so wie die Nachbargemeinde Sommerein, inzwischen geräumt worden, die Bevölkerung musste ihre Heimat verlassen, um der Unterkunft von Kriegsgefangenen zu weichen. Ein Kompanie-Tagebuch berichtet über das Lager: „Das Lager ist unübersehbar. Barackenreihen steigen gegen den angrenzenden Wald an. Dazwischen liegen breite Durchfahrtsstraßen. Und das Neue für uns – Menschen hinter Drahthüren. Das Symbol des Lagers – weithin sichtbar: die Wachttürme, roher Holzbau mit einer Leiter. Oben gedeckte, nach einer Seite hin offene Kasten. Im Wachtstand blitzen MG-Läufe im Sonnenschein. Dort werden wir bald Dienst machen müssen! In der Lagerstadt ziehen sich die Barackenstraßen unabsehbar dahin, dazwischen rege Bewegung von tausenden Gefangenen. Die verschiedenen Uniformen, die fremde Hautfarbe, all das gibt ein eigenes Bild."

Eine genaue Aufzeichnung über die Zahl der Menschen, die im Stalag XVIIA ihr Leben lassen mussten,

Oben: Symbolisches Grab für die verstorbenen sowjetischen Kriegsgefangenen auf dem Lagerfriedhof in Kaisersteinbruch.
Nächste Seite: Steinmetzarbeit beim Europabrunnen in Kaisersteinbruch mit Pfarrkirche im Hintergrund.

gibt es nicht. Im Österreichischen Staatsvertrag vom 15. Mai 1955 ist die Zahl von 9.584 Sowjet-Soldaten angeführt, die den Transport nicht überlebten oder in Kaisersteinbruch zu Tode gekommen waren.

Auf einem heute ruhigen, von einer Mauer und Bäumen umsäumten Platz außerhalb von Kaisersteinbruch haben sie ihre letzte Ruhestätte gefunden. Über 10.000 Soldaten, Sowjets, Polen, Jugoslawen, Rumänen, Franzosen, Engländer, Amerikaner, Volksdeutsche, Flüchtlinge und Personen unbekannter Nationalität. Sie liegen hier unter Trauerweiden, Föhren, Eichen und Linden begraben.

Kaisersteinbruch

Zentrum der Steinmetzkunst

Wenn jedes Jahr Stars und Sternchen, Politiker und Prominente am Donnerstag vor Faschingsende über die Feststiege zum wohl glanzvollsten Höhepunkt der Wiener Ballsaison emporsteigen, dann weiß kaum einer von ihnen, dass es der „Kaiserstein" ist, der ihn nach oben bringt. So, wie in der Wiener Oper sind viele Gebäude und auch Brunnen in der Hauptstadt mit dem harten Stein aus Kaisersteinbruch ausgestattet: Ob Hofburg, Schloss Schönbrunn, Karlskirche, die Albertina, Schloss Neugebäude oder die Gloriette. Am Kaiserstein führte früher kein Weg vorbei.

Und wer heute in den kleinen, beschaulichen Ort am Rande des Leithagebirges kommt, der ahnt kaum, dass sich hier einst ein Zentrum der Steinmetzkunst befunden hat. Der Ort heißt „Kaisersteinbruch", er war aber seit 1203 im Besitz der Zisterzienser von Heiligenkreuz. König Imre hatte das einstige Jagdgebiet der ungarischen Könige dem Orden zugewiesen, die Mönche ließen sich beim ehemaligen Jagdschloss, dem „Königshof", nieder. Als 1529 die Türken alles zerstörten, was ihnen in die Quere kam, wurde auch das Kloster ein Opfer – der Name „Ödes Kloster" erinnert heute noch daran.

Anfang des 17. Jahrhunderts wurde in der Nähe der Mühle von Wilfleinsdorf der Königshof neu errichtet. Hier befand sich fortan die Verwaltung der umliegenden Güter, der Verwalter agierte als Vertreter des Abtes – und das nicht immer im menschlichsten Sinne. Immer wieder kam es zu Verstimmungen zwischen den Steinmetzen, die dem Kaiser unterstanden, und den Zisterziensern, die das Land nicht nur verwalteten, sondern auch Einfluss auf das tägliche Leben nahmen. Sie gaben vor, dass die Meister den Wein des Stiftes trinken mussten, sie bestimmten, wer Lehrer wird, wer Fleischer oder Wirt. Natürlich wählten sie hierzu Personen aus, die ihr Vertrauen genossen und so waren sie stets informiert, was die Meister besprachen. Die Steinmetze dienten dem Kaiser und waren befugt, den Reichsadler auf ihren Häusern anzubringen. Als sie von diesem Recht auch auf dem von ihnen errichteten Gotteshaus Gebrauch machten, eskalierte der Streit. Die Zisterzienser griffen durch und legten fest, dass die Bewohner des Ortes als Untertanen des Stiftes künftig für Steinbrüche, Haus- und Gartengrundstücke Pacht bezahlen mussten. Während die Zisterzienser jedoch den Ort 1912 verlassen hatten (in der Pfarre blieben sie bis 1939) – sie hatten ihre Güter an das k.k. Kriegsministerium übergeben und dafür Ländereien in der Steiermark erhalten – hatten die Steinmetze mit ihrer Aktion den längeren Atem: Der „Salve Guardia-Adler" prangt heute noch auf einer Steinsäule im Ort.

Lange bevor Steinmetze und Mönche in Kaisersteinbruch ihre Machtspiele austrugen, war der Boden von den Römern besiedelt. Dort, wo später die Zisterzienser ein Kloster errichteten, stand einst ein römischer Gutshof, der Archäologe Maximilian Groller fand hier bauliche Hinweise auf eine frühchristliche Basilika.

Die Spuren der Besiedlung reichen aber noch weiter zurück: In einer Felsspalte im Blauen Bruch wurden Skelettteile von Pferden aus der Eisenzeit gefunden. Im Halswirbel eines Pferdes steckte eine Pfeilspitze – das Tier war Opfer eisenzeitlicher Jäger geworden. Noch früher war hier das Meer. Das war vor 15 Millionen Jahren. Haie und Wale tummelten sich im Wasser, Affen schwangen sich an Land von Palme zu Palme. Als in den 1980er Jahren hier bislang unbekannte Zähne eines Fisches gefunden und zur Bestimmung ins Naturhistorische Museum gebracht wurden, war dies eine kleine wissenschaftliche Sensation. Bis dahin waren nur zwei Stück dieser Zähne aus dem Wiener Becken verzeichnet gewesen, die allerdings in der Zerstörung des Zweiten Weltkrieges verloren gegangen waren. Im Blauen Bruch kamen nun 30 bis 40 davon zum Vorschein, was den Fund perfekt machte.

Überhaupt ist der Blaue Bruch eine eigene Welt. Ganz anders, als die anderen Steinbrüche rund um das Leithagebirge. Sein Stein zeigt ein lichtes Blaugrau, er zeichnete sich vor allem durch seine Härte aus, was ihn und den dazugehörigen Ort zu etwas Besonderem machte. „Die kleine Ortschaft ist von Steinbrüchen ganz umgeben und ihre Häuser sind fast gänzlich unterminiert", wurde Anfang des 20. Jahrhunderts über Kaisersteinbruch berichtet.

Davor wurde schon über Jahrhunderte hier Stein abgebaut. Seit Anfang des 17. Jahrhunderts ist vom ehrsamen Handwerk der Steinmetze und Maurer im kaiserlichen Steinbruch am Leithaberg die Rede. Erst waren es Magistri Comacini, italienische Meister, die der Kaiser geholt hatte, um hier ihre Kunst zu verrichten. Sie galten als kaiserliche Meister und hatten auch gewisse Freiheiten. Die Kirche in dem kleinen Ort wurde zu ihrem Zentrum. Hier wurden die Lehrlinge aufgenommen, hier wurden Gesellen freigesprochen, hier verewigten sich die großen Meister. In der ersten Hälfte des 18. Jahrhunderts wirkte der aus Franken stammende Elias Hügel hier, seine Altäre finden sich rund um das Leithagebirge. Auch in der Kirche in Kaisersteinbruch hat er seine Spuren hinterlassen und wurde letztendlich auch hier beigesetzt. Ansonsten ist die Kirche eher karg. Arg hat ihr der Lauf der jüngeren Geschichte zugesetzt.

Das 20. Jahrhundert hat viel Leid und Zerstörung über den Ort gebracht, viel hat sich geändert, nachdem sich 1905 die Steinmetzinnung aufgelöst hatte und 1912 die Zisterzienser ihre Besitzungen abgegeben hatten. Mit dem Ersten Weltkrieg wurde hier ein Kriegsgefangenenlager eingerichtet, unter dem Ständestaat ein Anhaltelager für Nationalsozialisten. Der Zweite Weltkrieg aber brachte den größten Einschnitt für die Bevölkerung. Das bestehende Lager sollte ausgebaut werden, die Menschen dafür ihre Häuser verlassen, ihre Heimat aufgeben. Der ganze Ort wurde ausgesiedelt, die Pfarre aufgelassen. Nach dem Krieg war das einstige Steinmetz-Zentrum ein einziger Steinehaufen. Lediglich die Kirche hatte dem Verfall halbwegs getrotzt, ihres inneren Reichtums beraubt.

Langsam kehrten die Bewohner wieder zurück. Bauten auf, was einst ihr Zuhause war. Die Kirche wurde Anfang der 1960er Jahre einfach restauriert, die private Initiative Museums- und Kulturverein Kaisersteinbruch hat ihr wieder Leben eingehaucht.

Bilder aus dieser Zeit dokumentieren den Wandel des Ortes. Sie hängen in der alten Schule. Auf Schultischen aus den 1920er Jahren liegen Steinmetzwerkzeuge, eine gesamte Werkzeugsammlung ist ausgestellt. Historische Karten an der Wand dokumentieren die Geschichte, die über die Jahrhunderte über den Ort hinweggefegt ist. Der Stein aber hat Bestand. In der alten Schule hat man ihm und den Meistern liebevoll ein Museum eingerichtet. Im Eingang hängen die alten Fotos. Als Mahnmahl der Geschichte, als Erinnerung an eine arbeitsreiche Zeit.

Kaisersteinbruch ist heute Teil von Bruckneudorf, Stein wird hier keiner mehr abgebaut. Und dennoch begegnet er uns auf Schritt und Tritt. Etwa in Wien in der Oper, wo er jedes Jahr prominent in Szene gesetzt wird.

Bruckneudorf

Römervilla und Kasernenmauer

„Das Einundneunziger-Regiment übersiedelte nach Bruck an der Leitha, nach Királyhida." Mit diesem Satz beginnt Kapitel drei der „Abenteuer des braven Soldaten Schwejk", jenes Uniformträgers, der sich mit Einfältigkeit und Einfallsreichtum durch den Ersten Weltkrieg schlägt. „Man hat längst schon gewusst, sagte ihm unterwegs der Einjährigfreiwillige, dass man uns nach Ungarn versetzen wird. Dort werden Marschbataillone zusammengestellt, die Soldaten werden im Feldschießen ausgebildet, raufen sich mit den Magyaren, und es geht vergnügt in die Karpaten [...]", gibt der Autor Jaroslav Hašek Einblick in das Soldatenleben und in die Kaserne, das so genannte „Brucker Lager". „Der Berge, die es umgeben, werden die Soldaten immer unter Flüchen gedenken, wenn sie sich an all die ‚Übungen' vor dem Weltkrieg und während des Weltkrieges erinnern werden, bei denen sie theoretisch für die praktischen Massakers und Metzeleien vorbereitet wurden."

Királyhida heißt heute Bruckneudorf. Jaroslav Hašek war im Ersten Weltkrieg in der Kaserne Bruck fast zwei Monate lang stationiert. Hier lernte er die meisten seiner Figuren kennen, deren Charakter er übernahm, um durch sie die Geschichte rund um den liebenswerten, tölpelhaften Soldaten Schwejk zum Leben zu erwecken.

Sicherlich ist der Autor selbst regelmäßig an der Büste jenes Mannes vorbei gekommen, der die Geschicke der Monarchie 68 Jahre lang in der Hand hatte: Im Kaiserpark grüßt Kaiser Franz Joseph, ummantelt mit der Uniform eines ungarischen Generals der Kavallerie. Auf österreichischem Boden ist es die einzige Darstellung, die den Monarchen als König von Ungarn zeigt. Er selbst war nicht in Királyhida gewesen, wohl aber einer seiner Vorgänger, Kaiser Franz I. von Österreich. Nach dem Sieg über Napoleon hatte er gemeinsam mit Kaiser Alexander von Russland, König Friedrich Wilhelm von Preußen, König Max Josef von Bayern, König Friedrich von Dänemark und vielen Kronprinzen, Erzherzögen, Herzögen, Prinzen und Fürsten einem Manöver der Sappeure und Mineure beigewohnt. In Erinnerung an dieses große Zusammentreffen wurde 1847 das „Dreikaiserhaus" errichtet. Das Portal des kleinen Pavillons im Wald ziert die eigentümlich anmutende Inschrift „Hier standen Europas erhabene Befreier und ergötzen sich nach glorreich errungenem Frieden am Bilde des Krieges."

Der Sappeur-Übungsplatz stand weiterhin in Verwendung, Mitte des 19. Jahrhunderts wurde er aufgeteilt und schließlich als Truppenübungsplatz verwendet. Der Grundstein für das Militärlager wurde 1867 gelegt, nachdem sich die Gemeinde Bruck mit den Grundstücksbesitzern, den Landwirten, die hier Weinbau betrieben, geeinigt hatte und auch die Grafen Harrach und Batthyány, die hier Ländereien besaßen, dem Militär gegenüber verkaufsbereit waren. Durch den Bau des Lagers wie auch durch den bereits 1846 errichteten Bahnhof nahm die kleine Siedlung Bruck-Ujfalu am rechten Leithaufer, die später in Királyhida umbenannt werden sollte, ihren Aufschwung.

Zu Truppenübungszwecken wurde immer mehr Platz benötigt und so konnten nach Verhandlungen mit den Heiligenkreuzer Zisterziensern weitere Flächen zugekauft werden. Heute ist der Truppenübungsplatz Bruckneudorf nach Allentsteig der zweitgrößte in Österreich. Das Militär ist hier allgegenwärtig. Und dennoch scheint das Kriegerdenkmal überdimensioniert für einen Ort,

der heute gerade einmal an die 2.800 Einwohner zählt. Bereits im zweiten Jahr des Krieges, 1915, wurde mit dem Bau begonnen, 1917 wurde das 24 Meter hohe, dem Völkerschlachtendenkmal in Leipzig nachempfundene, Bauwerk eingeweiht. Es ist vermutlich das drittgrößte Kriegerdenkmal in Mitteleuropa. Als der Krieg vorbei und Europa neu geordnet war, wurde aus „Királyhida" 1921 die burgenländische Gemeinde „Bruckneudorf". Mit dem politischen Umbruch 1938 und der Zusammenführung der politischen Bezirke Neusiedl am See und Bruck an der Leitha kam Bruckneudorf wieder zu Bruck. Bis 1950 sollte es schließlich dauern, bis es wieder eine eigenständige Gemeinde werden konnte. Eines wird man aber bis heute hier vergeblich suchen: Zwar gibt es einen Bahnhof, ein Rathaus und Einkaufsmöglichkeiten, unter anderem im Backsteinbau der ehemaligen Erbsenschälerei, eine Kirche aber findet man hier bis heute nicht. Die Bürger von Bruckneudorf besuchen am Sonntag die Messe in Bruck, eine eigene Kirche haben sie nicht.

Kirche hin oder her, noch heute weht ein Hauch aus der Zeit durch den Kern von Bruckneudorf, als Schwejk hier im „Roten Lamm" bei Ruženka so manche Stunde verbracht hat. Wie schon zu seinen Zeiten halten hier immer noch die Züge, die weiter fahren nach Pressburg, Budapest oder Wien. Unweit braust die Autobahn vorbei, verbindet Wien mit Budapest. Einst führte hier die Bernsteinstraße entlang, die von der Ostsee bis zur Adria reichte.

In unmittelbarer Nähe zu dem einst bedeutenden Handelsweg stieß man Mitte des 19. Jahrhunderts auf römische Spuren. In mehreren Schritten wurden die Reste einer Anlage zutage gebracht, die neben einem palastartigen Hauptgebäude mit über 30 Räumen auch ein Bad, Gesindewohnhäuser, Stallungen und einen Getreidespeicher, der Platz für das Getreide von etwa 250 Hektar Grund bot, umfasste. Stilvolle Mosaike schmückten die Böden im Haupthaus, von den ursprünglich 500 Quadratmetern sind rund 300 erhalten und teilweise im Landesmuseum in Eisenstadt ausgestellt. Mythologische Themen aber auch Alltägliches wie ein Apfel auf einem Tisch, eine Kirsche oder ein

Rebhuhn geben heute einen Einblick in das Wohnen von damals und legen auch Zeugnis davon ab, dass die Villa das Heim von höhergestellten Personen sein musste. Vielleicht diente sie um 375 nach Christus, zu ihrer Blütezeit, sogar der kaiserlichen Familie als Residenz.

Die Grundmauern des einstigen Palastes wurden so rekonstruiert, dass sich der Besucher ein Bild von der einstigen Dimension des Gebäudes machen kann. Von einer Dimension, die bis heute Rätsel aufgibt. So, wie die nahe gelegene Siedlung, die sich bei einer in Stein gefassten Quelle, von der auch der römische Gutshof sein Wasser bezog, befunden hatte. Von dem kleinen Dorf, das zwischen dem achten und zehnten Jahrhundert bewohnt war, sind heute nur noch die Grundmauern der Kirche erhalten. „Crikavka", also Kirchstätte, nennt die kroatische Bevölkerung den Ort, vielleicht kennt man auch seinen deutschen Namen: Chuningesbrunnen könnte er lauten, 1074 urkundlich erwähnt. Königsbrunn neben der Kaiservilla. Für einen so jungen Ort wie Bruckneudorf ist das jedenfalls reichlich viel Geschichte.

Parndorf

Kultur, Einkauf und ein einsames Bänklein

„Okolo Pandrofa je cestica, na njoj raste zelena travica. Zu cesticu je jedna klupičica, na njoj sidi ta moja rožica…"

„Außerhalb von Parndorf führt ein schmaler Weg durch eine grüne Wiese. Bei dem Weg ist eine Bank, darauf sitzt meine Liebste…"

So beginnt ein altes kroatisches Volkslied aus Parndorf. Bis heute wird dieses Lied in Parndorf gesungen, so wie viele andere kroatische Weisen. Früher begleiteten sie die Menschen bei der Arbeit, mit Gesang fiel schließlich das Tagwerk leichter. Erst zu Beginn des 20. Jahrhunderts wurde begonnen, die Lieder auch mit Instrumenten zu begleiten, mit der Tamburica, der Bisernica, dem Brač. Daraus entstanden die Tamburica-Orchester. Parndorf und Hornstein pflegen heute noch diese Tradition. Sie sind die einzigen Gemeinden am Leithagebirge, in der sich die kroatische Sprache, die über Jahrhunderte in fast allen Gemeinden allgegenwärtig war, bis heute erhalten hat, und in denen die Tamburica noch erklingt.

Vorige Seite: Eingebettet in die Ausläufer des Leithagebirges liegt Bruckneudorf mit seiner Kaserne und seinem Kriegerdenkmal.

Links: Blick vom Truppenübungsplatz Bruckneudorf nach Parndorf.

Die Kroaten wurden 1547/1548 von Graf Leonhard IV. von Harrach – die Familie war 1527 in den Besitz der Grundherrschaft gekommen und sollte den Ort auch über Jahrhunderte verwalten – angesiedelt. Somit wurde der nach 1529 verödete Ort, dessen Wurzeln bis in die Jungsteinzeit reichen und der als „Perun" 1264 erstmals urkundlich erwähnt wurde, wiederbelebt. Kroatische Siedler bewohnten fortan den ungarischen Ort, die Grundherrschaft aber wurde von Österreich aus gelenkt – das Schloss der Grafen Harrach stand schließlich in Bruck an der Leitha.

An der Grenze zwischen Ungarn und Österreich, im Durchzugsgebiet feindlicher Scharen, wurde Anfang des 18. Jahrhunderts auf Anlass der kaiserlichen Regierung eine Schanzanlage aus Erdwällen mit Gräben und Palisaden errichtet. Sie reichte von Neusiedl am See bis Petronell, auch Parndorf war in diese Verteidigungslinie eingebunden. Als nun aber tatsächlich die Kuruzzen heran rückten, erwies sich die Anlage als nutzlos. Die Reste dieser alten Schanze sind im Raum Parndorf bis heute teilweise noch sichtbar.

Rund zehn Jahre nach dem Kuruzzeneinfall, zwischen 1716 und 1718, ließen die Grafen von Harrach für ihre Untertanen in Parndorf auf den Fundamenten eines alten romanischen Gotteshauses die Pfarrkirche des Heiligen Ladislaus erbauen. Das nach Plänen von Johann Lucas von Hildebrandt umgesetzte Projekt brachte bei einer genaueren Untersuchung vor einigen Jahren eine kunstgeschichtliche Überraschung zutage: Unter der weißen Wandfarbe wurden nach und nach barocke Fresken freigelegt. Rund 220 Quadratmeter sind es, weitgehend ohne Fehlstellen, sie werden dem Tiroler Maler Johann Gfall zugeschrieben. Zentimeter für Zentimeter wird renoviert, die Kirche erhält nun ihr ursprüngliches Bild zurück.

Das Bild vor der Kirche hingegen ändert sich jährlich, im Sommer, wenn hier Theater gespielt und der Kirchenplatz zur Kulisse wird. Unterhaltsame Produktionen unter Kastanienbäumen, im Schatten der barocken Kirche. Parndorf hat sich zu einem kleinen, feinen Kulturzentrum gemausert – und das nicht nur im Rahmen des Theatersommers. „Skupa" heißt auf Kroatisch „gemeinsam", Skupa steht aber auch für Kultur Parndorf, für Konzerte, Kabaretts oder Lesungen. Auch die jüngere Geschichte ist gegenwärtig, und sie ist eng mit dem Namen Jonny Moser verknüpft. In seinem Buch „Wallenbergs Laufbursche" hat Jonny Moser seine Geschichte festgehalten, wie seine jüdische Mutter und der zum jüdischen Glauben übergetretene Vater ihr Geschäft verloren, wie die Familie die Heimat verlassen und flüchten musste. Jonny Moser berichtet von einer Flucht, die hier begann, in unserem unmittelbaren Raum. Jonny Moser hat den Nationalsozialismus überlebt. Er wurde zu einem Kämpfer gegen den Antisemitismus, war Mitbegründer des Dokumentationsarchivs des Österreichischen Widerstandes. In einer Zeit, als Judenverfolgung ein Tabu war, hat er begonnen, über das zu schreiben, was viele totschweigen wollten. Das Ende des Krieges erlebte er nicht hier, wo er seine Kindertage verbracht hat, sondern in Budapest.

Vier Tage lang war das Gebiet rund um Parndorf zu Ostern im Jahr 1945 Kampfgebiet, 180 Gebäude wurden zerstört, 30 Zivilisten fanden den Tod. In der Landestopographie aus dem Jahr 1954 heißt es jedoch schon: „Die Kriegsschäden von 1945 sind heute mit einem Kostenaufwand von S 5,000.000,- bereits beseitigt." Auch die Kirche erhielt wieder einen Turm. Während des Krieges war der alte Turm nämlich auf Anordnung der Wehrmacht abgetragen worden, da man darin eine Gefahr für die Flieger des auf der Parndorfer Heide eingerichteten Flugplatzes sah.

Heute landen die Flugzeuge rund 30 Kilometer nordöstlich von Parndorf in Schwechat, eine Autobahn verbindet den Ort mit Wien, Budapest und Bratislava, was die Marktgemeinde zu einem attraktiven Standort macht. Rund 200 Bauverhandlungen hat die Gemeinde jährlich zu entscheiden, Parndorf ist aber nicht nur Wohngebiet, sondern vor allem auch zu einem wirtschaftlichen Zentrum geworden. Seit sich hier 1998 das Outlet-Center angesiedelt hat, genießt der Ort ob dieses Anziehungspunktes große Bekanntheit. Abseits vom Ortskern ist hier ein neues Zentrum entstanden. Das ist das Parndorf, das über die Grenzen hinaus bekannt ist, nicht jenes mit der barocken Kirche, dem Kirchplatz, den Häuserzeilen oder dem Natura 2000 Gebiet auf der Parndorfer Platte, wo sich abseits vom Einkaufsrummel weitläufige Ackerflächen finden, seltene Vogelarten, eine Zieselkolonie, Reste von Trockenrasen, auf denen dereinst die Rinder weideten, die zum Verkauf von Ungarn nach Österreich getrieben wurden.

„Okolo Pandrofa je cestica". Der Weg um Parndorf ist heute ein stark frequentierter und über der Wiese drehen sich Windräder, mit ihren Rotorblättern erzeugen sie grünen Strom. Ob das besungene Bänklein noch dort steht? Vielleicht. Die Liebste jedenfalls sitzt eines Tages mit einem anderen dort. Macht aber nichts, „Onda ću si *zibrati rožu drugu"* – *„Dann muss ich mir wohl eine andere Geliebte suchen",* endet das Lied schließlich und lässt den Blick in die Zukunft offen.

Jois

Zeitreise durch 9.000 Jahre Geschichte

Leise plätschert Wasser aus einem Rohr. Der Wind fährt durch die Bäume, verursacht ein sanftes Rascheln. Die Bewegung der Blätter spiegelt sich in einem kleinen Teich wider, weiße Seerosen versuchen, einen Blick der Sonne zu erhaschen, die durch das Laubwerk blinzelt. Wo einst das Vieh getränkt wurde, liegt heute eine kleine Oase inmitten der Weingärten: das Ochsenbründl. Das Wasser ist klar, es kommt vom Zeilerberg und sucht sich seinen Weg durch das Schiefergestein, ehe es hier aus dem Berg tritt. Nicht nur der Ort gibt Ruhe und Kraft, auch dem Wasser wird Energie aufladende und gesundheitsfördernde Wirkung nachgesagt.

Ob man nun an die Kraft des Wassers glaubt oder nicht, wer erst einmal hier her gefunden hat, der wird wohl immer wieder kommen. Um die Seele baumeln zu lassen, um Energie zu tanken, um das Hier und Jetzt zu genießen. Oder aber auch, um eine Reise in die Vergangenheit zu unternehmen, denn der Platz rund um das Bründl ist uraltes Siedlungsgebiet: Schon in der Jungsteinzeit und in der Bronzezeit lebten hier Menschen. Die Quellen lieferten das Wasser zur Lebensgrundlage, der nahe Wald bot Holz und Wild, der See die Möglichkeit zum Fischfang. Noch weiter zurück reichen die Funde vom Ostrand der Joiser Heide: Wohl aus der Zeit um 7000 vor Christus stammen die aus Feuerstein gefertigten Klingen, der Fund aus der Mittelsteinzeit gilt als der bislang älteste im Burgenland.

Während die Wurzeln des Ortes rund um das Ochsenbründl liegen, siedelten sich die Menschen im Hochmittelalter schließlich dort an, wo sich das heutige Jois befindet, es bildet den Ausgangspunkt für interessante Ausflüge in die Umgebung oder auch für die Reise „Von der Steinzeit in die Weinzeit". Denn im Zentrum gibt das Museum Jois einen interessanten Einblick in 9.000 Jahre Geschichte. Hier findet sich die „hinkende Germanin von Jois", ein interessanter Skelettfund wahrscheinlich aus der Zeit der Ostgoten, hier sind aber auch rund 1.200 Exponate aus der Geschichte des Ortes ausgestellt. Es wird gezeigt, wie gefeiert wurde

und gearbeitet, wie gelernt wurde und wie der Jahreskreis sich schloss. Fixer Bestandteil in diesem Jahreskreislauf waren freilich die kirchlichen Festtage, von denen die meisten in der barocken Kirche begangen wurden. Dem Heiligen Georg ist sie geweiht und zu ihrem Altar gibt es eine interessante Geschichte zu erzählen. 1739 errichtet, stand er ursprünglich in der St. Michaels Kirche in Ödenburg. Als diese im 19. Jahrhundert regotisiert werden sollte, kam der barocke Altar um 1875 nach Jois. Das ursprüngliche Altarbild blieb in der St. Michaels Kirche, der Eisenstädter Maler Franz Storno malte ein neues und auch am Altar selbst wurde ein wenig verändert: Die Figur des Michael wurde kurzerhand zum Georg umfunktioniert, dem Erzengel wurden die Flügel gestutzt und der besiegte Teufel wurde durch einen Drachen ersetzt. Der Altar fügt sich perfekt in das barocke Umfeld der Kirche, als ob er immer schon hier gewesen wäre. Ein Stückchen weiter unten an der Hauptstraße befindet sich mit der Herz Jesu-Kirche ein zweites Gotteshaus, quasi ein neuromanischer Kontrapunkt zu dem barocken Gotteshaus. Ende des 19. Jahrhunderts wurde mit dem Bau begonnen, aus Geldnöten wurde der Rohbau jedoch nicht weiter geführt. Nach der Ermordung von Bundeskanzler Engelbert Dolfuß 1934 kam der Gedanke auf, daraus eine Dolfuß-Gedenkkirche zu machen. So wurde der Bau vollendet und dann aber keine Gedächtniskirche, sondern dem Herzen Jesu geweiht. Das schlichte Gebäude mit seiner starren Front fügt sich heute in das Bild des Ortes, der über eine lange Tradition verfügt.

Jois war Anfang des 13. Jahrhunderts in den Besitz der Gräfin Osanna, der Frau von Botho III., und damit in den Besitz der Familie Poth gelangt, die durch geschickten Kauf den Grundstein für die Herrschaft Ungarisch Altenburg legte. Damals hieß der Ort Nulos, er begegnet uns später in den Quellen als Gews, Gyös oder Goisz. 1516 fiel die Herrschaft an die ungarische Krone und durch die bekannt kluge Heiratspolitik von Kaiser Maximilian I. schließlich auch an die Kaiserkrone: Der ungarische König Ludwig, Gatte von Maximilians Tochter Maria, war 1526 in der Schlacht von Mohács gefallen, Maria erbte seine Güter. Franz Stephan von Lothringen, Ehemann von Maria Theresia, kaufte schließlich 1764 die Herrschaft Ungarisch Altenburg und brachte sie in den Habsburgischen Familienbesitz ein.

Maria, die Tochter Kaiser Maximilians I., durch die der Ort an die Habsburger gelangt war, hatte den Joisern bereits im Jahr 1524 das Privileg der freien Weinausfuhr

genehmigt – fortan durften die Fässer, mit einem „G" für „Geuss" versehen, ausgeführt werden. Das „G" war eine Art Markenschutz, aber auch Qualitätsmerkmal des Rebensaftes in den Fässern.

Schon 200 Jahre davor wird ein Weingarten „an Alter Geulser perg" in einer Urkunde erwähnt. Der Weingartenbesitz war eine gute Einnahmequelle, zumal die Joiser Lagen begehrt waren. Schon bald ereilte sie das gleiche Schicksal wie auch die anderen Gemeinden: Nicht die einheimischen Bauern sollten sie vornehmlich besitzen, sondern auswärtige. Der Wein war auch bei der Herrschaft begehrt und so mussten die Weinbauern neben dem Bergrecht auch einen Zehent und ein Neunt abliefern – in den Jahren 1536 bis 1546 waren dies immerhin rund 300 Eimer Wein, was einer Menge von 20.610 Litern entsprach. Sicherlich aufgrund der Nähe zur österreichischen Grenze fanden sich bald zahlreiche Brucker Bauern und Bürger als Weingartenbesitzer in Jois. Sie verrichteten hier die Arbeit – oder ließen sie verrichten – und konnten den Wein dann als Ungarwein vertreiben, zusätzlich hatten sie den Vorteil, dass sie nicht, wie die Joiser Weinbauern, neben dem Zehent auch noch das Neunt abliefern mussten. So floss ein Gutteil des Joiser Weins über Jahrhunderte nach Bruck und Pfarrer Hillinger bemerkt in seiner Joiser Chronik ein wenig spitz, dass die schönsten Joiser Bürgerhäuser nicht in Jois, sondern in Bruck an der Leitha stünden.

Neben dem Wein bot den Joisern aber auch die Kirsche eine wichtige Einnahmequelle. Die Joiser Kirschen waren begehrt bei Obsthändlern, aber auch bei jenen, die sich nur mit dem Besten zufrieden gaben. Sogar am Zarenhof sollen die „Joiser Herzkirschen" kredenzt worden sein. Kein Wunder also, dass man hier stolz auf diese Frucht ist und sie sogar im Wappen führt, gemeinsam mit dem Buchstaben „G", der für die hohe Qualität aus Jois stand, die sich bis heute neben den schmackhaften Kirschen vor allem auch im Wein manifestiert.

Winden am See

Bären, Mönche und der Wein

Wohl jeder nordburgenländische Schüler hat in der Schule von der Bärenhöhle in Winden gehört. Das Skelett eines dazugehörigen Bären steht im Landesmuseum in Eisenstadt, dort haben wir es in Kindertagen bewundert. Und wer war schon in der Höhle, in der richtigen Bärenhöhle?

Zugegeben, auch ich habe sie erst besucht, als ich begonnen habe, in das Leithagebirge einzutauchen. Und musste feststellen, dass es eigentlich schade war, nicht schon früher dort gewesen zu sein. Höhlen faszinieren uns, sie haben etwas Beklemmendes und doch auch etwas Schützendes. Wenn wir sie mit Taschenlampen ausgerüstet erkunden, haben wir das Gefühl, etwas Neues zu entdecken – auch wenn schon alles gefunden ist, was es hier je zu entdecken gab. Sándor Wolf war der Glückliche, dem 1928 in Winden die entscheidenden Funde gebracht wurden: Bärenknochen, aber auch die Überreste von Wölfen und Hyänen.

Für uns zählt heute mehr das Abenteuer, in das Finstere hineinzukriechen. Oder aber wir steigen auf einen Berg. Der „Glatzerte" würde sich dafür anbieten. Den etwas ungewöhnlichen Beinamen trägt der Königsberg wegen seiner unbewaldeten Kuppe, die eine herrliche Aussicht über die Hügel des Leithagebirges gibt. Von hier aus lässt sich auch die Dimension des Neusiedler Sees ausmachen, die Weite seines Schilfgürtels.

Unweit dieses markanten Punktes befindet sich ein anderer, ebenso besonderer Platz. Riesige Felsen, aufgetürmt im Wald. Rosa Gestein, so ganz anders, als wir es vom weiß bis gelblich gefärbten Leithakalk gewöhnt sind. Wir stoßen auf Quarz! Zwischen all diesen ungewöhnlichen Gesteinsformationen hat sich eine Felsspalte erhalten. Oder hat sie sich gebildet? Gerade so breit, dass man durchgehen kann, dass man darin verweilen kann um die heilende Kraft der Steine aufzunehmen. Die Bauern aus Winden nützten diese Steine einst, wenn das Vieh erkrankte. Sie mahlten den Stein und mischten ihn unter das Futter, woraufhin die Tiere auch wieder gesundet sein sollen.

Vom Berg nun hinab nach Winden. So wie auch die umliegenden Gemeinden war es schon jungsteinzeitliches Siedlungsgebiet. Später ließen sich die Römer hier nieder, wovon bedeutende Funde zeugen, allen voran die Teile einer Weinpresse – die älteste auf österreichischem Boden. Erhalten geblieben sind der Ständersockel, der Presstisch und der Mosttrog – und eben die Erkenntnis, dass schon die Römer hier Wein kultivierten. Unweit der Gritsch-Mühle, wo sich Wander Bertoni sein Kunstreich geschaffen hat, lag einst ein römischer Brunnen. Für den Künstler ist jener Brunnen ein Grund zur Freude, denn so weiß er, dass ihm der Blick auf das Leithagebirge nie verbaut werden wird, dass seine Kunstwiese stets die Vermittlerin sein wird zwischen der Häuserwelt von Winden und den Weiten des Waldes.

Vorige Seite: Wo das Gebirge langsam zur Ebene wird. In der Mitte liegt Jois, am Ende der See.

Oben: Als „Glatzerter" wird der Königsberg ob seiner kahlen Kuppe bezeichnet.

Unten: Einsame Kiefer auf dem Hackelsberg mit Winden im Hintergrund.

Nächste Seite: Alter Weinkeller außerhalb von Winden.

Übernächste Seite: Wander Bertonis Kunstgarten.

89

1217 taucht „Villa Sasun sive Winden" erstmals in einer Urkunde auf, der deutsche Name Winden bedeutet „bei den Wenden". In dieser Urkunde sprach König Andreas II. von Ungarn den Zisterziensern von Heiligenkreuz, die 1203 mit dem Königshof in Kaisersteinbruch beschenkt wurden, die Steuerfreiheit auch für Winden zu. Mit den Zisterziensern setzte bald auch ein Aufschwung der Landwirtschaft ein. In mühevoller Arbeit begannen sie, das Land zu bearbeiten. Befreiten es von Gestrüpp und Wald, legten Weingärten an und pflanzten Obstbäume. Immer wieder gab es dabei Rückschläge: 1241 als die Mongolen durchzogen und alles zunichtemachten, was zuvor in mühevoller Handarbeit geschaffen worden war. Der Ort verödete. Wieder waren es die Zisterzienser, die den Aufbau in die Hand nahmen, die Menschen hier ansiedelten, für Fortbestand sorgten. Zumindest für zwei Jahrhunderte, denn die im 16. Jahrhundert durchziehenden Osmanen richteten wieder erheblichen Schaden an, wieder stand Winden leer und wieder waren es die Heiligenkreuzer, die den Ort zum Leben erweckten. Besonders hart traf Winden aber das Türkenjahr 1683: 140 Windener waren in Gefangenschaft gelangt und verschleppt, 76 aber getötet worden. Das Dorf selbst war ein Ort der Verwüstung: niedergebrannt, geplündert, verlassen. Einmal mehr griff der Abt von Heiligenkreuz in die Tasche um wieder aufzubauen, was davor besiedelt war. Von der alten Kirche war nicht mehr viel übrig, gerade die Gotteshäuser waren dem Zorn der Osmanen ausgesetzt und so machte man sich auch hier an den Aufbau. Entstanden ist ein barockes Schmuckstück mit zwei Türmen. Über dem Tor prangt das Wappen der Erbauer, das Wappen des Stiftes Heiligenkreuz. Errichtet hat die Kirche der kaiserliche Steinmetzmeister Elias Hügel im Jahr 1725. Damals hatte er schon einen Ruf als Steinmetz, hatte sich beim Bau der Karlskirche schon erste Lorbeeren verdient. Gemeinsam mit dem Dorfrichter und zahlreichen Spendern finanzierte Hügel den Bau, setzte ein barockes Denkmal in der neu errichteten Ortschaft. Rund 250 Jahre später sollte ein anderer großer Meister Hand an der Einrichtung anlegen: Wander Bertoni gestaltete 1997/98 den Volksaltar und den Ambo neu.

Während Winden von den Heiligenkreuzern verwaltet wurde, gehörte der Nachbarort Jois zur Herrschaft Ungarisch Altenburg, was im Laufe der Geschichte immer wieder zu Grenzstreitigkeiten führte. Ab dem Ende des 15. Jahrhunderts wird von Zerstörung von Grenzsteinen berichtet, immer wieder flammte der Streit auf. Teilweise war man sich dann zwar über die Grenzsteine einig, doch nicht über den Verlauf der Grenzen dazwischen. Bis hin zum Kaiser gingen die Streitparteien, ehe man sich 1676 schließlich auf eine Gemarkung einigen konnte.

Wie es in Winden um 1880 zugegangen sein mag, beschrieb Johannes Nordmann in „Meine Sonntage": „Zu Winden, einer ziemlich großen Ortschaft, überragt vom Kirchthurme und von den langweilig sich schwingenden Flügeln der Windmühle, machte ich Rast in dem nächsten Wirtshause. Die Gäste der geräumigen Schankstube waren außer mir, wie sie der Zufall bunt zusammen gewürfelt, Fuhrleute, Bilderkrämer, Sautreiber, Slovaken mit dem Handelsartikel von primitiven Taschenmessern, selbstverständlich auch einige Bewohner des Dorfes, die sich dort mit einem Mittagstrunke stärkten... Meine Tafelgenüsse, was mir niemals schwerfällt, auf die anspruchsloseste Mahlzeit beschränkend, versuchte ich darauf... einen Gang zum See." Es ist eigentlich schade, dass Nordmann uns hier nicht berichtet, worin seine anspruchslose Mahlzeit bestand und dass er auch den Windener Wein mit keinem Wort erwähnt. Doch können wir wohl sicher sein, dass er ihn auch probiert hat. Denn damals gab es schon das Kellerviertel, jene rund 40 Keller, in deren Tiefen die guten Windener Weine reiften. Einige von ihnen stehen heute noch in Verwendung, manche werden als Heurigen genützt. Auch außerhalb des Ortes wurden einige Keller errichtet. Nahe am Hang, dort, wo der Wein wächst. Von dort ist es auch nicht mehr weit zur Bärenhöhle, wo das Leben in Winden seinen Ursprung nahm.

Breitenbrunn

Wehrhafter Turm bei breitem Brunnen

Weithin sichtbar strahlt der weiße Turm. Aus der Ferne könnte man meinen, es wäre die Kirche von Breitenbrunn, mit einer achteckigen Steinpyramide als Dach, mit dem ausladenden Kranzgesims und den runden Türmchen an den Ecken. Beim Näherkommen bemerkt man jedoch das Fehlen eines Kirchenschiffs – der Turm steht alleine da. Wohl muss er also eine andere Funktion

Rechts: Holzlagerplatz bei Breitenbrunn mit Pfarrkirche und Türkenturm.

Oben: Sand hinter Fenstern.

erfüllt haben und diese lässt sich in den Namen erkennen, die ihm die Bevölkerung gegeben hat. „Pranger" heißt er oder „Türkenturm", was einerseits darauf zurückgeht, dass hier die Instrumente der Marktgerichtsbarkeit wie Hand- und Fußeisen, Schandfibel oder Schwertarm angebracht waren. Andererseits diente er in Krisenzeiten als Rückzugsort für die Bevölkerung. Wahrscheinlich wählte man ihn auch für zwei Nächte als sicheren Ort zur Aufbewahrung der Stephanskrone. Denn als Kaiserin Eleonore, die Gemahlin von Leopold I., im Dezember 1681 in Ödenburg zur Königin von Ungarn gekrönt werden sollte, wurde die Krone von Pressburg nach Ödenburg gebracht. Da die Reise mit dem Pferdewagen zwei Tage in Anspruch nahm und Breitenbrunn in etwa bei der Hälfte der Strecke lag, „übernachtete" die Krone vielleicht bei der Hin- und Rückreise in dem Turm.

Heute ist in dem 33 Meter hohen Gebäude ein Museum untergebracht und wer sich über die Stockwerke hinauf wagt, der trifft nicht nur einen Höhlenbären aus der Windener Bärenhöhle hier an, sondern macht auch eine kleine Reise durch die Geschichte des Ortes. Oben angekommen offenbart sich eine herrliche Aussicht auf den See – und natürlich auch auf das Leithagebirge. Und auch im Inneren der Turmspitze zeigt sich eine Besonderheit: Denn hier arbeitet das Uhrwerk der ältesten Einzeiger-Turmuhr des Burgenlandes.

Im Ort selbst scheint die Zeit stehen geblieben zu sein: Die schön verzierten Bürgerhäuser zeugen davon, dass es die Breitenbrunner Bevölkerung über Jahrhunderte zu Wohlstand gebracht hatte. Grundlage dafür war – einmal mehr – der Wein. Kaiser Maximilian hatte den Weinbauern 1494 das Privileg erteilt, ihre Weine bis an die Schwechat verkaufen zu dürfen. Die wichtige Urkunde, die dies belegte, war aber 1529 verbrannt und so suchten die Breitenbrunner erneut um die Gewährung der Ausfuhrrechte nach Böhmen, Mähren, Schlesien und Polen durch Österreich an. Das Ansuchen wurde abgelehnt, doch erhielten sie das Recht, im Schankhaus in Schwechat ihren Wein wieder zu verkaufen. Dieses kleine Hintertürchen wurde bald für einen regen Weinhandel nach Österreich genützt, was zwar zahlreiche Beschwerden und auch eine strengere Überwachung einbrachte, dem Handel aber kaum Einhalt gebieten konnte.

Neben dem Weinbau war Breitenbrunn auch stets eine Kirschengemeinde: Während im Jahr 1938 etwa 879 Apfelbäume und 891 Birnbäume gezählt wurden, brachte es die Kirsche auf eine stattliche Zahl von 5611 Bäumen. „Bolaga" heißt die in Breitenbrunn typische Sorte und in den letzten Jahren hat die Kirsche auch hier eine Renaissance erlebt. Sobald die roten Früchte reif sind, wird dies mit einem Kirschenmarkt gefeiert. Breitenbrunn darf das, denn seit 1689 besitzt der Ort das Marktrecht. Seither wurde zwei Mal im Jahr Markt gehalten. Und damit kommt auch wieder der Pranger ins Spiel: Denn der Markttag war gleichzeitig auch Richttag. Drei Wochen vor dem Markt- und Richttag wurde am Prangerturm die „Freihand" ausgesteckt, ein aus Holz geschnitzter Unterarm mit einem nach oben gerichteten Schwert. Heute wird freilich niemand mehr bestraft, wenn Markt gehalten wird, vielmehr lassen es sich die Breitenbrunner und ihre Gäste dann gut gehen.

Wenn nicht gerade Markt ist und man sich trotzdem etwas Feines gönnen möchte, dann ist der Kellerring der richtige Platz dafür. Früher außerhalb des Ortes gelegen wurden die Erdkeller mittlerweile in die Siedlung integriert – und bilden doch eine eigene Welt für sich. Erklimmt man eines ihrer bewachsenen Dächer, so winkt wieder der Türkenturm herauf. Dahinter kommt ein zweiter Turm zum Vorschein. Auch stattlich, wehrhaft. Die Pfarrkirche von Breitenbrunn, der heiligen Kunigunde geweiht. Wahrscheinlich hängt ihre Gründung mit der deutschen Besiedlung im 13. Jahrhundert zusammen. 1257 wurde Praittenprunn erstmals genannt, damals schon dürfte eine Kunigundenkapelle erbaut worden sein. Etwa zu dieser Zeit stand der Ort im Besitz der Grafen von Lutzmannsburg, später gelangte er zur Herrschaft Forchtenstein. 1683 wurde Breitenbrunn ,von den nach Wien ziehenden Türken arg getroffen: Sie metzelten 500 Leute nieder, zündeten das Dorf an, verwüsteten den Pfarrhof und die Kirche. Pfarrer Stipschütz schrieb damals in das Matrikelbuch: „Vom

8. Juli bis 12. September 1683 wurden keine Eintragungen gemacht. Ich bin flüchtig vor dem Feindt."

Was mühevoll nun wieder aufgebaut wurde, zerstörte 1737 eine Feuersbrunst. Und schon elf Jahre später schlug der Rote Hahn wieder zu: Ein Blitzschlag hatte das Dach einer Scheune entfacht und innerhalb einer Stunde lag der Ort in Schutt und Asche. So ging es einmal mehr an den Wiederaufbau. Heute zeigt sich das Breitangerdorf mit reich geschmückten Bürgerhäusern, verziert mit Figuren aus dem nahen Steinbruch oder mit kunstvoll in den Putz geritzten Mustern. Kein Wunder, dass auch Künstler sich von diesem Umfeld inspirieren lassen. Fria Elfen-Frenken hat sich hier einen alten Hof zu einem Kunstreich umgestaltet. Auch der Maler, Grafiker und Bildhauer Gottfried Kumpf hat einige Zeit in Breitenbrunn gelebt, sein Streckhof wurde Treffpunkt vieler Kunstschaffender. 1977 wurde hier das Ballett „Der Purbacher Türke" aufgeführt, das Libretto entstammt der Feder von Kumpfs Frau Maria Placky, die auch die Kostüme entwarf. Die Musik stammte von Toni Stricker, die Choreographie von Hermann Nitsch, das Wiener Staatsopernballett tanzte. Was muss das für eine Aufführung gewesen sein, inmitten des historischen Streckhofes, umgeben von den phantasievollen Kulissen von Gottfried Kumpf. Heute lebt der Künstler in Wien, seine Zeit zwischen Leithagebirge und Neusiedler See ist jedoch in vielen seiner Bilder verewigt. Sie zeigen die Weingärten, die Weinkeller, den Türkenturm. Vielleicht findet sich darin auch irgendwo der Thenau-Riegel, das bezaubernde Trockenrasengebiet westlich von Breitenbrunn. Für einen Frühlingsspaziergang schließt man sich am besten einer geführten Wanderung an. Denn erst die fachkundige Erklärung zeigt, welch einzigartiges Sammelsurium an Pflanzen und Tieren sich durch die Bewirtschaftung über Jahrhunderte hier gebildet hat. Umgeben wird all dies natürlich vom Wein. Er hat das Leben der Menschen bestimmt und er tut es immer noch. Und dann ist Breitenbrunn auch noch reich an Steinbrüchen. Freilich, welche Ortschaft rund um das Leithagebirge ist dies nicht. Doch hat der Breitenbrunner Stein gerade beim Dombau zu St. Stephan in Wien vielfach Verwendung gefunden.

Schon lange wird kein Stein mehr dort gebrochen, wo heute Uhu und Turmfalke nisten. Im Ort selbst, da plätschert leise Wasser aus dem Brunnen. So, wie vor Jahrhunderten, als die Siedlung ihren Namen erhielt: Praittenprunn.

Oben: Sonnwendfeier in Purbach, ein betrunkener Türke, der schließlich blieb und eine Scheunenreihe, die auch Wehrzwecken diente.

Purbach am Neusiedler See
Schwarze Stadt mit steinerner Mauer

Purbach wird – zumindest in der näheren Umgebung – stets mit den Türken assoziiert, mit den Scharen, die raubend und mordend durch das Land gezogen sind. Türkenkeller, Türkentor und schließlich ein steinerner Türke erinnern noch heute an diese grausame Zeit, die nicht nur in Purbach unendliches Leid gebracht hat. Der Purbacher Türke jedoch verleiht ihr einen rührenden Charakter, der jährlich im traditionsreichen historischen Kostümfest seinen Höhepunkt findet.

Als die Horden hier zwischen 1530 und 1532 das erste Mal durchzogen, blieben auch die Weinkeller nicht verschont und so kam es, dass manch einer zu tief in das Fass blickte. Ein türkischer Soldat hatte sich den Wein sogar so gut schmecken lassen, dass er den Abzug seiner Leute verschlief. Als nun die Hausbewohner zurückkehrten, wollte er sich im Rauchfang verstecken. Heraus geholt wurde er, indem man ihm sprichwörtlich „Feuer unterm Hintern" machte. So lautet die Geschichte vom „Purbacher Türken" und wenn man in die Stadt eintaucht, dann fühlt man sich noch ein wenig in seine Zeit zurückversetzt.

Durch die „Wehrmauer mit drei Stadttoren" gelangt man in den Kern von Purbach, zu Ungarisch „Feketeváros" – die schwarze Stadt. Auf Schritt und Tritt begegnet einem hier die Geschichte eines Ortes, der durch den Weinbau und -handel nach Schlesien, Böhmen, Mähren und Polen im 17. Jahrhundert einen gewissen Wohlstand erreicht hat, sodass um 1630 beim Grundherren, dem Grafen Nikolaus Esterházy, um Errichtung einer Wehrmauer rund um die Siedlung angesucht wurde, welcher auch stattgegeben wurde. Der Graf verringerte die Dienstleistungspflichten, gestattete die Errichtung von

Oben: Bei idealen klimatischen Verhältnissen wurde in den Kellern einst der Wein gelagert. Heute sind viele davon zu Heurigen geworden.

Nächste Seite: Ein Ährenfeld vor dem Ehrenfeld. Oberhalb der Kirche von Donnerskirchen liegen die Wurzeln des Ortes.

Kalköfen im Leithagebirge und die verbilligte Entnahme von Holz aus den herrschaftlichen Wäldern. 1634 war die Anlage fertig: Eine Mauer mit neun Rondellen und vier Sternbasteien sollte den Ort künftig schützen.

Prächtige Torbogen und kunstvolle Holztore zieren die zahlreichen barocken Häuser. Viele erzählen eine Geschichte, geben Einblick in das Leben vor rund 300 Jahren: Hier lebte ein Schmied, dort ein Schneidermeister und in fast jedem Haus finden sich Weinkeller. Nicht nur reiche Weinbauern, auch Klein- und Neuhäusler siedelten sich innerhalb der Mauern an. Fürst Paul Esterházy erlaubte Ende des 17. Jahrhundert die Errichtung einer Kleinhäuser-Siedlung – die verwinkelte Gasse, die in ihrer Form mit etwas Phantasie an einen Stiefel erinnert, trägt heute den Namen Stiefelgasse.

Stets war die Stadt Gefahren ausgesetzt und so wurde vergraben, was den Menschen wertvoll war. Manch einer kam während dieser Zeit zu Tode und konnte seinen Besitz nicht mehr heben. Im 20. Jahrhundert traten zahlreiche Münzfunde zutage, der bedeutendste war ein Krug mit insgesamt 18.113 Münzen und einem Gewicht von 19,5 Kilogramm aus dem 15. Jahrhundert – ein wahrlich großer Schatz!

Nicht nur um den Besitz, auch um das eigene Leben bangte die Bevölkerung ständig. 1647 war der zwölfjährige Andreas Grein von tatarischen Truppen verschleppt worden, er konnte jedoch entkommen und ließ aus Dank ein Votivbild fertigen, auf dem der in Fesseln gelegte Knabe abgeführt wird. Das Bild befindet sich heute in der Nikolauszeche, die im Volksmund auch „Bethaus" oder „Kloster" genannt wird und deren Mauern bis ins Jahr 1100 datiert werden. Erstmals erwähnt wurde die Nikolauszeche Mitte des 16. Jahrhunderts als geistliche Zeche, die zur Kirche gehörte und dem

Heiligen Nikolaus geweiht war. Gemäß der Purbacher Tradition betrieben die Mönche in diesem Paulinerkloster Weinbau, gepresst wurde im Hof, anschließend wurde der Wein in einer Rinne in den gegenüberliegenden Fasskeller zur Reife geleitet. Das Kloster im Ort war mit der „Mühle am Spitz" verbunden. Angeblich führte von der Zeche aus einst auch ein unterirdischer Gang zum Kloster am Spitz. So wie bei der Nikolauszeche lassen sich auch hier die Spuren bis ins 12. Jahrhundert zurück verfolgen, Mauerreste deuten auf einen Wachturm der Burg Scharfeneck hin, der im 13. Jahrhundert von Mönchen besiedelt wurde – daher auch der Name „Kloster am Spitz". Nach der josephinischen Klosteraufhebung wurde es als Wirtschaftsgebäude genützt, um schließlich in eine Restauration umgewandelt zu werden.

Vom Kloster am Spitz nun weiter in den Wald. Die Ruine Scharfeneck ist zu Fuß in rund zweieinhalb Stunden erreichbar. Näher ist da schon der Purbacher Burgstall. Zwei Kilometer oberhalb des ehemaligen Klosters liegt auf einer Anhöhe im Gutenbergwald versteckt eine der größten Wallanlagen Österreichs. Mit 1300 Metern Länge und 600 Metern Breite hat sie fürwahr stattliche Ausmaße, war sie vielleicht sogar Fürstensitz?

Grabfunde lassen die Anlage in die Hallstattzeit datieren, sie dürfte auch später, von der Latene- bis zur Völkerwanderungszeit bewohnt gewesen sein. 1273 „zerstörte der Böhme Ottokar die Burg, nach der der Bach benannt war", Vermutungen legen nahe, dass es sich dabei um den Burgstall handeln könnte. Im Mittelalter und in der Neuzeit diente die Anlage als Fluchtburg, wovon auch heute noch der Name „Türkenschanztor" für den nördlichen Zugang zum Ringwall zeugt.

Bei Grabungen in der Anlage wurde auch allerlei zutage gefördert: Ein Grabhügel enthielt ein Trinkservice der ältereisenzeitlichen Hallstattkultur, eine Schale, ein Kegelhalsgefäß, das als Weinbehälter verwendet wurde und eine kleine Henkelschale, die als Schöpf- und Trinkgefäß diente, was wiederum zeigt, dass in Purbach schon in Urzeiten Wein getrunken wurde.

Sicher war das gefundene Service damals stilvoll, heute trinkt man den Wein aus Gläsern, bevorzugt in einem der zahlreichen Lokale, in denen natürlich auch der Purbacher Wein ausgeschenkt wird. Längst heißt der Absatzmarkt nicht mehr nur Schlesien, Böhmen, Mähren und Polen, sondern schlichtweg „die weite Welt". Gemäß des alten Spruches, dass alles dort am besten schmeckt, wo es herkommt, sollte man den Wein genießen, wo er gekeltert wird. Am besten in der Kellergasse, wenn viele

der 50 Weinkeller aufsperren und das Kellergassenviertel in einen riesigen Heurigen verwandeln – dem Purbacher Türken hätte dies sicherlich auch gefallen, schließlich ist er ja auch in Purbach geblieben, um sich hier als Knecht sein Leben zu verdingen.

Donnerskirchen

Hundert Stiegen und ein Himmelreich

Wer nach Donnerskirchen kommt, hat gute Chancen, ins Himmelreich zu gelangen. Man muss jedoch nicht gleich das Zeitliche segnen, um diesen Wunsch erfüllt zu bekommen. Eine Wanderung genügt für's Erste. Ein alter Weingarten mit diesem Namen, der 50 Jahre sich selbst überlassen war, wurde revitalisiert und so herausgeputzt, dass er ein Schauweingarten sein darf. Und zu schauen gibt es viel: Ein Garten, wie es sie früher hier überall gegeben hat, ist es geworden. Mit Kirsch- und Kastanienbäumen und Weinstöcken. Neben der Hauptsorte Grüner Veltliner wurden auch noch internationale Sorten ausgesetzt.

Wem der Weg ins Himmelreich zu weit ist, der sollte aber auf jeden Fall zur Bergkirche emporsteigen. Auch hier belohnt ein wunderbarer Ausblick für die hundert genommenen Stiegen. Wie eine Zunge ragt im Westen der Esterházy'sche Tiergarten in die Landschaft. Im Süden spiegelt sich die Sonne im See. Im Osten drehen sich die Windräder. Und hinter uns, da steht das Wahrzeichen von Donnerskirchen: die Bergkirche. Eigentlich heißt sie Martinskirche und wurde 1676 durch großzügige Spenden von Fürst Paul Esterházy und der Ortsbevölkerung erbaut. „Bijela Crikva" heißt sie auf Kroatisch, „Fertő-Fejeregyház" auf Ungarisch. Zu Deutsch bedeutet dies „Weißenkirche", denn ursprünglich war sie weiß. Weithin über den See sichtbar diente sie den Fischern als Landmarke, auch im Zweiten Weltkrieg war sie als Orientierungspunkt in den Karten der Alliierten eingezeichnet. Gelb wurde sie erst, als das Denkmalamt diese Farbe vorschrieb. Seither strahlt die weiße Kirche in kräftigem Schönbrunnergelb.

Einmalig ist jedenfalls ihre Lage und man ahnt leicht, dass ihr Vorgängerbau aus dem Mittelalter auch Schutzzwecken gedient hat. Wer sich noch weiter den Berg hinauf wagt, der kommt zu einem Stein, versehen mit zwei Metallkreuzen, dem Sühnekreuz. Dreiste Diebe waren 1918 in die Kirche eingebrochen und hatten die Monstranz sowie den Kelch gestohlen. Die Hostien hatten sie weggeworfen, an der Fundstelle wurde ein Kreuz errichtet. Es lohnt sich, hier inne zu halten, selbst ein wenig Buße zu tun. Wie klein erscheint von hier aus die mächtige Bergkirche, wie winzig die darunter liegenden Häuser.

Noch ein Stück hinan, dann erreicht man das Ehrenfeld. In der Hallstattzeit befand sich hier eine Höhensiedlung, die sich wohl in die Linie der geschützten Siedlungen in Jois, Purbach und St. Georgen einfügt. In den 1920er Jahren wurden hier die Reste eines zweiräumigen Hauses mit zahlreichen Funden, wie etwa als „Mondidole" bezeichnete Feuerböcke, freigelegt.

Ein tiefer Graben trennt den Kirchberg mit dem Ehrenfeld vom Mahdberg, der zweiten wichtigen Fundstelle. Vier Hügelgräber ragen aus der Wiese, unnatürlich, markant. Auf Anregung des Eisenstädter Sammlers und Kunstmäzens Sándor Wolf war hier 1910 zu graben begonnen worden. Die Funde galt es erst einmal zu ordnen. Emma von Groller, die die Grabung leitete, schrieb 1911 aus Donnerskirchen: „[...] Ich habe einen zweiten prähistorischen Hügel fast fertig und es finden sich massenhaft Scherben, dass wir buchstäblich im Zimmer nicht umhergehen können und schon einen Tag in der Küche gegessen haben [...]." Schließlich fand von Groller unter all diesen ihre „Lieblingsschüssel" – erst nach dem Zusammensetzen der Bruchstücke stellte sich die Einzigartigkeit des Gefäßes heraus, das schließlich als „Stierkopfgefäß" seinen Platz in der Sammlung von Sándor Wolf finden sollte.

In der Ebene hingegen siedelten die Römer. Wohnhäuser, von einer Mauer umgeben und die Reste des Badhauses der 14. Legion konnten freigelegt werden. In einem kleinen, rechteckigen Gebäude abseits eines Gutshofes wurden Bruchstücke aus Marmor gefunden. Als sie zusammengefügt wurden, deuteten die Archäologen sie als Altarplatte, ihr Fundort ist eine der ersten Kirchen auf österreichischem Boden.

1285 erfolgte die Erwähnung von Dundeskürchen in Zusammenhang mit Weingärten. Die Bezeichnung geht auf den Personennamen „Tundold" zurück. Nach den zu damaliger Zeit üblichen Besitzerwechseln gelangte der Ort in den Besitz der Kanizsai, die sie in die Herrschaft Eisenstadt eingliederten, 1622 übernahmen die Esterházy die Herrschaft.

Rund 70 Jahre, bevor die katholischen Esterházy Herren über Donnerskirchen wurden, war die Ortschaft vom Protestantismus erfasst worden. Versuche, den katholischen Glauben zurück zu bringen, blieben vorerst

ohne Erfolg. Eine kaiserliche Kommission stellte fest: „Die Dundeskirchner sind in ihrem Irrglauben derart verstrickt, dass der unschuldige katholische Pfarrer, wenn er nichts macht, wie sie es für gut und recht erachten, nichts Fruchtbares verrichten kann." Erst mit der Jesuitenmission, die in die Zeit der Übernahme der Esterházy-Herrschaft fiel, begann langsam die Rekatholisierung und so wurde 1680 die Weiße Kirche hoch über den Dächern eingeweiht.

Während vom Kirchberg der Stil des Barocks grüßt, findet sich im Ort ein wahres Juwel der Renaissance-Zeit. Schon im 14. Jahrhundert stand hier ein Edelhof mit Grundbesitz und Mühlen, der Bau fiel der Brandschatzung der Bocskay-Truppen Anfang des 17. Jahrhunderts zum Opfer. 1611 erwarb ihn der Freiherr Christoph von Leisser und baute ihn im Renaissancestil wieder auf. Mitte des 17. Jahrhunderts gelangte der Bau in den Besitz der Familie Esterházy und diente als Lagerraum aller Esterházyschen Guts- und Zehentweine, das Wappen der Familie prangt heute noch über dem Eingang. Der Charme dieser Zeit hat sich bis in unsere Zeit erhalten, im Innenhof, im Weinkeller und in den alten Gewölben.

Unweit des Leisserhofs wurde 1781 eine zweite Kirche gebaut, weil der Weg zur Martinskirche beschwerlich war, vor allem für die ältere Bevölkerung. Wieder waren es großzügige Donnerskirchner und die Fürsten Esterházy, die für den Bau in die Tasche griffen. Den Altar organisierte der Pfarrer aus Bruck an der Leitha: Nach der Klosteraufhebung durch Joseph II. konnte er einen Seitenaltar aus dem Augustinerkloster erwerben. Für die kleine Dorfkirche reichte er als Hauptaltar aus. So kam Donnerskirchen, das rund 200 Jahre davor die Katholischen noch vertrieben hatte, zu einer zweiten Kirche. Der Glaube hatte sich festgesetzt in dem Ort und während 1848 die Schützener und Purbacher in ihrer Freude über die neugewonnene Freiheit auch auf ihre Pfarrer losgingen, verhielten sich die Donnerskirchner ruhig. Unruhen brachen erst 1879 aus, als rund 200 Personen vor Gericht gestellt wurden, die im fürstlichen Forst Brennholz gesammelt hatten, ein Vergehen, das bis dahin bei Aufgriff mit einer Prügelstrafe geahndet worden war. Als die Angeklagten nun aber zu einer beträchtlichen Geldstrafe verurteilt worden waren, brach ein Tumult aus, der Exekutor und die ihm beigestellten Panduren wurden „in wenig honetter Weise expediert". Zeitlich fiel dieser Aufruhr mit dem Bosnien-Feldzug zusammen, der Ortsteil, wo die Donnerskirchner Revolte ausgebrochen war, erhielt daraufhin den Beinamen „Klein-Bosnien".

Der Erste und der Zweite Weltkrieg hinterließen so wie allerorts Lücken in den Reihen der Bevölkerung, der Wiederaufbau erfolgte unter russischer Besatzung. Die weiße Kirche thronte weiter über dem Ort. Und irgendwann wurde sie dann gelb.

Schützen am Gebirge

Grenzsiedlung zwischen Gebirge und See

Noch heute wird Schützen in den umliegenden Gemeinden „Gschieß" genannt, das ist der Name, den der Ort bis 1924 offiziell trug. Er bedeutet so viel wie „Sitz" (ungarisch „Sérc"), also Herrensitz oder Gerichtssitz. Der heutige Name Schützen geht auf die alte ungarische Grenzwächtersiedlung zurück, als die Magyaren zum Schutz ihres Gebietes das „Gyepű-System" einrichteten, eine Verteidigungslinie von hintereinander geschalteten Wällen und Siedlungen, die von Bogenschützen und Spähern bewacht wurde. 1211 scheint in einer Urkunde erstmals der ungarische Name „Lövö", zu Deutsch „Schützen" auf, der mit großer Wahrscheinlichkeit mit der Siedlung am Südhang des Leithagebirges in Verbindung gebracht werden kann und eine heutige Wüstung im Südteil des Schützner Hotters bezeichnete. So wie jene Wüstung lag auch die erste Besiedlung des Ortes in der Jungsteinzeit nicht dort, wo wir den heutigen Ort finden. Ebenso die Reste aus der Römerzeit, als sich hier ein kleines „vicus" befunden hatte, ein Reihendorf entlang der Limesstraße.

Rund 100 Jahre nachdem „lövö" erstmals erwähnt wurde, taucht in den Aufzeichnungen „felsö lövö", also ein „Oberes Schützen", auf, es lag wohl an der Wulka in Richtung Oslip, was wiederum auch auf die Existenz eines „unteren" Siedlungsteils schließen lässt. Beide Siedlungen dürften gegen Ende des 14. Jahrhunderts verlassen worden und schließlich verfallen sein. Auf dem Hotter der beiden „lövö" entstand schließlich das neue „dorff ze Geschies" – nach verschiedenen Siedlungsorten sollte hier also das Dorf seinen festen Standort bekommen.

Das Gyepű-System war zu dieser Zeit bereits in Auflösung begriffen, es hatte im Laufe kriegerischer Auseinandersetzungen an Bedeutung verloren. Seine Lage mitten in der „Schützner Pforte" und die Zugehörigkeit zur Herrschaft der kaisertreuen Esterházy machte Schützen jedoch über die Jahrhunderte weiterhin zum Angriffspunkt feindlicher Truppen: Osmanen, Bocskay-Rebellen, die Bethlen-Truppen und Kuruzzen zogen Spuren der Verwüstung und des Grauens. Immer wieder verschanzte sich die Bevölkerung, Hilfe suchend, hinter den hohen Kirchenmauern. Bei dem Angriff der Bocskay-Rebellen im Jahr 1605 fing die Kirche Feuer. In ihr verbrannten Mütter mit ihren Kindern, die im Gotteshaus Hilfe vor dem Feinde gesucht hatten.

Auch wenn die Zeiten nach den Kuruzzen-Kriegen ab dem 18. Jahrhundert ruhiger wurden. Schützen blieb weiterhin die Pforte zwischen Neusiedler See, Ruster Hügelland und den dichten Wäldern des Leithagebirges. Ein halbes Jahrhundert nach dem Verfall des magyarischen Reichs sollte die Verteidigungslinie nicht mehr „Gyepű" heißen, sondern „Reichsschutzstellung", nicht Bogenschützen, sondern Flugabwehrkanonen sollten den „Ostwall", der vom Leithagebirge abwärts in Zickzacklinien verlief, sichern. Schützen war, aufgrund seiner Verkehrslage, seiner Bahnstation und nicht zuletzt aufgrund des schon mit dem „Anschluss" Österreichs an das Dritte Reich errichteten Reichsarbeitslagers für die Deutschen ein wichtiger Punkt. Und dennoch konnte die Linie von russischen Soldaten durchbrochen werden. Am 1. April 1945 wurde Schützen erobert.

Die verkehrsgünstige Lage sollte Schützen aber auch Vorteile bringen. 1749 wurde hier auf der Strecke zwischen Ödenburg und Pressburg eine Poststation errichtet. Die Post wurde als Staffettenpost geführt, das heißt, die Pferde pendelten stets zwischen nur zwei Stationen, die Reiter wechselten auf andere, die wiederum nur zwischen zwei immer gleichen Stationen verkehrten. Auch eine Mautstelle war in Schützen angesiedelt, der Ort selbst war von der „Gschießer hochfürstlichen Maut" befreit. Anfang des 19. Jahrhunderts kam es diesbezüglich zu einem Streitfall vor Gericht, da der Mauteinnehmer widerrechtlich auch von den Schütznern kassiert hatte. Er musste den Betrag zurückzahlen und gleichzeitig geloben, von den Gschießer Fuhrleuten kein Mautgeld mehr einzuheben.

Ein anderer Prozess erregte in den Jahren 1573 und 1574 großes Aufsehen. In einem Schreiben an den niederösterreichischen Stadthalter hieß es, dass „in jüngst verwichener Zeit zwei Weiber [...], beide hausansässig zu Gschieß, Untertanen der Herrschaft Eisenstadt, Zauberei getrieben und etlichen Männern zu Gschieß, reverendo zu melden, die männlichen Glieder entzogen und dabei gar um das Leben gebracht haben sollen." Noch drei weitere Frauen wurden als „Malefizpersonen" genannt. Eine genaue Befragung, so das Schreiben, hätte

Vorige Seite: In der Ebene nahe dem heutigen Schützen am Gebirge lag einst ein römischer vicus.

Oben: Marienwallfahrt der Schützener nach Loretto. Der Pfarrer erteilt den Reisesegen.

Nächste Seite: Traditionell mit Fiata (Fürtuch), Gilet, Stiefeln und Astrachan macht sich die Bauernkapelle
St. Georgen auf zu einem Konzert in den Weingärten.

wenig ergeben. Apollonia, Gattin des Lorenz Taler, nahm sich in Gefangenschaft das Leben, Gertraud, Ehefrau von Ulrich Gibisser, wurde hingerichtet. Eine dritte Beschuldigte wurde zwar freigesprochen, starb aber im Gefängnis. 1624 wurden die „Pristalitzin", eine Kroatin aus der Gemeinde, und ihre „Gespielin" auf Burg Forchtenstein hingerichtet, auch die Pristalitzin war als „zauberische Malefizperson" bezeichnet worden.

Die Hinrichtung fand auf Burg Forchtenstein statt, weil zwei Jahre zuvor Nikolaus Esterházy von Kaiser Ferdinand II. die Herrschaften Forchtenstein und Eisenstadt, zu der auch Gschieß gehörte, übertragen bekommen hatte. Mit kurzen Unterbrechungen sollte die Familie bis 1848 die Grundherrschaft inne haben und Schützen somit auch die Geschichte der Herrschaft Eisenstadt teilen. Paul I. Esterházy, der Sohn von Niko-

laus, war es schließlich auch, der einen Wildpark nach französischem Vorbild errichten ließ. Mit diesem Vorhaben, das über den Hotter von St. Georgen, Oslip, Schützen und Donnerskirchen gezogen wurde, trennte er Schützen vom Leithagebirge ab. Als dreifache Grundentschädigung bekamen die Bauern ein Stück Wald auf Donnerskirchner Seite, im Tiergarten wurden fortan Privatjagden veranstaltet.

Auch, wenn sich im Tiergarten nicht, wie ich als Kind geglaubt habe, Elefanten und Giraffen tummeln, sondern Hirsche, Rehe, Wildschweine, hat er immer noch etwas Geheimnisvolles. Im Frühling, wenn die Kastanien blühen, im Herbst, wenn die Hirsche röhren. Umgeben, von einer langen, hohen Mauer, deren Steine, so meint man in Schützen, vielleicht sogar von der verschwundenen Burg Roy stammen könnten.

107

St. Georgen
Grinzing von Eisenstadt

„Montag, 19. Juni 1837. Von Eisenstadt nach Pottendorf. Der Nachmittag war zum Antritt unserer Rückreise bestimmt, doch besuchten wir noch am Morgen dieses Tages den Park [Schlosspark in Eisenstadt, Anm.] dann das etwa ½ Stunde von Eisenstadt entfernte St. Georgen, wegen des Steines, von dem die Sage geht, dass ihn Attila zum Andenken seiner in dieser Gegend gefeierten Vermählung setzen ließ […].

Nach längeren Anfragen in dem nicht allzu regelmäßig gebauten Dorfe fanden wir endlich den merkwürdigen Stein beim Schwemmteiche am Quellbrunnen aufgestellt, und sieh! – es war ein ganz gewöhnlicher

Römerstein […]." So schrieb ein unbekannter Tagebuchschreiber im 19. Jahrhundert über seinen Besuch der kleinen Gemeinde St. Georgen.

Um 1800 war die Geschichte aufgekommen, bei diesem erwähnten Attila-Stein handle es sich um einen Gedenkstein, den der Hunnenkönig anlässlich seiner Hochzeit mit Ildiko im Jahre 435 anfertigen lassen hatte. Tatsächlich dürfte der Stein zu dieser Zeit aber bereits an die 200 Jahre alt gewesen sein, worauf die Tracht des Mannes schließen lässt. Da sich die Hunnen-Geschichte aber gut verkaufen ließ, machte man jenen auf dem Grabstein erwähnten Atila kurzum ein-, zweihundert Jährchen jünger und adelte ihn. Zu jener Zeit, als unser Reisender sich auf die Suche nach dem Stein gemacht hatte, kursierte sogar die Geschichte, dass dieser Stein dort aufgestellt

Links: Noch sind die Gäste nicht eingetroffen, die Instrumente schweigen.
Oben: Kirche von St. Georgen mit Martinskaserne und Haydnkirche.

worden war, wo Attila zum Christentum konvertiert sei und um 1900 war er gar an dieser Stelle begraben.

Heute mutet es uns seltsam an, wenn der Reisende schreibt, dass St. Georgen etwa eine halbe Stunde von Eisenstadt entfernt liege, denn heute sind beide Stadtteile zusammen gewachsen. Bedenkt man aber, dass er wohl zu Fuß unterwegs war, vom Eisenstädter Schlosspark oder der Hauptstraße kommend, so hat die Angabe durchaus ihre Richtigkeit.

Dass St. Georgen zu Eisenstadt gehört, ist heute selbstverständlich – und doch ist es das noch nicht lange. Bis 1938 und zwischen 1948 und 1970 war der Ort eine eigenständige Gemeinde. Mit der Machtübernahme der Nationalsozialisten wurde es schließlich das erste Mal mit Eisenstadt zusammengelegt. Rasch waren auch

Anhänger zur Hand, die aus Freude über den Machtwechsel auf dem Scheibenberg ein bis in den Ort hinunter sichtbares Hakenkreuz anbrachten, was wiederum den Zorn jener hervorrief, die davon nicht begeistert waren. Sie errichteten auf dem Viereckelberg, die Eisenstädter nennen ihn Hetscherlberg, ein Dollfußkreuz. Nun war es beiderseitiges Ansinnen, das gegnerische Kreuz zu zerstören, was schließlich auch gelang. Der Krieg mit all seinen Gräueltaten ging vorüber und so mancher einst glühende Nationalsozialist bereute seine Blindheit. Der Schmied von St. Georgen errichtete aus Reue das heutige Kreuz auf dem Viereckelberg, es ist wohl als ein Symbol der Versöhnung zu verstehen.

Neben dem Viereckel-Hetscherlberg gibt es noch einen anderen Hetscherlberg und dort wurde vor einigen

111

Jahren die „Vaterrebe" des Grünen Veltliners gefunden. Die Ried war zuletzt im Mittelalter als Weingarten genützt, danach war sie Weidefläche, daher ihr Name Viehtrift. Es ist schon ein großer Zufall, dass die Rebe dort die Jahrhunderte überdauert hat, versteckt unter einem Hetscherlstrauch, irgendwo am St. Georgener Hetscherlberg.

Und mit dieser Vaterrebe wären wir also beim Wein angelangt. Urkundlich wird der Weinbau im 14. Jahrhundert erwähnt, der Fund eines römischen Rebmessers zeigt jedoch, dass schon die Römer hier den Traubensaft vergoren haben. Während sich die Weingärten heute bis in die Ebene ziehen, lagen sie früher nördlich des Ortes, zogen sich von der Dreifaltigkeit bis hinüber zum Flachgraben. So manche Rebe stand dort, wo heute Bäume wachsen. Die Landschaft hat sich im Laufe der Jahrhunderte verändert. So verschwand das Dorf Pirichendorf, ein Straßendorf, das sich wahrscheinlich im Flachgraben befunden hatte, im 15. Jahrhundert. Sein Hotter wurde unter den angrenzenden Gemeinden aufgeteilt, wodurch auch Oslip einen erheblichen Anteil am Leithagebirge erhielt.

Natürlich hat sich auch St. Georgen selbst stetig verändert, seit es um 1200 gegründet und am 12. Mai 1300 erstmals urkundlich erwähnt wurde. Doch wuchs es über die Jahrhunderte nicht nach außen hin, sondern die Menschen ließen sich innerhalb der schon bestehenden Siedlung nieder, verbauten nach und nach den Breitanger. In der Querstraße entstanden im 17. Jahrhundert „Neuhäusel" für die Weingartenarbeiter, 13 kleine Häuser ohne dazugehörigen Grund, mit dem Recht „ain Khue unndt 2 Schweindl" zu halten. In jene Zeit fällt auch der Erwerb der zwei Edelhöfe durch die Gemeinde, in einem von ihnen wurde ein gemeindeeigenes Wirtshaus eingerichtet. Heute gehört das Wirtshaus zwar nicht mehr der Gemeinde, doch steht es immer noch gegenüber des Attilabrunnens für all jene, die ihren Durst nicht mit dem Quellwasser, sondern mit dem St. Georgener Wein stillen möchten.

Die Revolution 1848 brachte eine Lockerung der persönlichen und wirtschaftlichen Abhängigkeit der Bauern und machte Landwirte zu Grundeigentümern, doch mussten sie dafür gehörig in die Tasche greifen, denn nun hatten sie statt der Abgaben an den Grundherrn Steuern an Staat und Gemeinde zu bezahlen. Auch war gerade der Weinort St. Georgen von der Reblausplage in den 1880er Jahren schwer getroffen, erst um 1900 wurden wieder Weinstöcke ausgesetzt und sichern St. Georgen mit seinen Heurigen bis heute den Namen

„Grinzing von Eisenstadt". Und welcher Ort hätte sich dieses Prädikat besser verdient als jener, wo der Vater des Veltliners zu Hause ist?

Eisenstadt

Residenz und Hauptstadt

Wenn ich als Tourist nach Eisenstadt käme, ich glaube, es würde mir gefallen. Kleine Häuser zeigen ihre gepflegten Innenhöfe, Cafés laden ein zu verweilen. Der imposante, innen wie außen nüchterne Dom. Trutzig wacht er mit seinem roten, einem Helm gleichen Dach seit über 500 Jahren über die Stadt. Als Kontrast dazu die Franziskanerkirche mit ihren Renaissancealtären, reichem Stuck und ihrer üppigen Rokokokanzel. Etwas verwirren würde mich vielleicht das Schloss. Massiv thront es am Ende der Hauptstraße als Bau, der sowohl in der Höhe als auch von der Lage die Altstadt überragt. Schnell ist man mit dieser Überraschung versöhnt, wenn man an einem warmen Tag gegenüber auf der Terrasse Platz nimmt und die fürstliche Residenz auf sich wirken lässt. Noch kann man die Gardisten erahnen, die in den Wachhäuschen rechts und links des Eingangs hier ihren Dienst versehen haben. Wie oft haben wir uns als Kinder dort hinein gestellt und ihre steife Haltung angenommen! Wie viele Runden sind wir um den Schlossbrunnen gelaufen, haben die Münzen darin gezählt und hätten sie am liebsten herausgefischt. Wie viele Stunden sind wir im Schlosspark spaziert, im Winter mit Rodeln, im Sommer, um Blumen zu pflücken, im Herbst die Blätter vor uns hertreibend oder Kastanien sammelnd. Viele Erinnerungen sind mit dem Schloss und seinem großen Garten verknüpft, Erinnerungen, die auch namhafte Gäste an diesen sicher hatten, denn die Fürsten Esterházy verstanden es, hier grandiose Feste zu feiern. Bis 1923 war der Schlossgrund eine eigene politische Gemeinde – eine von sechs neben den eigenständigen Gemeinden Eisenstadt, Unterberg, Oberberg, St. Georgen und Kleinhöflein.

Sanft schmiegt sich die Stadt heute ans Leithagebirge. Ihren Ursprung hat sie aber dort, wo heute Bäume wachsen und nur am Fuße Häuser stehen: Die Wiege Eisen-

Rechts: Knapp unter dem Wald schmiegt sich die „Sieben Raben" genannte Siedlung mit den Giebeldächern an das Leithagebirge. Heute sind es der Raben bereits elf.

Oben: Geheimnisvolle Geschichten aus alten Tagen weiß der Nachtwächter zu erzählen.

Unten: Die Pestheiligen der „Ehrensäule der Heiligsten Dreifaltigkeit und der gekrönten Himmelskönigin Maria" auf dem Eisenstädter Hauptplatz.

Rechts: Einer der beiden jüdischen Friedhöfe erinnert daran, dass Eisenstadt eine der Siebengemeinden (Schewa Kehilot) des Burgenlandes war.

Nächste Seite: Historischer Blick von den Krautgärten auf Eisenstadt.

stadts ist der 305 Meter hohe Burgstallberg. Auf der Kuppe des kegelförmigen Berges stand einst eine 350 Meter lange und 150 Meter breite Siedlung. Funde aus der Bronzezeit und vor allem der Hallstattzeit legen Zeugnis davon ab: Mondidole, Keramikscherben, Steinwerkzeuge. Später wanderten die Siedler in die Ebene: Die Römer suchten sich den Platz, wo heute die Kaserne steht und bauten dort eine ansehnliche villa rustica. Das Hauptgebäude maß 30 mal 40 Meter und war wohl der Mittelpunkt der römischen Siedlung.

Im Mittelalter schließlich ist die Stadt dort angekommen, wo sich heute ihr Kern erhebt. Freilich, sie war damals noch keine Stadt, sondern eine kleine Siedlung: „Kismarton", Klein-Martinsdorf. 1264 wird erstmals urkundlich die „capella sancti Martini de minore Mortin" genannt. Das Marktrecht im 14. Jahrhundert und der Bau einer Burg durch die Kanizsai sollten dem kleinen Flecken, der damals schon gewisse Privilegien genoss, zu raschem Aufschwung verhelfen, so, wie die Gewährung von Weinhandelsrechten. Bald wurde auch

damit begonnen, die Stadt mit einer starken Mauer zu umgeben, um die Bewohner und auch die darin inneliegende Wasserburg zu schützen. Zu dieser Zeit, 1373, erhielt „Eysenstat" auch das grundherrliche Stadtrecht. Schon damals war die Stadt Gastgeber allerhöchster Herrschaften: Kaiser Sigismund war gerne hier bei der Familie Kanizsai, genoss die Gastfreundschaft und auch den Eisenstädter Wein, den er sich auch bei seiner Hoftafel schmecken ließ. Der Wein war für die Bauern der Stadt ein einträgliches Geschäft, die Stadt war von Weingärten umgeben, bis auf die Hänge des Leithagebirges hinauf zogen sich Riede. Auf der ehemals größten Ried in Eisenstadt, dem Burgstallberg, stehen heute nur noch vereinzelt Weinreben, in einem privaten Garten angepflanzt, auf einer steinernen Mauer. Im 16. Jahrhundert, da gab es hier viele Klaubsteinmauern, das Gelände war terrassiert, darauf wuchs auf etwa 20 Hektar der Wein. Auch im Buchgraben erstreckten sich Weingärten. Wo heute eine Gärtnerei steht, war auf rund neun Hektar Wein gepflanzt. Kaum ein Haus in Eisenstadt, das sich

den Wein nicht zunutze machte und so kam es auch, dass sich die Stadt 1648 mit ihrem „flüssigen Gold" den Status einer königlichen Freistadt erkaufte und sich damit dem Einfluss des Burgherrn entzog. 16.000 Gulden und 3.000 Eimer Wein im Wert von 9.000 Gulden waren dafür von Nöten, es wurde also mehr als ein Drittel in Wein bezahlt.

Inzwischen war die Herrschaft Eisenstadt schon an Nikolaus Esterházy verpfändet, allerdings ohne die Stadt selbst. Mit den neuen Herren erfuhr sie auch einen weiteren Aufschwung: Als Residenz zog sie bald viele Handwerker und Künstler an, Goldschmiede, Steinmetze, Buchdrucker ebenso wie Musiker, Komponisten und Maler. Graf Paul Esterházy ließ in der zweiten Hälfte des 17. Jahrhunderts die alte Burg umbauen, Carlo Martino Carlone war es, der die barocke Umgestaltung leitete. Im Inneren entstand unter anderem der „Große Saal", der im 20. Jahrhundert in „Haydnsaal" umbenannt wurde und der, so wie das ganze Schloss, bei einer neuerlichen Umgestaltung im ausgehenden 18. Jahrhundert durch den Architekten Charles Moreau sein heutiges Gesicht erhielt.

Indes wurde die Stadt weder von historischen noch von gesundheitlichen Katastrophen ausgelassen, doch meist nicht so hart getroffen, wie viele der umliegenden Gemeinden. Als 1683 die Türken mordeten, brandschatzten und raubten, zogen es die Bürger vor, dem Feind zu huldigen, um so ihre Stadt vor größeren Schäden zu bewahren.

Auf dem Hauptplatz zeugt die barocke Pestsäule vom Eindringen des Schwarzen Todes in die Stadtmauern im Jahr 1713. Vereinzelt bleiben Touristen vor ihr stehen, bewundern ihre Üppigkeit, den goldenen Kranz, der die Dreifaltigkeit und die gekrönte Himmelsgöttin umgibt. Die Eisenstädter eilen unbeeindruckt daran vorbei, lediglich zu kirchlichen Festtagen halten die Prozessionen dort inne. Vom Dom kommend ziehen sie durch die Pfarrgasse, die zu Fronleichnam mit frisch geschnittenen Ästen begrünt wird. Bei der Pestsäule wird das schmiedeeiserne Türchen geöffnet, am Palmsonntag ist das der Platz, wo der Bischof die Palmweihe vornimmt. Für Eisenstadt ist auch das selbstverständlich, denn seit 1960 ist es eine eigene Diözese, bis 1918 gehörte es zur Diözese Györ/Raab, dazwischen wurde es von einer Apostolischen Administration in Wien aus betreut.

So, wie die Pestsäule werden auch andere Kleinode in der Stadt von ihren Bewohnern im Alltag kaum wahrgenommen. Wer kann sich noch erinnern, vielleicht zur Schulzeit einmal gehört zu haben, dass das kurz nach der

Erhebung zur Freistadt erbaute Rathaus auf seiner Fassade die Kardinaltugenden Justitia, Sapientia, Fortitudo, Temperantia, also Gerechtigkeit, Weisheit, Stärke, Mäßigkeit sowie Fides, Spes, Caritas – Treue, Hoffnung, Mildtätigkeit – zeigt. Wem von uns ist schon einmal aufgefallen, dass über dem Haus Hauptstraße 23, in dem sich heute noch eine Bäckerei befindet, zwei Figuren des barocken Portals eine Brezel und ein Brot in Händen halten – seit dem 17. Jahrhundert wurde in diesem Haus Brot gebacken, was die Besitzer mit Stolz auch auf ihrer Fassade zeigten. Auch in der Hauptstraße 10 wird heute noch Brot verkauft, die Geschichte des Bäckereihandwerks bzw. der Lebzelter und Wachszieher lässt sich auch in diesem Haus bis in das frühe 17. Jahrhundert verfolgen.

Barocke Üppigkeit versprühen die Portale und es lohnt sich, so die Besitzer dies gewähren, auch einen Blick dahinter zu werfen. Gar malerisch zeigen sich die Höfe der alten Häuser. Sie waren Bürgerhäuser, aber auch Bauernhäuser, in die im Herbst die Trauben gebracht wurden, in deren Kellern dann der kostbare Wein gekeltert wurde. Wohl war es schwer, die Fuhrwerke in den engen Höfen zu wenden und so musste man auf gute Nachbarschaft hoffen: Meist waren die Höfe so ineinander verschachtelt, dass man in der dahinter liegenden Gasse wieder hinausfahren konnte. Wo dies wegen der Stadtmauer nicht möglich war, da musste gewendet werden.

Das barocke Stadtbild hat sich bis heute gut erhalten, die Stadt ist aber durch die Jahrhunderte über die Mauer hinaus gewachsen. Vor dem Alten Stadttor hat sich die „Vorstadt" gebildet und schließlich, im 20. Jahrhundert, hat die Stadt begonnen, den Berg hinauf zu klettern. Weit bis zum Wald reichen heute die Häuser, die Weingärten findet man eher in der Ebene, dort, wo noch Platz ist dafür. An einstige gute Lagen erinnern heute nur mehr Riedbezeichnungen, die in den Gassennamen weiter leben: Rosental, Gölbeszeile oder Hoher Nussbaum.

Eisenstadt-Oberberg

Der Oberberg ist von den ehemaligen eigenständigen Eisenstädter Gemeinden die jüngste. Über lange Zeit stand lediglich eine Kapelle auf dem Hügel, der Heiligen Apollonia und Wilgefortis geweiht, Ausgangs- und Endpunkt des fürstlichen Wallfahrers Paul I. Esterházy, der hier ein Gebet verrichtete, wenn er sich nach Mariazell aufmachte oder von dort zurückkehrte. 58 Mal soll er an den Gnadenort gepilgert sein, schließlich beschloss er, ein eigenes Heiligtum zu errichten. 1701, in dem Jahr, als der Grundstein zum Kalvarienberg gelegt wurde, gab er Kleinhöfleiner Kleinhäuslern und Inwohnern die Erlaubnis, nahe der Kapelle Wohnhäuser zu errichten. Die Siedlung hatte keinen eigenen Hotter, daher auch keine eigene Weide oder Weingärten, die Abgaben waren an das Rentamt Eisenstadt zu zahlen. Rasch wuchs die neue Siedlung, sodass sie 1707 den Freibrief zu einer eigenen Gemeinde Schlossgrund und Kalvarienberg erhielt. Mit dem Zustrom zum Kalvarienberg erlebte die Siedlung einen Aufschwung, bald ließen sich neben den Kleinhäuslern auch Handwerker hier nieder, später auch Weingartenbürger, die Weingärten in Kleinhöflein besaßen, schließlich auch zahlreiche Kaufleute, sodass sich auch ein reges Wirtschaftsleben entwickelte. Neben dem Wohlstand herrschten aber auch Armut und Elend, es gab Familien, die viele Mäuler zu füttern hatten und grad und grad mit ihrem Handwerk über die Runden kamen.

Im Jahr 1938 wurde die „freiwillige Vereinigung der Ortsgemeinden Oberberg-Eisenstadt und Unterberg mit der Freistadt" verkündet.

Eisenstadt-Unterberg

Die ehemalige Gemeinde Unterberg ist eng mit den Juden in Eisenstadt verknüpft. Nach einer erstmaligen Erwähnung eines Juden in Eisenstadt im Jahr 1296 war es ihr Schicksal, so wie andernorts auch, sich stets dort anzusiedeln, wo man ihnen Platz gewährte. Nach einer wechselvollen Geschichte mit Ausweisungen und darauf folgender Rückkehr entstand in der zweiten Hälfte des 17. Jahrhunderts neben dem fürstlichen Meierhof die Kultusgemeinde Eisenstadt, die stets unter dem Schutz der Fürsten Esterházy stand und die bis 1938 hier beheimatet sein sollte.

Die Juden lebten hier ihr eigenes Leben, hatten ihre Geschäfte, ihre eigene Synagoge, begruben ihre Toten auf ihren Friedhöfen. Am Sabbat wurde das Viertel mit einer Kette abgesperrt, kein Fahrzeug durfte es passieren, die Arbeit musste ruhen. Die Kinder spielten mit den „Bergler"-Kindern, besuchten mit ihnen gemeinsam die Hauptschule. Bis sich 1938 alles veränderte. Familien zogen weg, wurden durch Deportation zerrissen. Die Synagoge wurde zerstört, lediglich die Privatsynagoge im Wertheimer-Haus blieb erhalten, weil sie rechtzeitig abgemauert und versteckt werden konnte. Sie ist heute Teil des Österreichisch Jüdischen Museums und erinnert, so wie auch die beiden Friedhöfe, an die lange Tradition in Eisenstadt. Die einst belebte jüdische Gemeinde war durch das Dritte Reich ausgelöscht. Von den 364 im Jahr 1934 gezählten Einwohnern von Eisenstadt-Unterberg kehrten nach 1945 lediglich zwei zurück.

Neben zahlreichen jüdischen Gelehrten, die tatsächlich hier gelebt haben, rühmt sich Eisenstadt auch gerne, der Ursprung eines tanzenden Hollywoodstars gewesen zu sein. Auch, wenn es schön gewesen wäre, Fred Astair als einen berühmten Unterbergler zu bezeichnen: Die Geschichte, dass Frederick Austerlitz je ein Eisenstädter war, entstand aus einer auf einer Notlüge basierenden Zeitungsente.

Kleinhöflein

Wehrhafte Kirche und ehrfürchtiger Stein

Unweit von Kleinhöflein steht der Kümmerlingstein. Der Sage nach verbeugt er sich vor dem Ersten, der ihn jeden Tag passiert. Die Bauern waren stets bestrebt, ganz zeitig draußen zu sein, damit ihnen diese Ehre zuteil werde. „Das möchte ich noch erleben, dass sich der Kümmerlingstein einmal vor dir verneigt", sprach einst ein alter Weinbauer zu seinem Sohn, der lieber liegen blieb, anstatt bei Tagesanbruch schon zu arbeiten. Da reizte es den Jungen wohl, zu sehen, was es mit dem Gerede auf sich hatte und er dachte sich etwas aus. Nicht unweit von dem Stein richtete er sich ein Lager und wollte, so er die ersten Schritte hörte, sogleich hervorspringen, um Erster bei dem Stein zu sein.

Er schlief gerade gut und fest, da weckte ihn ein Lachen. Neugierig reckte er den Kopf und sah ein altes Männlein, ganz in der Tracht der Weinbauern bekleidet, mit einer Butte am Rücken. Der Stein verneigte sich vor dem Alten, genauso wie's die Leut' erzählt hatten, der Greis ging dran vorbei als wenn nichts wär', weiter in die Weinberge hinein. Dort konnte nun der Bursche beobachten, wie der Alte mit seinen Händen sanft über die Blätter strich. Am nächsten Morgen aber waren die Trauben, die tags zuvor noch sauer waren und grün, dunkel gefärbt und schmeckten süß. Der „Leseähnl" hatte sie mit seinem nächtlichen Besuch zum Reifen gebracht.

Noch immer reifen die Trauben dort beim Kümmerlingstein, so wie die anderen Ortschaften am Leithagebirge bringt Kleinhöflein ausgezeichnete Tropfen hervor. Und das seit Jahrhunderten. So zeigt sich Kleinhöflein heute als Weinbauort, mit seinen Bauernhäusern, einem schönen, revitalisierten Anger und umgeben von Reben, die sich bis in die Ebene strecken.

Wenngleich der Ort heute mit Eisenstadt eins scheint, war er doch bis ins 20. Jahrhundert eine eigenständige

Oben: Die Winzerkapelle Kleinhöflein spielt vor der Kirche auf.

Gemeinde. Mit Ansiedlung von „Kleinhöfleiner Hulden und Inwohner" im Gebiet des heutigen Oberbergs wurde im 18. Jahrhundert der erste Stein für das Zusammenwachsen der Gemeinden Eisenstadt und Kleinhöflein gelegt. Der Zusammenschluss sollte erstmals zwischen 1938 und 1948 erfolgen, seit 1970 ist Kleinhöflein mit der Freistadt Eisenstadt wieder vereint und wer von einem Ortsteil in den anderen wechselt, der wird das kaum merken. Vor allem in den letzten Jahren hat Kleinhöflein einen regen Zustrom erfahren. Über Jahrhunderte waren die Einwohnerzahlen recht konstant, Ende des 18. Jahrhunderts lebten dort 930 Menschen und bis ins 20. Jahrhundert hinein sollten es stets so zwischen 900 und 1000 sein, 1961 waren es 918, heute sind es rund 1.100. Der westliche Ortsteil von Eisenstadt ist begehrtes Wohngebiet geworden, 464 Häuser stehen hier und laufend kommen neue hinzu.

Die Häuser ziehen sich bis hinauf zu den Weinbergen, dorthin, wo unter Kastanienbäumen eine Pestsäule, der Heiligen Dreifaltigkeit geweiht, steht. Von goldenen Weinblättern und Trauben umrankt stand sie einst an einem Weg mitten im Grünen. Datiert mit 1680 ist sie die älteste Dreifaltigkeitssäule im Bezirk Eisenstadt. Zu Füßen der Dreieinigkeit ruhen die Heiligen Veit, Rosalia, Sebastian und Rochus. Die letzten drei sind Pestheilige. Ihren Schutz erhoffte man sich und ihre Hilfe, unweit von hier begrub man die Opfer, die der Schwarze Tod mit sich nahm. Der Heilige Veit aber ist der Patron der Kleinhöfleiner Kirche, auf die man von hier hinab blickt.

Von der Wulkaebene aus ist die Kirche jedoch ein mächtiger Punkt, auf einem Hügel gelegen. Was für einen Blick hat man von hier, welch ein Panorama! Bereits vor 1440 dürfte hier, in Clanhewelin, eine Veitskapelle bestanden haben, die heute das Presbyterium bildet. Um

Oben: Eine steinerne Brücke führt über den Einsiedlergraben. Einst wurde sie für Transporte benützt, heute führt sie nirgends mehr hin.

1528 wurde das Langhaus dazugebaut, ganz im Stil der späten Gotik. Keines der Maßwerkfenster gleicht in seinen geometrischen Mustern dem anderen, im Inneren überspannt ein Kreuzrippengewölbe das Langhaus. Der Turm wurde erst später errichtet, eine Steinfigur des Kirchenpatrons Veit weist die Zahl 1700 für das Jahr seiner Errichtung auf und eine Bitte an den Heiligen: „H S Veit zu jeder Frist, erlang uns Gnad bei Jesus Christ." Blickt man von der Ebene aus auf die Kirche, so kann man die verschiedenen Baustufen ausmachen: das Presbyterium, das Langhaus und den Turm. Auch die Schießscharten kann man erkennen und man kann sich vorstellen, dass die Bewohner hier in Krisenzeiten Schutz gesucht hatten. In der Kirche, von einer Mauer umgeben, auf einem Hügel thronend, wehrhaft und „sehr fest erbaut".

Nicht immer war der Ort jedoch katholisch. Zur Zeit der Reformation folgten in der Mitte des 16. Jahrhun-

derts die meisten Kleinhöfleiner der lutherischen Lehre, zu jener Zeit zählte der Ort 82 Häuser von Hofstätten nach Norden hin begrenzt. Auch der Pfarrhof wurde nahe der Siedlung erbaut, an der heutigen Wiener Straße und nicht bei der Kirche. Denn diese lag außerhalb, die Siedlung ihr zu Füßen.

Der wohl bekannteste Pfarrer Kleinhöfleins war Dr. Johann Kodatsch. Er begleitete seine Gemeinde durch die schwere Zeit des Zweiten Weltkrieges, in der 43 Kleinhöfleiner ihr Leben lassen mussten. Auch die Zeit nach dem Krieg verbrachte er hier mit der Bevölkerung, musste mit ansehen, wie sich die Sowjets nahmen, was sie brauchten. Nach der Besatzungszeit ging er als Regens des Burgenländischen Priesterseminars nach Wien.

Eine andere bekannte Kleinhöfleinerin hatte auf der Opernbühne ihr Zuhause gefunden. Die 1801 hier geborene Elisabeth Beysteiner schaffte es, die Aufmerk-

121

samkeit der Fürsten Esterházy auf sich zu ziehen und startete in Eisenstadt ihre Karriere, die sie an die Opernhäuser in Wien und Pressburg sowie nach Italien führte, wo sie besonders in ihrem Hauptfach, der italienischen Oper, begeisterte. Aufgewachsen war sie am Fuße des Leithagebirges.

Zu der Zeit, als sie geboren wurde, arbeitete Fürst Nikolaus II. gerade daran, sein landschaftliches Großprojekt, den Landschaftsgarten, zu realisieren. Auch Kleinhöflein war davon betroffen, denn auf einem Grundstück der Gemeinde, einer „Föhrenwaldigung", sollten der Marientempel – die heutige Gloriette – und die dazugehörigen Anlagen entstehen. Die hier bestehenden Fahrwege wurden verbessert, einer führte von hier nach Loretto, der andere nach Hornstein. Um die teils tiefen Gräben zu überwinden wurden Brücken gebaut und noch heute steht im Antonigraben ein solch ein Brücklein. Efeu wächst davon herunter, längst hat kein Karren es mehr passiert. Hierher kommt nur, wer das Brücklein sucht. Und findet ein kleines Stück Geschichte, das in den großen Geschichtsbüchern ausgelassen wird.

Der Wald und die Weingärten westlich des Antonigrabens, das ist schon Kleinhöflein, ein Stück weiter und dann ist man beim Kümmerlingstein. Sanft raschelt der Wind hier in den Blättern und wenn man die Ohren spitzt, dann hört man vielleicht auch ein heiseres Kichern…

Großhöflein

Marienverehrung und ein Kreuzweg

Einst war sie Königin von Franken, später führte sie als Nonne ein Leben in karitativer Frömmigkeit. Schon zu Radegundis Lebzeiten sollen sich Wunder ereignet haben, noch mehr nach ihrem Tod im Jahr 587. Rasch verbreitete sich der Radegundis-Kult in ganz Europa und kam, wahrscheinlich im 9. Jahrhundert, auch in Großhöflein an, wo der einstigen Frankenkönigin bei einer Quelle eine Kapelle errichtet wurde. Ein Brauch, der meist auf heidnische Brunnenverehrungen zurückging.

Links: Die Tradition des weihnachtlichen Turmblasens wird in Großhöflein noch gepflegt.

So ist der Ursprung des Ortes untrennbar mit der fränkischen Königin verbunden. Später, in der Zeit der Gegenreformation, sollte die Mutter Gottes an ihre Stelle treten.

Graf Nikolaus Esterházy hatte Großhöflein zu einer Art „Ausweichquartier" erkoren. In Forchtenstein wurde die alte Burg zu einem barocken Hochschloss umgebaut, der Edelhof in Großhöflein schien ihm als Ersatz dafür geeignet. Erst musste aber noch eine Einigung mit dem Besitzer, dem Freiherrn Christoph von Unverzagt, getroffen werden. Sodann ließ Nikolaus Esterházy ab 1630 den Edelhof neu erbauen, wo er am 11. September 1645 auch verstarb.

Er hatte den Grundstein gelegt für die Beziehung seines Hauses zu Großhöflein am Leithagebirge. Er hatte die Quelle in Stein fassen lassen und die zerstörte Radegundis-Kapelle wieder errichten lassen. Unter seinem Sohn, Fürst Paul I., wurde Großhöflein so etwas wie ein Badeort. Er ließ im Badhaus, in das das Wasser von der höher gelegenen Radegundis-Quelle geleitet wurde, eine Marienstatue errichten, „damit die badenden Hofleute mehr zur Ruhe und Demut finden". Doch nicht nur die Hofleute fanden hier Ruhe und Demut. Als 1711 von einer wundersamen Heilung berichtet wurde, strömten bald Menschen von nah und fern herbei, um vor der Glockenmadonna Gnade zu finden. Welch ein Verlust für Großhöflein, dass diese wundersame Madonna alsbald in die neu errichtete Gnadenkapelle in Eisenstadt kommen sollte!

Den Großhöfleinern blieb jedoch die heilsame Quelle, 1854 heißt es in „Die Heilquellen und Bäder Ungarns in medizinisch-statistischer Hinsicht": „Der Marktflecken Großhöflein an der Wien-Ödenburger Straße mit schönem herrschaftlichem Gebäude, Einkehrgasthaus, Maut und Postamt, wo im fürstlich Esterházyschen Badehause ein Eisensäuerling zum ärztlichen Gebrauche verwendet wurde." Danach allerdings dürfte die Quelle an Bedeutung verloren haben. Und doch geht aus dieser Schilderung die Bedeutung des Ortes hervor: An der Straße von Wien nach Ödenburg gelegen lagen hier die Maut- und Poststelle. Nikolaus II. hatte 1797 die Erbpoststationen zwischen Wien und Ödenburg für eine Summe von über 100.000 Gulden erworben. Die Pferde verkehrten zwischen den Stationen Großhöflein, Wimpassing und Laxenburg, jeweils an den Poststationen wurden sie ausgetauscht. So lag Großhöflein an einem Verkehrsknotenpunkt, von hier führte der Weg nicht nur nach Ödenburg, sondern auch nach Eisenstadt, zu der Prachtresidenz der Familie Esterházy.

Die Verbindung der Esterházy zu Großhöflein blieb auch in anderer Hinsicht erhalten. Auf dem Föllig ließen sie Ende des 18. Jahrhunderts ein Jagdschloss und ein dazugehöriges Jägerhaus errichten. Von hier aus brach man zu Fasanjagden auf, ganz in der Nähe, in Stinkenbrunn, lagen die fürstlichen Fasangärten.

In dem Gebiet, wo die Esterházy ihr Jagdschloss errichteten, befand sich einst die Wiege Großhöfleins. Bereits in der Jungsteinzeit war dieser Platz besiedelt: Grubenwohnungen, Gräber und Gefäßbruchstücke traten hier zutage. Die Lage scheint auch denkbar günstig: Weit reicht der Blick von hier über die Wulkaebene bis hinein ins Wiener Neustädter Becken. Im Rücken das Dickicht des Leithagebirges, dazwischen eine überschaubare Senke.

Die heutige Siedlung schmiegt sich sanft an den Berg. Von der Ebene bis weit hinauf zum Wald reichen die Häuser. 1156 taucht das „Gut Heulichin" erstmals in Urkunden auf. Vermutlich handelt es sich dabei um Höflein, mit dem Jahr 1324 kann erstmals mit Sicherheit von einer Nennung Großhöfleins als „Hublen" gesprochen werden.

Die Wirren der Zeit verschonten auch Großhöflein nicht. 1529 die Türken, 1605 die Bocskay-Truppen. Gar groß muss der Verlust gewesen sein, dass die Pfarren Kleinhöflein und Großhöflein zusammengelegt wurden, der Pfarrer schrieb: „seit der rebellion die pfarren derselben ortten sehr in abnehmen khommen und verwüst worden". Äcker lagen brach, die Weingärten waren zerstört. 1683 dann neuerlich Gefahr durch die Türken.

Nur wenige Jahre zuvor waren Neuerungen an der spätgotischen Kirche durchgeführt worden. Ein stattlicher Turm wurde ihr errichtet, mit einem Pyramidendach aus Stein. Sonne und Halbmond zierten das Kreuz auf dem Turm. Die durchziehenden Feinde setzten alles in Brand, das Innere der Kirche wurde vollkommen verwüstet. 27 Großhöfleiner fanden den Tod, 34 kamen in Gefangenschaft.

Man machte sich an den Wiederaufbau und so entstanden in jener Zeit ansehnliche Häuser. Wie das Pleininger Haus am nördlichen Ende der Hauptstraße, an das die Radegundis-Kapelle angebaut ist. Oder jenes des Simon Despoth. Der Sage nach war er ein französischer Offizier, der, nicht ganz ehrenhaft, die Kriegskasse mit sich genommen hatte. Er ließ sich mitten im Ort nieder, baute ein stattliches Haus, erwies sich als Wohltäter an der Bevölkerung. Doch wurde er schließlich erwischt. Soweit die Sage. Tatsächlich scheint er in verschiedenen Quellen als Dienstnehmer der Fürsten Esterházy auf. In Großhöflein hat er zuletzt gelebt, war 1697 hier auch gestorben. Das „Simon Despoth-Haus" ist heute Rathaus. An seiner Front erinnert eine Statue des heiligen Simon an seinen Bauherrn, die Mächtigkeit des Wohnhauses – drei Geschoße waren durchaus nicht üblich – und prächtige Arkaden zeugen vom Wohlstand ihres Erbauers.

Nicht nur die Türken und später die Kuruzzen bedrohten den Ort, auch Seuchen wie die Pest oder die Cholera brachten viel Leid über Großhöflein. Machtlos mussten die Bewohner zusehen, wie ihre Angehörigen dahingerafft wurden. Oft finden sich die Pestheiligen Sebastian, Rochus oder Rosalia auf den Bildstöcken im Ort, über Jahrhunderte errichtet aus Dankbarkeit oder in Trauer. Auch im Leithagebirge wurde solch ein Denkmal errichtet: Eine große, schlanke Steinsäule, sie trägt die Jahreszahl 1676. Das Kreuz, das sie krönt, ist schon etwas aus dem Gleichgewicht geraten. Maria, der gekreuzigte Jesus und die Pestheiligen Sebastian und Rochus zieren die Tabernakel. Der Name des Bildstocks: das Schwarze Kreuz.

Von hier kommt man weiter nach Eisenstadt oder nach Hornstein. Oder aber man steigt wieder hinab nach Großhöflein. Dort, wo sich der Wald auftut, der erdige Waldweg dem gelben Leithakalk weicht, hat sich eine einzigartige Trockenrasen-Landschaft erhalten. Für die Menschen ist dieser Platz ein Ort der Andacht: 14 Steinblöcke, mit Bronze-Relieftafeln, stellen den Leidensweg Christi dar. Im Frühjahr blühen hier die Kuhschellen und Adonisröschen, im Sommer schlängelt sich die Schlingnatter durch das trockene Gras, seltene Schmetterlinge führen hier ihre Tänze auf und vereinen so Kunst und Schöpfung.

Müllendorf

Weißes Wasser und Kreidestein

Es war im Jahr 1921. Nach den Verhandlungen und den Friedensschlüssen von Versailles und Trianon sollte das Burgenland zu Österreich kommen. Die Bevölkerung nahm dies mit Zwiespalt auf. Über Jahrhunderte war man Teil des Königreichs Ungarn, nun sollte aus Deutschwest-Ungarn ein Teil der Republik Österreich werden.

Im August wurde nun eine österreichische Delegation in Müllendorf erwartet. Kinder sollten sie mit Blumen begrüßen. Darunter war auch meine Großmutter. Oft hat sie uns erzählt, wie sie in ihrem schönsten Kleid als fast Siebenjährige nach Müllendorf gegangen war. Kaum aber angekommen, schickte man die Kinder

Vorige Seite: Blick vom Föllig auf Großhöflein.

Oben: Die weiße Kirche von Müllendorf.

Unten: Eine Kapelle zu Ehren des Heiligen Johannes Nepomuk, daneben erinnert das Sühnekreuz an eine grausame Tat.

auch schon wieder heim. „Die Ungarn kommen", hieß es und so rannte sie, so schnell sie konnte, von Müllendorf zurück nach Eisenstadt.

Die österreichischen Soldaten mussten sich zurückziehen, ungarische Freischärler machten sich in Szárazvám breit. Bis im November 1921 österreichische Soldaten anrückten, von der Bevölkerung angeblich freudig begrüßt, mit einem Gläschen Wein, wie es die burgenländische Gastfreundschaft gebietet. So wurde aus Szárazvám offiziell „Müllendorf".

„Mylchdorf" später „Milichdorf" wurde der Ort seit dem Mittelalter genannt, nach einem weißlich, milchigen Bach, der im Oberlauf als „Mülibo(ch)" bezeichnet wurde. Szárazvám hingegen bedeutet „Trockene Maut". Mautstellen lagen üblicherweise an Brücken, an Orten, um die man schwer herum kam sowie an stark befahrenen Straßen. Die „trockene Maut" war eine Straßenmaut, die zwischen Großhöflein und Müllendorf eingetrieben wurde. Sie lag an einem Handelsweg, der von Ödenburg in das Wiener Becken führte. Der Verkehr dürfte rege gewesen sein, die Einnahmen, die sich die Grafschaft und der Pächter teilten, waren gut. Schon die Römer hatten diesen Weg benützt, sie hatten ihm entlang einer Siedlung errichtet, sie hatten dort gelebt, sie hatten dort ihre Toten begraben. Als um 1880 hier die Schienen für die Bahnlinie von Ebenfurth nach Ödenburg gelegt wurden, stieß man auf römische Sarkophage. Viele der steinernen Särge wurden geborgen, als historische Denkmäler in der Nähe aufgestellt. „Der Ort ist der größte Lieferant von Sarkophagen", schrieb Alfred Schmeller in seinem Buch über die Kunstwerke des Burgenlandes nüchtern. Die römische Nekropole zählt zu den größten römischen Friedhöfen in Österreich.

Neben den Spuren des Vergehens wurden auch zahlreiche Funde aus dem täglichen Leben zutage gebracht. Gefäße, Lampen, Schmuck, sogar Töpferöfen und die Reste der Kanalisation wurden gefunden, bei der Neufassung der Quelle im Jahr 1951 stieß man in vier Metern Tiefe auf eine alte Quelleinfassung. Nicht nur Wasser fand man darin, sondern auch Tongefäße, Tierknochen- und zähne und Öllampen – Opfergaben an eine römische Quellgottheit. Sie befinden sich heute im Landesmuseum in Eisenstadt, so wie auch der Weihestein des C. Nonius, der zu Ehren Jupiters errichtet worden war. Ein Vorläufer der heutigen Marterl, sozusagen. Denn schon die Römer stellten entlang ihrer Reisewege Steine auf, die ihnen Glück auf ihrem Wege bescheren sollten. Jahrhunderte später hielten die Bauern Andacht vor ihren Heiligen,

wenn sie aufs Feld oder in den Wald zogen. Vor dem Antonius, der Weinbergmadonna oder dem Heiligen Markus. Hier baten sie leise um die Gunst, um reiche Ernte, um Gesundheit. Im Ort wurde dem Heiligen Nepomuk ein Denkmal gesetzt. Inmitten der Hutweide ließ 1719 der neu bestellte Pfarrer von Müllendorf die Johannes von Nepomuk-Kapelle errichten, jenem Heiligen, dessen Haupt stets fünf Sterne umgeben. Seine Kapelle in Müllendorf ist auch noch von Linden umsäumt. Alte, ehrwürdige Bäume sind es, die der kleinen Kirche Schatten spenden. Unweit davon steht das Sühnekreuz. Erinnern sollte es an „Mord und Todschlag", an ein Verbrechen, das durch das Aufstellen des Kreuzes an der Stelle der blutigen Tat gesühnt werden solle. Es steht für eine Untat aus längst vergangenen Tagen, aber auch für das Leid, die Zerstörungswut, die nach dem Zweiten Weltkrieg durch den Landstrich zog. Denn das ursprüngliche Kreuz, das an die 500 Jahre hier gestanden ist, war in den Wirren des Jahres 1945 verschwunden, Ende des vorigen Jahrhunderts wurde es wieder errichtet.

Auch andere Zeugnisse birgt der Ort, manche sind grausam, manche traurig. Manche machen aber auch ein wenig stolz. Wohl kaum ein Bewohner der „Lenaugasse" denkt, dass dieser bedeutende Dichter der Romantik mit Müllendorf etwas zu schaffen gehabt hätte. Und doch floss Müllendorfer Blut in seinen Adern. Die Wurzeln seiner Urgroßmutter führen hierher, sie stammte aus einer angesehenen Familie, die Dorfrichter hervorbrachte und der Kirche eine Pietà stiftete, ein anderer Vorfahre Lenaus kam aus Loretto.

Die Kirche sah damals noch anders aus, glich über Jahrhunderte durchaus den Gotteshäusern der umliegenden Gemeinden. Die Siedlung Müllendorf war unter dem Vorgängerbau entstanden, zog sich – um einen linsförmigen Anger gruppiert – hinab in die Ebene. 1904 wurde die Kirche durch einen Neubau ersetzt. Der alte Turm wurde überbaut, das Kirchenschiff in Kreuzform neu ausgerichtet. Nur einige Elemente wurden aus dem alten Gotteshaus übernommen wie der Taufstein, das Hochaltarblatt von Friedrich Ambrosi, dem Vater von Gustinus Ambrosi oder die von Georg Joseph, Lenaus Urahn, gestiftete Pietà.

Wie farbenfroh die Malereien sind, wie kunstvoll die Altäre! Von außen gleicht der neugotische Bau heute ein wenig einem Märchenschloss, wirkt filigraner als andere. Oberhalb der Kirche verläuft heute die Bundesstraße, jetzt blickt man hinab auf die Kirche, die einst der höchste Punkt im Orte war. Wer früher Müllendorf passieren wollte, den führte der Weg unten herum, geradewegs durch die Felder, vorbei am Weißen Kreuz, das weithin sichtbar inmitten der Äcker steht. Heute liegt diese alte Route abseits, Radfahrer kommen vorbei und Landwirte, die ihre Felder hier auf der „Hoad" bestellen. Die Straße geht jetzt anderswo. Als „Fürstenweg" war um 1830 die zweite Trasse angelegt worden, heute heißt sie Wiener Straße. Sie hat die Kirche nach unten gerückt. Bis weit hinauf ziehen sich die Häuser, überragen die Kirche, überblicken die Ebene.

Die Wiener Straße teilt den Ort, in einen alten Teil und einen neuen. Sie führt weiter in Richtung Hornstein, vorbei an dem Weg, wo sich der Untergrund weiß färbt. Wo der Kreidesand von den Reifen bis herunter gebracht wird, fast bis auf die Straße. Weit oben klafft ein weißes Loch im Berg. Der Kreidesteinbruch von Müllendorf ist der einzige seiner Art Österreich. Uns ist er wohl vertraut, wirkt wie ein Stück Heimat, wenn man vom Steinfeld, dem Schneeberg oder der Hohen Wand in Richtung Osten blickt.

Im Steinbruch, da wird Kalk gebrochen, in der Fabrik südlich des Ortes wird er verarbeitet. Unweit davon liegt der Bahnhof. Von hier fährt man nach Wien oder nach Ungarn. Vielleicht noch weiter bis nach Deutschkreutz. Auch dort trifft man wieder auf die Römerstraße. Schließlich führten einmal alle Wege nach Rom.

Hornstein

Höchster Berg mit Radarblick

Hornstein – Vorištan. Es scheint bezeichnend zu sein, dass das Leithagebirge mit einer kroatischen Gemeinde anfängt und mit einer kroatischen Gemeinde aufhört. Egal wo man nun Anfang und Ende setzt. Hornstein auf der einen, Parndorf auf der anderen Seite. In der Mitte das Leithagebirge. Im Osten und im Westen mussten sie vorbei, all jene Truppen, die Wien erobern wollten. Zurück blieben verwüstete Dörfer und verwaiste Höfe. Hornstein war bereits beim ersten Türkensturm 1529 und 1532 arg zugerichtet worden, sodass der Grundherr Moritz von Fürst kroatische Familien ansiedelte. Von 64 im Jahr 1555 verzeichneten Familien führten 46 kroatische Namen – was davon zeugt, wie groß der Verlust für den Ort gewesen sein musste. Die Getöteten fanden wohl ihre letzte Ruhestätte auf dem Friedhof, vielleicht ruhen ihre Gebeine noch heute im Karner, der Mitte des

19. Jahrhunderts hier errichtet wurde. Eine Pyramide, von einem Kreuz gekrönt und einem weinenden, mit Rosenkränzen behängten Engel beschützt.

Auf der Anhöhe über dem Friedhof lagen die Wurzeln des heutigen Hornstein: Eine Holzburg, zu deren Füßen 1271 erstmals die Siedlung „terra Zorm" erwähnt wurde. Die Wehranlage war günstig gelegen, man überblickte von hier aus großräumig das Wiener und das Wiener Neustädter Becken bis hin zur Rosalia und zum Wechsel. Bald schon wurde sie ausgebaut. Mächtig muss sie gewesen sein, die Anlage, die Stefan Laczkfi hier 1341 errichten ließ. Und mächtig sollte sie auch bleiben. Denn schon bald nach ihrer Errichtung gelangte sie in die Hände der Familie Kanizsai. Als Herren „de Zarwkew" (Szarvkő, zu Deutsch: Hornstein) konnten sie ihren Besitz stetig erweitern und legten den Grundstein für die Herrschaft Hornstein. Um diese besser verwalten zu können, teilten sie sie in die Herrschaften Hornstein und Eisenstadt. In zweiterem errichteten sie eine Residenz, die ihren Ansprüchen mehr gerecht war als die weniger komfortable Burg. Und dennoch sollte Hornstein weiterhin wichtiges Zentrum der Kanizsai bleiben und bedeutende Gäste aufnehmen. Kaiser Sigismund verweilte anlässlich eines Reichstages einige Tage auf Burg Hornstein ebenso wie der Minnesänger Oswald von Wolkenstein, der, als Vertreter der Tiroler „Gesellschaft des Elefanten" hierher entsandt, zwei Briefe „aus dem Harrenstein" schrieb.

Als Grenzfeste lag die Burg stets im Brennpunkt der Kämpfe zwischen Österreich und Ungarn und schließlich sollten jene, die geholt worden waren, um die Herrschaft zu beschützen, ihr selbst zur großen Last werden. Nachdem die westungarischen Besitzungen an Österreich verpfändet wurden, rief Kaiser Friedrich III. tschechische Söldner zu Hilfe. Diese versahen ihren Dienst mit aller Grausamkeit gegen die Truppen von Matthias Corvinus, dem König von Ungarn. Als mit diesem schließlich ein Vergleich erzielt werden konnte, wurden ihre Dienste nicht mehr benötigt. Der Sold wurde eingestellt. Da die Söldner jedoch auf weitere Bezahlung bestanden und diese ausblieb, begannen sie rechtswidrig Zölle einzuheben, was sie zu Raubrittern machte, die eine Plage sowohl für die Ungarn als auch für die Österreicher waren. Sie wurden schließlich von Friedrich III. und Matthias Corvinus vertrieben. Wahrscheinlich wurde damals die Burg zerstört.

Die Kanizsai hatten inzwischen durch undiplomatische Wechselpolitik ihre Herrschaft verloren, die Burg kam an die Herren von Grafeneck und 1506 an jene

Familie Fürst, unter der auch die Kroaten angesiedelt werden sollten. 1561 umfasste die Herrschaft Hornstein neben dem Markt Hornstein Leithaprodersdorf, Wimpassing, Stinkenbrunn, Wulkaprodersdorf, Trausdorf und Pöttesldorf, rund hundert Jahre später sollten noch Loretto, Stotzing und Neufeld an der Leitha hinzukommen. Die Herrschaft ging durch verschiedene Hände, bis sie 1702 von Palatin Paul Esterházy um 265.000 Gulden erworben wurde.

Für die Bevölkerung bedeutete die Lage am Rande des Leithagebirges weiterhin einerseits eine ständige Gefahr, schließlich kamen hier all jene Truppen durch, die von Osten in Richtung Wien strömten. Hier wurden aber auch große Viehherden von Ungarn nach Österreich getrieben. Die Wiesen wurden als Weiden benutzt, quasi vermietet, denn die Hornsteiner Herrschaft hob pro Tier Weidegeld ein. Neben dieser Einnahmequelle lebten die Bauern vom Getreideanbau, auch Wein wurde kultiviert, jedoch nicht ausgeführt, sondern in den heimischen Gasthäusern ausgeschenkt. Auch wurden ab 1651 jährlich drei Märkte abgehalten, allerdings nur bis 1703. Denn wieder war der Ort Ziel plündernder Truppen geworden, sodass beklagt wurde, dass der Markt weder von österreichischer noch von ungarischer Seite besucht würde, worauf er eingestellt wurde. Erst 1844 konnte das Marktrecht wieder erlangt werden, nach einem langwierigen Prozess. Vier Jahre Korrespondenz, Ansuchen und Gespräche waren dafür notwendig, letztendlich gab es Grund zur Freude. Die Gemeinde stiftete 3 1/2 Eimer Wein (190 Liter), bei Musik und Knallerei wurde das neue Marktrecht gebührend gefeiert. Am 7. April 1845 wurde schließlich der erste Markt seit 142 Jahren gehalten: Pferde, Zugochsen, Melkkühe und Kälber standen zum Verkauf, Hafner, Binder und Wagner boten ihre Waren an. Für das leibliche Wohl wurden einige Spanferkel gebraten – und natürlich floss dabei auch der eine oder andere Liter Wein.

Neben Marktort war Hornstein auch Gerichtssitz. Hier wurde Landgericht gehalten, auch das Galgengericht wird genannt. Bekannt ist ein Fall aus dem Jahr 1747, bei dem zwei Räuber den Tod durch den Strang fanden. Die Galgenstatt lag südwestlich des Ortes in Richtung Müllendorf. Zehn Reiter geleiteten die Ange-

Vorige Seite: Der Wein schmeckt dort am besten, wo er entsteht: inmitten der Weingärten.
Links: Panoramaweg bei Hornstein/Vorištan.

klagten zu dieser Stelle, zahlreiche Menschen waren gekommen, um der Hinrichtung beizuwohnen. Die Gehängten wurden verbrannt, ihre Asche sollte sich in den Wellen der Leitha zerstreuen. Vom einstigen Galgen ist außer dem kroatischen Flurnamen „Kod višal" – beim Galgen – nichts übrig geblieben.

Als 1918 das Ende der Monarchie besiegelt wurde, stand für die Hornsteiner fest, wohin sie wollten. Nicht zu Ungarn, sondern zu Österreich fühlten sie sich zugehörig und so machte sich die Gemeinde auch für den Anschluss Deutsch-Westungarns an Österreich stark. Der Wunsch ging in Erfüllung.

Mit dem Zweiten Weltkrieg sollte Hornstein noch einmal in den Krieg mit einbezogen werden, als rund um den Sonnenberg eine Radarstation und ein Peilsender errichtet wurden. Längst ist hier Gras darüber gewachsen, der Wald hat die Kuppen zurück erobert. Wie weit aber von hier der Ausblick reicht, das sieht man auf der Aussichtswarte auf dem Sonnenberg. Auch sie ist ein Stück Zeitgeschichte: Sie diente einst als Wachturm an der österreichisch-ungarischen Grenze.

Wimpassing

Die Furt über die Leitha

Die Brücke in Wimpassing kenne ich seit meinen Kindertagen. Von Wien kommend wusste ich, jetzt ist es nicht mehr weit nach Eisenstadt. Die Gemeinden Wimpassing und Wampersdorf schienen mir wie ein einziger Ort. Fast nahtlos geht die Häuserreihe ineinander über, die Brücke unterbricht sie – und schlägt mit ihrer runden Form doch auch wieder einen Bogen. Über Jahrhunderte verlief hier die historische Grenze zwischen zwei Reichen, zwischen Ungarn und Österreich, Transleithanien und Cisleithanien. Die Geschichte des Ortes ist eng mit der Leithafurt verknüpft, die sich auch in ihrem ersten magyarischen Namen wieder findet: „Cseke" bedeutet „Furt". Die Leitha tastet sich langsam vorwärts, durchfließt ein Auwäldchen, legt noch eine schöne Schleife ein, ehe sie sich den Weg zwischen Wimpassing und Wampersdorf bahnt.

Strategisch war Wimpassing stets ein wichtiger Punkt: In Richtung Westen hin lagen die Leithasümpfe, die ein Durchkommen teilweise unmöglich machten, nach Osten hin das Leithagebirge mit seinem Dickicht, seinen Wäldern und Gräben. Schon die alte Römerstraße führte

Oben: Die Wehrkirche von Wimpassing.

von Savaria (Steinamanger) über Scarbantia (Ödenburg) weiter zum Militärlager Vindobona. Auch wer später von Ungarn auf diesem Wege nach Wien wollte, der musste hier vorbei. Wo, wenn nicht hier, sollten also die Zölle eingehoben werden?

Bis 1850 bestand also ein „Dreißigstfilialamt", so wurden die Zollstellen in Ungarn genannt, nach dem dreißigsten Teil des Warenwertes, der als Gebühr zu entrichten war. Die „Dreißiger", die Zöllner, waren ungarische Edelleute. Sie mussten lesen, schreiben und rechnen können, zudem auch noch in Sprachen bewandert sein. Schließlich passierten täglich ungarische, deutsche oder kroatische Händler ihre Stationen. Auch mussten sie natürlich dem Herrscher treu ergeben sein, was sie bei der Bevölkerung nicht unbedingt beliebt machte. Stets waren die Bauern bemüht, sich Wege zu suchen, um an den „Dreißigern" vorbei zu kommen. Die

Maut bekam der Grundherr, versuchte jemand, sie zu umgehen und konnte der „Dreißiger" dies verhindern, so stand ihm auch ein Teil der Ware zu.

Waren die Zöllner ein Teil der Geschichte von Wimpassing, so waren die Mönche ein anderer.

Erhaben über dem Ort mit einem schönen Blick über das südliche Wiener Becken thront die kleine Kirche. War man einst auf dem Weg von Wien heim, war sie ein kurzer Blickfang auf der Reise, die rosa Kirche mit dem zierlichen Türmchen. Umgeben von einer Befestigungsmauer war sie der Bevölkerung über Jahrhunderte ein Zufluchtsort. Die Schlüsselscharten in der Mauer und fünf Rundbasteien zeugen noch heute davon, dass sich die Wimpassinger hier auch zur Wehr setzten, wenn feindliches Unheil drohte.

Die Wurzeln der Kirche reichen weit zurück, 1469 steht auf einer Steintafel am Fuß der Turmfassade. Damals gab es noch kein Kloster, noch keine Familien-

Oben: Kajakfahrer und Wehr einer Stromturbine an der Leitha.

gruft der Freiherren von Stotzingen. Das alles kam erst später. Erst einmal gab es eine kleine Kirche – oder auch nur eine Kapelle. So sagt es zumindest die Legende. Vor 1448, hatte die Leitha bei Wimpassing eine Marienstatue ans Land geschwemmt. Freudig nahmen die Bewohner von Wimpassing die Statue auf. Sie hatten keine eigene Kirche, waren bislang immer nach Leithaprodersdorf zum Gottesdienst gegangen. Nun bauten sie der Gottesmutter eine kleine Kapelle, just an jener Stelle, an der ein Bründl quoll. War es ein Brauch aus heidnischen Tagen, die Kultstätte mit Wasser zu verbinden? Bald jedenfalls wurde dem Bründl heilsame Wirkung nachgesagt.

Auch ein anderes Kulturgut aus Wimpassing ist an eine Legende geknüpft: Noch bevor die Madonna am Leithaufer gestrandet war, trug sich in Wien etwas Ähnliches zu. Es war keine Madonnenstatue, sondern ein Kreuz, das die Fluten der Donau da herangespült hatten.

Nach viel Müh und Plag gelang es einem Minoritenbruder, es mit seinem Ordensgürtel an Land zu holen. Mit Freude wurde es in den Dom zu St. Stephan gebracht, das schöne Kreuz. Doch am Tag darauf war es verschwunden. Es fand sich in der Minoritenkirche wieder, bis in das 18. Jahrhundert sollte es auch in Wien bleiben. Als nun Kaiser Joseph II. das Ordenshaus der Minoriten aufheben ließ, brachte man das Kreuz zu den Brüdern nach Wimpassing. 1939 wurde es in den Stephansdom gebracht, es sollte restauriert und auch zur Schau gestellt werden. Wie gerne hätten die Wimpassinger es zurück gehabt, doch Wien verwehrte das. In Wien wäre es besser aufgehoben hieß es lange. Und als die Überstellung dann doch ermöglicht werden sollte, da wurde der Stephansdom ein Raub der Flammen. Mit ihm das Wimpassinger Kreuz, das so viele Jahrhundert überstanden hatte, um schließlich ein Opfer des Krieges zu werden.

Auch der Ort Wimpassing wurde mehrmals Opfer von Kriegen, von durchziehenden Scharen. Die Franziskaner, die Leonhard Püchler, der Schwiegervater von Rupprecht von Stotzingen, Mitte des 16. Jahrhunderts hierher geholt hatte, sie blieben nicht lange. Vielleicht waren es die Bocskay-Truppen, vor denen sie 1605 geflohen waren, vielleicht auch der Bethlenkrieg 1619. Bemerkenswert an den Franziskanern war, dass sie hier eine Druckerei eingerichtet hatten, in der zwischen 1593 und 1599 gedruckt wurde – sie war nach jener in Güssing die zweite im Burgenland.

Schon 1629 kamen die Minoriten hierher, vier Patres und zwei Brüder, später sollten es doppelt so viele sein. Hanns Freiherr von Stotzingen berief sie in das Kloster am Leithaufer. Mit ihm starb das Geschlecht der Stotzingen im Burgenland jedoch aus. Begraben wurde er „bei unserer lieben Frau zu Wimpassing" – und doch sollte es nicht seine letzte Ruhe sein. Die Türken wüteten 1683 gar arg, zerstörten alles, was nach christlichem Glauben aussah, verstreuten die Knochen jener, die in der Gruft begraben waren. Die Mönche machten sich an den Wiederaufbau. Sie sammelten die Knochen ein, sie errichteten die Kirche neu.

Sie versuchten auch, sich schützend vor den Ort zu stellen, als eine Truppe von rund 2000 Kuruzzen in Wimpassing einfiel. Umsonst. Es wurde geplündert, was nicht niet- und nagelfest war, die kurz darauf ausbrechende Pest brachte noch weitere Not: Rund ein Viertel der Bewohner fiel Anfang des 18. Jahrhunderts dem Schwarzen Tod zum Opfer.

Schließlich ließ Joseph der II. auch noch das Kloster aufheben.

Und doch sollte Wimpassing über all die Jahrhunderte seine geografische Schlüsselposition behalten. Es war Zollstation, es war aber auch eine der ältesten Poststationen des Burgenlandes. Hier hielt die Postkutsche, hier wurden die Pferde gewechselt, um weiter zu fahren nach Großhöflein, von dort nach Sopron. Von Wimpassing aber wurde die Post durch einen Fußboten weiter getragen, nach Leitha+prodersdorf, nach Au, sogar bis nach Mannersdorf. Mit dem Bau der Eisenbahn änderte sich die Postroute.

Mit dem Bau der Autobahn änderte sich der Weg nach Wien. Aber manchmal führt uns der Weg auch über Wimpassing. Und dann ist sie wieder da, die Brücke, die auf der anderen Seite, so scheint's fast, von einem Löwen bewacht wird.

Leithaprodersdorf

Heurigenort und Pflügerhochburg

Vertrautes Klappern klingt aus dem Weingarten, das Geräusch, wenn Plastik aneinander schlägt. Schließlich eine Frauenstimme: „I brauch an Kibl!". Weinlesezeit in Leithaprodersdorf. Die Arbeit am frühen Morgen scheint Spaß zu machen. Neuigkeiten werden ausgetauscht, es wird gescherzt. Gelächter. Auf die Frage, wie viele Grade der Wein habe, bekommen wir die Antwort, man wisse es nicht genau, aber gut wäre sie heuer, die Ernte. Der Wein sei für den Heurigen bestimmt. Einen von 19. Früher seien es 21 gewesen, aber mit 19 habe Leithaprodersdorf immer noch die meisten Heurigen im Bezirk.

Wein, Vieh und Felder. Für all dies bieten sich hier optimale Bedingungen, die schon in der Jungsteinzeit genutzt wurden.

Leithaprodersdorf zählt zu einem der wichtigsten archäologischen Ausgrabungsorte in Österreich. Bereits Ende des 19. Jahrhunderts wurden erste Funde gemacht, in den 1950er-Jahren trat schließlich die tatsächliche Bedeutung ans Tageslicht. Ausgelöst wurde dies durch einen Fund eines Landwirts, der sich nicht scheute, damit ins Landesmuseum in Eisenstadt zu marschieren. Was folgte, waren Grabungsarbeiten, bei denen mehrere hundert Gräber aus verschiedenen Kulturen freigelegt wurden.

Von der Anwesenheit der Römer zeugen Reste zweier Gutshöfe und eines Burgus (Wachturm) sowie zahlreiche Grabsteine, die die Geschichten erzählen von jenen, die hier lebten und ihren Anverwandten, die ihnen in Erinnerung einen Grabstein in ihrer Heimat an der Leitha setzten.

Leithaprodersdorf und die Leitha. Schon im Namen nimmt der Grenzfluss die erste Stelle ein, Prodersdorf geht entweder auf den Namen eines Besitzers, „Prodan" zurück, oder aber auf das slawische Wort Brodan, welches so viel wie Furtwart bedeutet und woraus im Ungarischen „Pordan" wurde. Ursprünglich war hier einer der wenigen Übergänge über die Leitha, später wurde er nach Wimpassing verlegt.

Zur Zeit der ersten Erwähnung (1232) entstand in Leithaprodersdorf das „castrum Pordan", eine Befestigungsanlage, die auf den Resten des römischen Wachturmes errichtet worden war. Das „G`schlössl", wie es heute genannt wird, war eine Wasserburg, umgeben von drei umlaufenden Gräben und Wällen. Von einem Aussichtsturm aus kann man sich Überblick verschaffen über die

Vorige Seite: Kajakfahrer in der Leithaau bei Leithaprodersdorf.

Oben: Die Reste der romanischen Bergkirche in Leithaprodersdorf.

Unten: Die Leitha trennt das burgenländische Leithaprodersdorf vom niederösterreichischen Deutschprodersdorf, früher verlief hier die Grenze zwischen Österreich und Ungarn.

Anlage im flachen Gelände, die einst die Furt über die Leitha schützen sollte. Im Sommer weiden hier Ziegen, das Gras, das die alte Feste überwachsen hat, scheint ihnen zu schmecken. Unweit baden Gänse in einer kleinen Lacke. Steinerne Sarkophage schlagen die Brücke zwischen der allgegenwärtigen Landwirtschaft und der archäologischen Bedeutung des Ortes zwischen Leitha und Berg. Das Einst und Heute auf einem Fleck.

Das „G'schlössl" selbst wurde 1273 von böhmischen Truppen zerstört, 1285 schenkte König Ladislaus IV. den Ort mitsamt seinen Weingärten, Wiesen, Äckern, Wäldern, Mühlen und Inseln der Abtei Heiligenkreuz, später fiel er an die Familie Kanizsai und somit an die Herrschaft Hornstein.

Ein weiterer Zeuge aus dem frühen Mittelalter steht südwestlich etwa drei Kilometer außerhalb der Gemeinde: die Reste einer romanischen Kirche, weithin sichtbar, wehrhaft auf einem Hügel gelegen. Umgeben von jenen, die auf dem Friedhof ihre letzte Ruhe gefunden haben, wurde hier die Pfarrkirche zum Hl. Stephan errichtet. Heute trägt sie ob ihrer Lage den Namen „Bergkirche", der Hügel, auf dem sie liegt, wird Geißbühel genannt. Sie selbst wurde zum Opfer feindlicher Scharen. Während der erste Türkensturm 1529 und 1532 Teile der Kirche zerstörte, wurde sie 1683 beinahe vollständig verwüstet. Was blieb, war der Turm, unter dem 1907 eine Kapelle eingerichtet wurde.

Sie ist ein Opfer der Geschichte, sie ist aber auch ein stummer Zeuge davon, dass die Geschichte immer wieder neu geschrieben wird. Denn während dieses Buch entstand, wurden neue Erkenntnisse veröffentlicht, die den Geißbühel mit dem in einer Urkunde aus dem Jahr 833 genannten „Lithaha" in Verbindung bringen. Somit wäre Leithaprodersdorf eine der ältesten Ortschaften des Burgenlandes. Die Lage jedenfalls ist einzigartig, denn vom Turm aus überblickt man die Hänge des Leithagebirges, das Wiener Becken und das Steinfeld, an dessen Ende mit dem Schneeberg die Alpen beginnen.

Im Wald wiederum erinnert die Dreifaltigkeitskapelle an die Zeit, als die Osmanen das Land durchkämmten. Alle Bewohner waren umgebracht worden, bis auf sieben Familien, die sich an dieser Stelle versteckt hatten. Aus Dank dafür ließ die Familie Eibeck noch im Jahr 1683 die Kapelle errichten, zu der auch in unserer Zeit jährlich Prozessionen stattfinden. Über Jahrhunderte wurde hier auch ein Wasserkult betrieben: In regenarmen Jahren kamen die jungen Burschen des Ortes hierher, um durch das Umrühren in der Quelle Wassersegen zu erbitten. In den letzten Jahren ist diese Tradition jedoch zum Erliegen gekommen.

Mit den Esterházy als neue Herren der Herrschaft Hornstein, zu der auch Leithaprodersdorf zählte, konnte ab dem Jahr 1702 die Situation langsam in geregelte Bahnen gelenkt werden, obwohl die Gemeinde immer wieder von Katastrophen wie Pest oder Hochwasser heimgesucht wurde.

Der Fluss war Grenze und Gefahr, aber er bot auch gewisse Möglichkeiten. Als das kleine, neue Österreich nach 1918 plötzlich von seiner „Kornkammer" Ungarn abgeschnitten war, entwickelte sich über die Leitha ein schwunghafter Schmuggel. Vieh und Getreide wurden in das benachbarte Niederösterreich gebracht. Mit der Grenzziehung von 1921 sollte dies ein Ende haben. Pordan war fortan österreichisch, die Grenze an eine andere Stelle gerückt.

Den Zweiten Weltkrieg überstand der Ort, abgesehen von der Zerstörung der Leithabrücke und einigen Notabwürfen, die Flurschäden anrichteten, relativ unbeschadet. Als Anfang April 1945 von Loretto und Stotzing her sowjetische Truppen nahten, setzte sich ein beherzter Pensionist, der ein paar Brocken Russisch sprach, auf sein Rad und fuhr den Soldaten mit einer weißen Fahne entgegen. So friedlich das erste Eintreffen war, kam es dennoch in weiterer Folge stets zu Konflikten durch Beschlagnahmung von Lebensmitteln, Vieh und Geflügel. Ende Juni 1945 zogen die Soldaten weiter. Die Bevölkerung machte sich an den Wiederaufbau. Bestellte ihre Felder, kelterte ihren Wein. Und so ist die Landwirtschaft heute noch ein wichtiger Wirtschaftszweig in der Gemeinde. Dass die Leithaprodersdorfer Bauern erfolgreich sind, beweisen nicht nur die zahlreichen Heurigen, sondern auch internationale Titel: Bereits sechs Mal konnte der Weltmeister-Titel im Pflügen nach Leithaprodersdorf geholt werden.

Loretto

Wallfahrtsort und „ländliches Troja"

Der Name Loretto scheint für einen burgenländischen Ort ungewöhnlich – und ist es auch. Wenn die Wurzeln der Siedlung auch bis in das zweite Jahrtausend vor Christus zurück reichen, begann die eigentliche Geschichte des heutigen Ortes im Jahr 1644. Der

Grundherr von Hornstein, Rudolf von Stotzingen, besuchte den italienischen Wallfahrtsort Loreto nahe Ancona. In Anlehnung an die italienische Gnadenstätte ließ er eine Nachbildung der Kapelle erbauen und eine Kopie der Schwarzen Madonna aufstellen. Loretto wurde Wallfahrtsort.

Aufgrund des großen Zustromes entwickelte sich ein reger Handel vor der Kirche, für die Betreuung der Gläubigen wurden Mitglieder des Servitenordens bestellt, um den Anger vor der Kirche, der mit Obstbäumen bepflanzt war, entstand eine kleine Siedlung. Krämer, Steinmetze, Wirte, Fleischhauer, Schuhmacher, Bäcker, Käsestecher, Messerschmiede, Schneider, Schlosser, Weber, Herrschaftsjäger und viele weitere Handwerker und Gewerbe siedelten sich im Lauf des 17. Jahrhunderts an, wie den Matrikeln zu entnehmen ist. Sie kamen aus der Schweiz, der Steiermark, Kärnten, Bayern, Mähren, Tirol, Böhmen; ferner aus Dänemark oder Schlesien und trugen so ihren Teil dazu bei, die neue Siedlung zu einem florierenden Ort zu machen.

Auf die Herren von Stotzingen folgte 1648 Graf Franz Nádasdy. Er holte die Serviten an den Gnadenort, ließ das Kloster und die barocke Kirche errichten und sorgte so für weiteren Aufschwung. Nádasdy selbst fand ein trauriges Ende: Im Zuge der so genannten Magnatenverschwörung gegen den Kaiser wurde er des Hochverrats bezichtigt und 1671 hingerichtet. Seither, so heißt es, spuke Nádasdy durch das Kloster, den abgeschlagenen Kopf im Arm.

Rund ein Jahrzehnt nach dem Tod des Wohltäters Nádasdy durchstreiften die Osmanen auf ihrem Weg nach Wien auch das Gebiet um Loretto und Stotzing. Die Bewohner waren in die Wälder und Höhlen, wie etwa das Teufelsloch, geflüchtet – umsonst, wie sich später zeigen sollte, denn die Türken spürten viele Verstecke auf und töteten oder verschleppten die Zuflucht suchenden. Zwei Mal fielen die Heerscharen über den Ort her, setzten ihn und die Kirche in Brand, sodass von der Andachtsstätte und vielen Häusern die Mauern das einzige waren, was übrig blieb.

Mit Fürst Paul I. Esterházy, einem großen Marien-Verehrer, setzte ab dem Anfang des 18. Jahrhunderts ein neuerlicher Aufschwung ein. Und dennoch sollte der Ort bald wieder der Brandschatzung zum Opfer fallen, denn 1705 zogen die Kuruzzen durch. Rund zehn Jahre später wütete die Pest, der 1713 in Loretto 80 Menschen zum Opfer fielen – auch Fürst Paul I., der dem Ort so viel Gutes getan hatte, starb in diesem Jahr an der Pest.

Ein weiterer Schlag für Loretto – und nicht nur für Kirche und Kloster, sondern wirtschaftlich gesehen für den ganzen Markt – war die Klosteraufhebung unter Joseph II. im Jahr 1787. Nicht nur, dass die Serviten ihr Kloster verlassen mussten und im Kloster ein Militärspital eingerichtet wurde, auch die Wallfahrten wurden verboten, was alle Einwohner traf, da diese darauf ausgerichtet waren, die Gläubigen zu versorgen. 1806 wurde bei Fürst Nikolaus II. Esterházy ein Gesuch eingereicht, in dem um Unterstützung angesucht wurde. Unter anderem ist darin die Rede, dass „unsere Lage armselig, elend, und für die Zukunft schröckend ist. Eben dieses ist die Ursach, warum 11 hierortige Meister bereits zu Grunde gegangen sind, und jenen 16 Handwerks-Leuten, die noch vorhanden sind, nachdem selbe keine Beschäftigung haben, kaum etwas zu leben erübriget, und wirklich schlecht bestehen."

Der Fürst erhörte das Flehen seiner Untertanen und löste Loretto, so wie auch Stotzing und Wimpassing, aus dem Religionsfonds aus. Zwar stellte sich für den Wallfahrtsort wieder eine bessere Zeit ein, doch war der große Zustrom längst vorbei.

In den 1950er Jahren sollte Loretto auch in anderer Hinsicht bekannt werden. Als nördlich des Ortes mehrere hundert Gräber aus verschiedenen Kulturen freigelegt wurden, stand es plötzlich als „ländliches Troja" im Interesse internationaler Archäologen. Grabungsleiter Dr. Ohrenberger beschrieb die sicherlich einzigartige Atmosphäre mit lebendigen Worten: „In einem seltenen Erleben saßen beim nächtlichen Lagerfeuer ein Univ.-Dozent aus Indien neben einer Studentin aus Madagaskar. Nach dem ,Cornet' von R.M. Rilke, erklangen das Lied ,Es steht ein Baum im tiefen Tal…', das kroatische ,Marica rožica', das ungarische ,Rétka buza', auf der Wanhalo (einer Art Querflöte) vorgetragene indische Volksweisen und schwermütige Negersongs."

Viele der damals gehobenen Funde befinden sich heute im Landesmuseum in Eisenstadt. Trotzdem kommen jedes Jahr tausende Menschen nach Loretto, in die kleinste Marktgemeinde Österreichs, die seit 1990 eigenständig ist. Platz finden sie auf dem größten natürlichen Anger Mitteleuropas. Die alten Nussbäume spenden Schatten, der Elisabethbrunnen spendet Trinkwasser. Und in der Kapelle, da spendet die Schwarze Mutter Gottes den betenden Pilgern Trost.

Stotzing

Ort mit württembergischen Wurzeln

Seiner „erkrumbten Tochter" wollte Rupprecht von Stotzingen auf seinen Gütern in Seibersdorf ein Kloster erbauen, wählte jedoch aufgrund „häufiger Gewässer" einen anderen Standort. Die Wahl fiel auf den Platz, wo sich heute der nach seiner Heimat benannte Ort befindet: Stotzing. Auf kreisrunden Fundamenten wurde 1583 damit begonnen ein Gotteshaus zu errichten, doch wurde der Bau durch das Ableben der Tochter und schließlich auch des Stifters unterbrochen. Seine Nachfahren nahmen die Tätigkeit wieder auf, 1644 berief Rudolf von Stotzingen die Serviten nach Stotzing. Rund vierzig Jahre sollten sie hier ihren Dienst versehen, ehe im Juli 1683 die durchziehenden Osmanen den Ort, die Kirche und das Kloster zerstörten. Von der Kirche blieb lediglich eine kreisrunde Mauer, „ohne Schmuck und Säulen, die drei bis vier Klafter aus dem Boden herausragt. Ihr Dach ist der Sternenhimmel [...]", heißt es in der Hauschronik. Ein Bild in der Kirche zeigt, wie übel Gotteshaus und Kloster zugerichtet wurden. Auch die Marienstatue des so genannten „Purbacher Kreuzes", einem Bildstock zwischen Stotzing und Loretto, das die Purbacher aus Dank über das Vorbeiziehen der Pest 1645 errichten hatten lassen, war verschwunden – sie sollte durch ihr späteres Auftauchen auf einem Acker Stotzing zum Wallfahrtsort machen.

Mit Spenden wurde ein neues Gotteshaus errichtet und schließlich konnte die Muttergottes 1745, hundert Jahre nach ihrer Ersterrichtung auf dem Purbacher Kreuz, hierher übertragen werden. Neben einer Kollekte hatten dies zahlreiche Spender möglich gemacht, vor allem die Familien Esterházy, Csáky und Ebergény zeigten sich sehr großzügig. Der Muttergottes aber wurde ein wahrhaft strahlender Rahmen geschaffen. Fast theatralisch inszeniert steht sie inmitten des Altares. Englein umspielen ihren Kopf, der Blick wird hinauf gelenkt, zu einem Strahlenkranz, durch den das Licht eindringt. Nicht Marmelstein, sondern der Leithakalk bildet den Grundstock des Altars. Er ist das Meisterwerk von Steinmetzmeister Elias Hügel,

Vorige Seite: Das Ziel tausender Wallfahrer jedes Jahr: Die Kirche „Unserer lieben Frau von Loretto".

Links: Auch die Kirche von Stotzing war Ziel von Wallfahrten.

der in diesem Altar sein künstlerisches Testament schuf.

Noch heute trägt der Ort das Wappen seiner Gründer. Es zeigt unter anderem ein Trinkgefäß, einen tragkorbförmigen „Stutzen" oder „Stotzen". Das Wappen jenes Geschlechts, das seine Wurzeln in Württemberg hat, wo sich heute die Orte Niederstotzingen und Oberstotzingen befinden. Rupprecht von Stotzingen war 1569 an den Hof in Wien gekommen, war Berater der Habsburger, schließlich auch Statthalter von Niederösterreich. Durch seine Frau Magdalena Pichler gelangte er in den Besitz der Herrschaft Hornstein. Schon 1583 hatte er damit begonnen, ein Dorf und eine Kirche bauen zu lassen und diese nach seiner württembergischen Heimat zu benennen. Die Erlaubnis, einen Ort zu gründen, kam von der Niederösterreichischen Behörde allerdings erst zehn Jahre später. Er hatte das Amt also vor vollendete Tatsachen gestellt. Die Menschen, die ihrem Freiherrn hierher gefolgt waren, lebten bereits hier. Die Quellen sprechen von „26 Häusern der schwäbischen Ansiedler an der Straße nach Au, Dorf genannt", rund 80 Jahre später, im Jahr 1674, waren es bereits doppelt so viele.

Mit einigen Ausnahmen bildete die Landwirtschaft die Lebensgrundlage für die Bevölkerung der neuen Siedlung am Rande des Waldes. Doch die Bedingungen waren nicht einfach: „Das Ackerland ist unfruchtbar, sandig mit Steinen überall durchsetzt [...], und es verbrennt im Sommer wegen der wenigen steinigen Erde die Saat. Das Land ist außer einem Teilchen am Rande des Besitzes besonders abschüssig und bergig [...]. Auch die Gewalt der hereinbrechenden Regengüsse, denen die Felder ausgesetzt sind, macht zu schaffen", heißt es in der Konskription aus dem Jahr 1728. Sandig, steinig, lehmig. Der Boden machte die Bebauung nicht einfach, doch konnte er zumindest für andere Zwecke seinen Beitrag leisten: Der Stein wurde für Bauzwecke verwendet, auch Sand und Lehm wurden dafür gewonnen. Seit 1628 gab es hier auch einen herrschaftlichen Ziegelofen, im Jahr 1702 wurden hier ungefähr 40 000 Ziegel im Jahr gebrannt. Ein einträgliches Geschäft, das der Herrschaft 600 Gulden allein im Jahr 1700 einbrachte. Die Bevölkerung freilich hatte davon wenig und musste mit der Arbeit Auslangen finden, die vorhanden war. Viele Menschen stellten in Heimarbeit Dinge des täglichen Bedarfs her, die sie dann in anderen Orten bis hinauf nach Himberg verkauften: Rutenbesen aus Birkenzweigen, Buckelkörbe aus Haselruten, Simperl aus Stroh. Natürlich boten auch die umliegenden Steinbrüche Arbeit. Es war ein hart verdientes Geld, das den Arbei-

tern viel abverlangte. „In aller Frühe um 5 Uhr müssen wir aufstehen, ob es stürmt oder schneit, ob kalt oder warm, müssen wir den Weg nach Mannersdorf unternehmen. Drüben angekommen, heißt es zur Arbeit greifen […], bis es 12 Uhr schlägt. Sobald der Schlag ertönt, wird das Werkzeug weggelegt und das Mittagessen kommt zum Vorschein. Sechs Uhr abends wird Feierabend gemacht, dann geht es dem lieben Stotzing zu. Zuhause steht das Nachtmahl auf dem Tische, das wird aufgezehrt und dann geht es zu Bette. So geht es jahraus, jahrein. Trotz der schweren Arbeit sind wir froh, einen Verdienst zu haben", ist im Baxa-Museum in Mannersdorf zu lesen. Der Text stammt aus einem Schüleraufsatz aus dem Jahr 1930. Viele Stotzinger gingen damals Tag für Tag zu Fuß in das rund zehn Kilometer entfernte Mannersdorf um dort die schwere Arbeit zu verrichten. Und dennoch waren die Menschen froh, eine Arbeit zu haben. Doch es sollte schlimmer kommen.

„Frühmorgens wurde bekannt, was einige schon während der Nacht im Radio der Schule vernommen, dass Österreich hitlerisch geworden ist. Auch der Anschlag-

kasten der Vaterl. Front zeigte mit seinem Verschwinden die gewordene Tatsache auf", schrieb P. Anselm Thorwartl am 12. März 1938 in die Kirchenchronik. Was anfänglich noch begeistert begrüßt wurde, endete bald darauf in Krieg. 42 Opfer hatte Stotzing zu beklagen. 1945 sollte ein weiteres trauriges Stück Zeitgeschichte auch den Stotzingern unvergessen bleiben: In der Nacht von Gründonnerstag auf Karfreitag wurden etliche tausend Juden durch den Ort getrieben. Wer nicht weiter konnte, wurde geschlagen oder an Ort und Stelle erschossen und verscharrt.

Im Jahr 1946 wurde der Schulbetrieb wieder aufgenommen, der neue Leiter der Schule, Stefan Semmelweis, hielt seine ersten Eindrücke fest: „… Keine Lehrmittel, nur wenig veraltete Bücher vorhanden… Auf dem Dachboden finde ich zwei einfache Tafeln, die ich in die Klasse stellen kann." So wie die Schule wurde auch Stotzing wieder aufgebaut, als Teil der Gemeinde Leithaprodersdorf. Seit 1990 ist der Ort eine eigenständige Gemeinde. Er hat sich herausgeputzt, und auch die Kirche erstrahlt nach und nach in neuem Glanz.

146

Links: Rutschstein bei Sommerein.

Oben: Die vier Türme in der in der Mitte des Bildes könnten Reste von Burg Roy sein (links).
Dreifaltigkeitskapelle in Leithaprodersdorf (rechts).

Burg Roy
Geheimnisvolle Festung

Wo lag sie einst, die rätselhafte Burg, Sitz der Herren von Roy, Rowo, Raw? In zahlreichen Quellen ist sie genannt, doch über die genaue Lage steht nichts geschrieben. Die einen wähnen sie zwischen Schützen und Donnerskirchen, andere wiederum siedeln sie nahe Stotzing an, über dessen Gründung wie folgt berichtet wird: „Da die Seibersdorfer Einwohner gegen den Wald ein verlassenes Feld zu bebauen begannen und immerfort auf Reste römischer Kultur stießen, beschloss der Grundherr um 1583 an der einst bewohnten Stätte wieder eine Ansiedlung zu gründen und der so entstandenen Ortschaft den Namen seines Geschlechts, Stotzing, zu geben". Die „Reste römi-

scher Kultur" geben Rätsel auf, vielleicht waren sich doch jünger, als zur damaligen Zeit angenommen. Stammten nicht von den Römern, sondern waren Reste der Burg Roy. Dann könnte es auch zutreffen, dass die ehemalige Burg auf einem Bild in der Kirche von Stotzing verewigt wurde, als eine Ruine mit vier Türmen, unmittelbar vor der 1683 von den Osmanen zerstörten Kirche.

Geschichtlich ist die Gründung von Burg Roy wahrscheinlich nach dem Mongoleneinfall 1241 anzusiedeln, erstmals erwähnt wird sie im Jahr 1271. Die letzte Erwähnung erfolgt 1457, also keine 200 Jahre nach dem ersten urkundlichen Auftauchen. Wo sie nun stand, ist nicht gewiss. Ob in Schützen, in Donnerskirchen, in Au oder Stotzing. Das Rätsel wird wohl erst gelüftet, wenn ihre Reste gefunden und eindeutig zugeordnet werden.

So sagen die anderen

Spitznamen der Gemeinden

Unter den einzelnen Ortschaften bestand stets Rivalität. Jeder Ort meinte, besser als der andere zu sein und so machte man sich in Spitznamen übereinander lustig. Die Spitznamen wurden uns in den Gemeinden genannt, für manche gibt es auch eine Erklärung, andere wiederum konnten lediglich bezeichnet werden.

Bärenschneider: So wurden die Großhöfleiner wegen einer misslungenen Behandlung eines Ebers („Saubären") genannt.

Båchscheißer: Die Windener hatten als eine der wenigen Ortschaften das Privileg, dass ein reger Bach durch ihren Ort floss, was ihnen diesen Namen eintrug.

„Bradenbrunner – nix Vergunna, gaunze Wocha Nockerl kocha" wird über die Breitenbrunner gesagt, wobei „Nockerl" durch „Knedl" variiert wird.

Bürdlkrowodn: Bezeichnung für die Bewohner von Hof am Leithaberge

Deandl-Påsser: Den Stotzingern sagt man nach, dass sie die „Dirndln", die Kornelkirschen, mit Stangen abschlagen wollten.

Geierspritzer: Die Bewohner des Eisenstädter Oberbergs hielten Raben, die in den Löchern eines Gemäuers nisteten, für Geier und wollten den Vögeln mit einer Wasserspritze zuleibe rücken.

Geisterfånger: Bezeichnung für die Wimpassinger

Goaß-Hänger: Als der Kirchturm von St. Georgen in die Jahre gekommen war, wuchsen aus den Mauerritzen Grasbüschel. Leiter war keine zur Hand und so kam man, heißt es, auf die glorreiche Idee, eine Geiß auf den Turm zu ziehen, damit diese das Gras fressen könne.

Gschießer Saubären: Als ein Mann spät abends aus dem Gasthaus kam, raste zur gleichen Zeit ein Eber durch den Ort. Umstehende sprangen aus Furcht zur Seite und riefen: „Do kommt der Gschießer Saubär".

Hengstreiter: Aus Müllendorf stammt eine große Zahl an Fuhrwerkern. Um die Tiere auch im Winter genügend zu bewegen, trieben die Reiter sie durch das Dorf und die Umgebung.

Ins Ungarische: Noch heute gehen die Deutschprodersdorfer „ins Ungarische", wenn sie nach Leithaprodersdorf wollen – und umgekehrt gehen die Leithaprodersdorfer „ins Deitsche".

Knodler: Die Großhöfleiner und die Müllendorfer bezeichnen sich gegenseitig als „Knodler", als Menschen, die undeutlich sprechen.

Krenreißa: Name für die Donnerskirchner

Kotzenflicker: Um ein Loch im Kotzen (Pferdedecke) zu flicken, kauften die Purbacher einen neuen Kotzen, schnitten ein Stück in der Größe des Loches aus und nähten dieses auf den alten Kotzen.

Leithapracker: Bezeichnung für die Leithaprodersdorfer

Mannersdorfer Steinpecker: Wohl wegen der zahlreichen Steinbrüche erhielten die Mannersdorfer diesen Beinamen.

Matthln: Nach dem bei den Kroaten in Au beliebten Vornamen Matthias werden die Auer heute noch als Matthln bezeichnet.

Motzen: Was die „Matthln" in Au sind, sind die „Motzen" in Jois. Die Windener sagen zu den Joisern so, weil viele den Namen Matthias tragen.

Mondscheinfånga: Name für die Bewohner von Loretto

Schwalbenfånger: Den Eisenstädtern wird nachgesagt, dass sie beim Schloss einen Zaun errichten wollten, um das Fortfliegen der Schwalben zu verhindern. So glaubten sie, den ewigen Sommer bei sich zu behalten.

Vom Brocken, Klauben und Lesen

Kulinarische Rundreise

Wo der Wein seine Heimat hat

Er war beliebt und bekannt, galt als Exportschlager, der an Fürsten- und Königshöfen gereicht wurde, er hat sogar ein wenig an der Geschichte der Region mitgearbeitet. Er diente den Menschen als Lebensgrundlage, als Nahrungsmittel, als Lebenselexier, aber auch als Medizin. Das Leithagebirge ist untrennbar mit dem Wein verbunden. Über Jahrhunderte hat er die Landschaft geprägt, hat die Anlage von Dörfern und Straßenzügen beeinflusst, war den Menschen Trost und manchmal auch Rettung. Gab ihnen den Reichtum, sich Sonderregelungen auszuhandeln, brachte ihnen das Geld, um prachtvolle Höfe zu errichten. Mit Stolz verlangten sie dem Weinberg ab, was er hergab, um es zu guten Preisen weiter zu verkaufen.

Die Lehrmeister im Weinbau waren Anfang des 13. Jahrhunderts in die Region gekommen: 1203 hatte König Emmerich der Zisterzienserabtei aus Heiligenkreuz Land im heutigen Kaisersteinbruch geschenkt. Mit den Mönchen kamen auch Rebsorten, die sich hier wohlfühlen sollten. Nachdem sich der Standort ihres ersten Weingartens im Königshofertal als ungünstig erwiesen hatte, setzten sie bei Winden auf 20 Joch Reben aus – und legten damit den Grundstein für den Wohlstand einer ganzen Region. Stets waren sie bemüht, ihr Wissen um die Kultivierung des Weins zu erweitern, probierten Standorte aus, brachten neue Sorten her, wie den Pinot Gris aus Frankreich. Als Ruländer oder Grauburgunder ist er bei uns bekannt. Manchmal wird er aber auch Grauer Mönch genannt, als Übersetzung seiner ungarischen Bezeichnung Szürkebarat, in Erinnerung an die Zisterzienser, die in ihren grauen Tuniken die ersten Burgunderreben hier pflanzten.

Links: Imker beim Ausräuchern der Bienenstöcke.
Nächste Seite: Weinberge zwischen Winden und Jois.

Zwar war der Weinbau damals nicht ganz neu – wahrscheinlich vergoren schon die Kelten hier Trauben und vom römischen Weinbau zeugen Funde wie die Teile einer alten Weinpresse aus Winden oder ein Rebmesser aus St. Georgen. Doch waren es die Zisterzienser, die mit ihrer Arbeit der Bevölkerung zeigten, was aus dem Boden herauszuholen ist. Sie legten den Grundstein für die Weinkultur, die wiederum für Lebenslust und Genuss steht. So ergab sich auch eine neue Einnahmequelle für jene, die Land besaßen. Aus Weinbauern wurden Weinbürger.

Bald zogen sich die Weinstöcke bis weit hinauf. Wie beschwerlich muss es gewesen sein, die Weingärten anzulegen, wie mühsam, sie zu bearbeiten! Wo es zu steil war, wurden Klaubsteinmauern errichtet, um so das Gelände leichter begehbar zu machen und das Wasser auf den Terrassen zu halten, um den Stöcken die Feuchtigkeit zu geben. Am Feuersteig, einer der ältesten Riede in Eisenstadt, ist der Geländesprung heute noch deutlich erkennbar. Schon 1455 als Veyersteigen erwähnt, wurden hier im Laufe der Zeit die Steine aufgeschlichtet, die bei der Weingartenarbeit störten. Entstanden sind beträchtliche Terrassen, auf denen heute noch Wein wächst. Auch anderswo waren die hohen Lagen geschätzt, doch wurden sie über die Jahrhunderte wieder aufgelassen, zu mühsam waren die Bearbeitung und der Abtransport der Früchte. Bald wuchsen wieder Bäume, wo einst noch Trauben gelesen worden waren. Die Weinstöcke sind heute dort verschwunden, die Mauern überwachsen, doch wenn man genau schaut, kann man die plötzlichen Geländesprünge im Wald manchmal noch ausmachen.

Furmint, „Zapfener" oder „Augster" reiften hier, daneben freilich auch der Burgunder. Rotwein wurde nur in geringen Mengen und dann meist zu medizinischen Zwecken angebaut. Nie wuchs nur eine Sorte in einem Weingarten, stets war es das, was heute als „Gemischter Satz" bezeichnet wird, was damals in die Fässer kam. Doch Wein war nicht gleich Wein, auch damals wurden unterschiedliche Qualitätsstufen produziert. Neben dem Qualitätswein gab es den Haustrunk, für den die Pressrückstände, der Trester, mit Wasser auf-

151

Oben: Zur Lesezeit sind viele Helfer von Nöten. Ist die Arbeit erledigt, wird ausgiebig gejausnet und geplaudert.

gegossen wurden. Er wurde zur Arbeit mit auf das Feld oder in den Weingarten genommen, musste leicht sein und zudem in genügendem Maß vorhanden, denn die schwere Weingartenarbeit macht durstig – damals wie heute.

Vor allem wurde mit dem Wein aber Handel betrieben und schon rasch war er zu einem begehrten Handelsgut geworden. Nicht nur örtliche Bauern verdienten damit ihr Geld, bald waren es auch „Auswärtige", die sich hier einkauften. Herren aus Bruck an der Leitha, Hainburg und Wiener Neustadt hielten große Anteile der Weingärten am Leithagebirge.

Der „Ungarwein" war bekannt und auch begehrt, doch war seine Einfuhr nach Österreich verboten bzw. streng reglementiert, um wiederum den niederösterreichischen Wein vor der Konkurrenz aus dem Ausland zu schützen. Da der österreichische Markt verwehrt war, wurde der Wein nach Polen, Böhmen, Mähren, Deutsch-

land, England und in die Schweiz exportiert. Ein Stück Volkskunst aus dem Burgenland gibt einen Einblick in den Weinverkauf von einst: Aus Purbach ist ein Weinkrug aus Keramik um 1840 erhalten. Weinstöcke sind darauf zu sehen, ein Obstbaum. Der Hüter, der gerade eine Hütte betritt. Er trägt einen Korb und seinen Hüterstock, er ist nach deutscher Mode gekleidet. Im Häuschen wird gerade ein Geschäft gemacht. Der Weinbauer, in Purbacher Tracht gekleidet, besiegelt es mit einem ungarischen Weinhändler durch einen Handschlag. Der Betrachter des Kruges wird zum Zeugen dieser Szene. Wie einfach sie wirkt, und doch wieder so lebensecht!

Und so lebten die Gemeinden am Leithagebirge von diesem einträglichen Geschäft: Eisenstadt erkaufte sich 1648 durch den Wein und den durch ihn erlangten Wohlstand den Status einer Freistadt und erhielt, so wie auch andere Orte, das Privilegium zur Weinausfuhr.

Oben: Frischer Sturm ist bereits abgefüllt, die Trauben sind zum Verkauf bereit.

Durch die Belegung mit hohen Steuern und Abgaben nahm die Ausfuhr jedoch im 18. Jahrhundert rapide ab, viele Weingärten wurden in der Folge gerodet und in Ackerland umgewandelt.

Die zweite Hälfte des 19. Jahrhunderts brachte schließlich noch schwerere Rückschläge für die Weinwirtschaft: Zum einen traten Pilzerkrankungen wie Oidium und Peronospora auf, weitaus schlimmer noch wirkte sich das Einschleppen der Viteus vitifoliae, der Reblaus, aus Amerika aus. Binnen kürzester Zeit zerstörte der Schädling einen der wichtigsten Wirtschaftszweige ganzer Regionen. Der Neubeginn war zeitaufwändig und kostenintensiv, viele Bauern an den Nordhängen des Leithagebirges nahmen die Mühe des Neuaussetzens gar nicht auf sich oder setzten gerade so viel, wie sie selbst brauchten. Wohl mag dies auch damit zusammen hängen, dass der Wein durch das Bier Konkurrenz erhalten hatte.

Durch neue Methoden in der Bierherstellung war es nun möglich, den Gerstensaft auch länger haltbar zu machen und so wurde in Lagen, die nicht so einträglich waren, kein Wein mehr ausgepflanzt.

Eine Rebe aber hat der Reblaus getrotzt: Seit mehreren hundert Jahren wächst sie nun schon auf dem St. Georgener Hetscherlberg. Bekannt wurde sie vor wenigen Jahren als die „Vaterrebe des Grünen Veltliners", es wird noch dauern, bis sie Trauben trägt, bis dahin wird sie gehegt und gepflegt.

Noch heute ist der Wein eine wichtige Einnahmequelle – und hat sich nebenbei auch noch zum Zugpferd für den Tourismus gemausert. Verkauft wird er schon längst nicht mehr in Fässern, sondern in Flaschen. Aus dem „Ungarwein" ist ein Wein geworden, der seine Herkunft „Neusiedler See Hügelland" mit Stolz trägt. Die Weinbauern gehörten sicher zu den ersten, die erkannt

155

haben, welches Juwel sie im Leithagebirge vor der Türe haben. Als geheime Botschafter könnte man sie bezeichnen – und sie tragen ihre Botschaft weit über die Landesgrenzen hinaus. Gleichermaßen in Rot und in Weiß, abgefüllt in Flaschen, gekeltert an den Hängen des Leithagebirges.

Kalk und Schiefer

Von Leithaprodersdorf bis Jois sind es auf dem Straßenwege 52 Kilometer. Weingarten reiht sich an Weingarten, dazwischen gibt der Boden durch die künstlichen Einschnitte der Steinbrüche immer wieder Einblicke in seinen Untergrund, der sich innerhalb weniger Meter verändern kann. Mal ist er strahlend weiß, mal golden gelb. Meist bildet der Leithakalk den Untergrund. Das macht den Weinbau spannend. Das macht den Wein so einzigartig, dass der Name „Leithaberg" weit mehr ist als eine Herkunftsbezeichnung. Er steht vielmehr für Qualität, für Ursprung und vor allem für Mineralik.

Die Weinbauern sehen den Boden heute als ihren Schatz. Die Minerale, die er abgibt, sind der Schlüssel dazu. Der Grüne Veltliner beispielsweise ist einer, der den Kalk nicht so gerne mag. Wächst er auf kalkhältigen Böden, so wird er härter, kerniger. In Donnerskirchen hat er ideale Voraussetzungen gefunden, auch in Jois auf dem Jungerberg und dem Hackelsberg. „Urgesteinsloch" nennen die Winzer und Geologen jene Lage, wo der Veltliner oder Riesling nicht auf Muschelkalk, sondern auf kristallinem Untergrund wächst. Der Boden ist karg und leicht erwärmbar, weil er dunkler ist und so die Wärme der Sonnenstrahlen besser aufnehmen kann. Der Wein muss sich dadurch anstrengen, muss seine Wurzeln weit hinunter schicken in das Erdreich. Belohnt wird diese Mühe zwar mit weniger Menge, dafür aber mit einem feinen, pfeffrigen Geschmack. Dort, wo sich der Kalk des Meeres abgelagert hat, dort fühlen sich die Burgunder wohl, der Chardonnay, der Weißburgunder oder der Neuburger, so wie auch die heimische Rotweinsorte Blaufränkisch, deren Ursprung zwar nicht bekannt ist, die es aber mittlerweile zur qualitativ wichtigsten Rotweinsorte des Burgenlandes geschafft hat. Sie alle zehren von den kalkreichen Wässern, die das Leithagebirge in seinem Inneren wie ein Schwamm speichert

Vorige Seite: Die Kellergasse in Sommerein verweist auf die lange Weinbautradition auch an den Nordhängen des Leithagebirges.
Links: Geometrie in der Landschaft. Im Hintergrund der Goldberg bei Schützen.

und von den Mineralstoffen, die der Boden abgibt. Auch die Wurzeln dieser Sorten gehen weit hinunter. Das müssen sie auch, denn die Sommer sind oft trocken, tief unten finden sie die Feuchtigkeit, die sie brauchen. Sie gehen geschmacklich eine wunderbare Symbiose mit dem Untergrund ein, danken die Lage mit der ganzen Mineralik des Muschelkalks.

Für die Leithaberg-Winzer ist der Wein Philosophie. Er ist Kultur, er ist Natur. Die Kultivierung und Vinifizierung sind Berufung und Leidenschaft. Und diese Leidenschaft schlägt sich in der Begeisterung nieder. In der Begeisterung für den Wein, in der Begeisterung für das Terroir, das sich rund um das Leithagebirge und darüber hinaus bis nach Mörbisch und über die Wulkaebene bis Zagersdorf erstreckt. Ausgewählte Weine der hier typischen Sorten Blaufränkisch, Grüner Veltliner, Weißburgunder, Chardonnay und Neuburger dürfen nach Prüfung und Erfüllung zahlreicher Qualitätskriterien die kontrollierte Bezeichnung Districtus Austriae Controllatus (DAC) führen. Versehen mit einer rot-weiß-roten Banderole tragen sie den Namen einer einzigartigen Weinbauregion „Leithaberg DAC".

Tradition im Weingebirg'

Während der Weingarten heute der Ort ist, wo fast ausschließlich Rebstöcke stehen, war er über Jahrhunderte hindurch noch viel mehr: Er war der erweiterte Obst- und Gemüsegarten der Weinbauern. In den Reihen wurde Gemüse angepflanzt, Zwiebel, Knoblauch, Bohnen und auf Bäumen wuchsen vornehmlich Kirschen, Weingartenpfirsiche und Nüsse. Da war es klar, dass diese, so wie die Trauben, nicht nur ihren Besitzern Ertrag bringen konnten und daher bewacht werden mussten.

Zu Jakobi (25. Juli) oder zu Laurenti (10. August), je nachdem, wie weit die Trauben waren, nahm also ein Weingartenhüter, der „Hiata", seinen Dienst auf. Nicht jeder konnte Weingartenhüter sein, letztendlich trafen der Bürgermeister und der Gemeinderat die Wahl, in früherer Zeit bestimmte der Bergrichter über das Amt. Zu den wohl wichtigsten Fähigkeiten eines Hüters gehörten Aufmerksamkeit und Schnelligkeit, aber auch Ehrlichkeit (an der aber oft gezweifelt wurde) und Mut, sowie eine gute Kenntnis der Grundstücksgrenzen. Ausgestattet mit einer Hüterhacke und einem Pfeiferl versah er seinen Dienst über etwa zwei bis drei Monate, eben so lange, bis alles gelesen war. Der Hüter gab den Startschuss zur Lese, im wahrsten Sinne des Wortes. Denn bis ins 19. Jahrhundert wurde von der Obrigkeit

Oben: Ein Bild aus alten Tagen. Heute wird der Mist mit dem Traktor ausgeführt.

bestimmt, wann damit begonnen wurde, wohl, um sich den Zehent am Ertrag zu sichern und um sicher zu gehen, dass niemand dabei durch die Lappen ging.

Mit dem Abschluss der Lese wurde erst einmal gefeiert. Der letzte Lesewagen wurde mit Weinlaub, Blumen oder Efeu geschmückt. Zum Zeichen, dass die Ernte gut eingebracht war, zog dieser „Leikaufwagen" durch den Ort oder um die Kirche herum, im Anschluss wurde ein Fest gefeiert, das einer „kleinen Hochzeit" glich.

Sodann wurde der Wein zur weiteren Verarbeitung in die Keller gebracht. Nicht zwingend waren diese als Hauskeller unter dem Wohnhaus oder einem angrenzenden Wirtschaftsgebäude untergebracht. Oft befanden sie sich außerhalb der Ortschaft, in den Hang hineingebaut, mit Erde überdeckt, um die optimalen klimatischen Verhältnisse für die Reifung des Weines zu nützen. In einigen Ortschaften, etwa in Purbach, Breitenbrunn, Winden oder Sommerein entstanden Kellergassen oder -viertel,

die ihren Charme bis in die heutige Zeit bewahrt haben. Meist sind die Keller liebevoll renoviert und bieten nicht mehr nur der Weinlagerung, sondern als Heurigen auch dem Weingenuss so ein stilvolles Ambiente – damals wie heute der Stolz des Weinbauern, denn immer noch gilt: „Ein guter Keller macht einen guten Wein".

Wenngleich im Keller der Wein seinen letzten Schliff erreicht, so gibt der Weingarten die Basis. Natürlich gab es stets bessere und schlechtere Lagen, schon die Namen bezeugen dies und haben sich oft über Jahrhunderte gehalten: Auf dem „Goldberg" reiften und reifen die besten Trauben, so wie auch in Lagen mit anderen positiven Attributen wie „Silber-", „Gut-", oder „Schön-". Auch die Art des Bodens fand häufig in der Riedbezeichnung ihren Niederschlag: Steinweingarten, Lahmäcker, Laymgruebn oder Sandgrub-Weingärten ließen darauf schließen, dass der Wein beziehungsweise seine Bearbeiter hier auf besondere Bedingungen trafen. Hofäcker

Oben: Jause bei der Lese.

Unten: Die Bauernkapelle St. Georgen nach ihrem Konzert bei der St. Georgener Rebe.

Rechts: Beladen des Anhängers.

deuteten auf herrschaftlichen Besitz hin, der Wortteil „Satz" hingegen auf neu ausgesetzte Weingärten: Satzl, Satzäcker, Satzried, Langsatz. Und wenn es schon den Langsatz gibt, dann muss es wohl auch Breitäcker geben, ebenso wie Zwickeläcker, Streifling oder auch einen Saurüssel. Woran die letzte Ried in ihrer Form erinnert, muss wohl nicht erklärt werden und dass eine Ried mit dem Namen „Bauernfeind" es ihren Besitzern nicht ganz leicht gemacht hat, leuchtet auch ein. Auf Hottergrenzen weisen vor allem Riede mit der Bezeichnung Krainer oder Greiner hin, der Name stammt von dem slawischen Wort „kraijna" (Grenzgebiet) ab. So ließe sich die Geschichte der Riednamen noch ewig fortführen, mal gehen sie auf ehemalige Besitzer zurück, wie die „Fuchsn" in St. Georgen, die einst im Besitz der Gräfin Fuchs stand, mal zeigen sie, wohin die edlen Tropfen flossen, sie beschreiben die Landschaft, in der sie stehen, benennen die Vögel oder Insekten, die dort leben sowie die Bäume, die dort

einst wuchsen. Für den Weinbauern ist jede Lage anders und so arbeitet er nicht einfach „im Weichat", sondern er geht in den Krainer, den Stoariegel oder ins Himmelreich. Letzteres ist eine alte Lage in Donnerskirchen, die erst vor wenigen Jahren revitalisiert wurde und die heute noch einen Eindruck davon vermittelt, wie hoch hinauf sich früher der Wein gezogen hat. Dass die Bearbeitung ihren Besitzern einiges abverlangt hat, wird dabei offensichtlich, wenn man bedenkt, dass alle Arbeitsschritte von Hand durchgeführt wurden, keine Traktoren, die die schwere Last in die Keller brachten, sondern Fuhrwerke. Zusätzlich zu der mühevollen Arbeit an den Reben hatten die Weinbauern oder ihre Arbeiter mit Haue und Karst auch darauf zu achten, dass nicht das Unkraut den Boden überwuchert und so den Pflanzen wertvollen Niederschlag wegnimmt. Mit der Technisierung haben sich die Arbeitsabläufe verändert – und damit auch das Erscheinungsbild der Weingärten. Um Platz für die Maschinen

zu machen, wurden die Reihen verbreitert, viele Obstbäume verschwanden, Zwischenkulturen wurden aufgelassen, der Wein hat seine Riede, abgesehen von ein paar Kirsch-, Pfirsich- oder Mandelbäumen, weitgehend für sich alleine. Gemüse kann auch anderswo wachsen, die einzigartigen Lagen rund um das Leithagebirge sind nunmehr dem Wein vorenthalten. Mit Recht, denn das Ergebnis kann man sich im wahrsten Sinne des Wortes auf der Zunge zergehen lassen.

Obst und Gemüse – in vielfältiger Verwendung

„Es steht ein Baum im tiefen Tal, war oben breit und unten schmal", mit diesen Worten beginnt ein burgenländisches Volkslied.

Jedes Mal, wenn wir in der Schule das Lied sangen, sah ich den Baum vor meinem geistigen Auge. Ein Kirschbaum, mit seinem festen, geringelten Stamm und einer stattlichen Krone. „Darunter standen im Mondenschein ein Bursch und ein Mädel ganz allein." Komischerweise kommen die beiden in meiner Erinnerung nicht vor – mein geistiger Kirschbaum stand stets in einem Weingarten. Sein Bild ist mir geblieben. Wohl deshalb, weil die Kirsche der vorherrschende Baum an den Südhängen des Leithagebirges ist.

Die ersten Frühlingsboten in den Weingärten sind aber die Mandeln. Von März bis April zeigen sie ihre zarten, rosa Blüten, die Bienen schwärmen aus, um mit ihrer Arbeit zu beginnen – aufgrund des günstigen pannonischen Klimas passiert das um zwei, drei Wochen eher als in anderen Regionen. Somit kommt der erste Honig des Jahres auch schon früher als anderswo ins Glas: Gemeinsam mit dem Nektar von Schneeglöckchen, Kirsche und anderen Frühblühern erzeugen die Imker der Region einen goldgelben, vitamin- und mineralstoffreichen Honig, später folgen der Akazienhonig sowie Honig aus Sommer- und Wildblumen, die jeweils die Charakteristik der Landschaft mit ins Glas bringen.

An den kalkreichen Hängen des Leithagebirges fühlt sich vor allem das Steinobst wohl: Kirschen, Marillen, Pfirsiche, während das Kernobst eine untergeordnete Rolle spielt. Vereinzelt finden sich Apfel-Kulturen, wie etwa in Bruckneudorf, deren Früchte in erster Linie zu Schnaps verarbeitet werden. Die Früchte können reichlich Sonne tanken, bei rund 300 Sonnentagen im Jahr ist es hier wärmer als im restlichen Österreich. Sogar die

wärmeliebende Feige gedeiht hier, in den Hausgärten am Leithagebirge.

Sobald die Bäume reife Früchte tragen, werden diese auch vermarktet. In Schützen oder Donnerskirchen werden die ersten Standln aufgestellt, die Kirschen und Erdbeeren aber auch Gemüse wie Zucchini oder Kürbisse anbieten, im Herbst dann Weintrauben, Nüsse oder frischen Sturm. Vieles, was an den Hängen des Leithagebirges wächst, aber doch nicht alles. Die Maulbeeren etwa schaffen es wegen ihrer geringen Haltbarkeit nicht auf den Markt, und dennoch wachsen sie hier auf teils stattlichen Bäumen. In der zweiten Hälfte des 19. Jahrhunderts hatte die ungarische Obrigkeit alle Volksschulen dazu verpflichtet, Obstbaumschulen anzulegen. Stets sollten in diesen Obstbaumgärten auch Maulbeerbäume gepflanzt werden, deren Blätter Seidenraupen als Nahrungsgrundlage dienen. Die Seidenraupenzucht verlief allerdings nicht sehr ertragreich, auch ein weiterer Versuch im Zweiten Weltkrieg war nicht von besonderem Erfolg gekrönt. Was blieb, sind die Maulbeerbäume mit ihren süßen Früchten, die vom Aussehen her an Brombeeren erinnern. An die 250 bis 300 Kilogramm Früchte trägt solch ein stattlicher Baum. Zu viel zum Selberessen, ungeeignet für den Weiterverkauf. Mancherorts gibt es daher die Maulbeere in besonderer Form: als Destillat. Hochprozentig und das ganze Jahr über genießbar.

Natürlich werden auch andere Früchte, die an den Hängen des Leithagebirges wachsen, destilliert oder aber an den Standln verkauft. Während im Sommer die Marillen Saison haben, werden Ende August kleine, schmackhafte Pfirsiche angeboten. Die Weingartenpfirsiche wachsen, wie ihr Name sagt, in den Weingärten. Mit ihrer leicht pelzigen Haut haben sie etwas Urwüchsiges, ihr helles Fruchtfleisch ist saftig mit einer leicht bitteren Note. Den Fleißigen sind sie bei der Weinlese eine willkommene Erfrischung im Weingarten, als Marmelade verarbeitet schmecken sie nicht nur aufs Brot, sondern vor allem auch auf Germstriezeln oder Beugeln.

Auch andere Obstbäume säumen die Straßen. Und wieder war es die ungarische Obrigkeit, die dies veranlasst hatte. Denn eine Straßenpflanzungsverordnung aus dem 19. Jahrhundert schrieb deren Aussetzung vor.

Vorige Seite: Ein zartes Netz schützt die reifen Trauben vor unliebsamen Gästen.
Rechts: Die Kirschenernte eröffnet die Obstsaison am Leithagebirge.

Vorige Seite: Auf den Feldern nördlich des Leithagebirges wird großflächig Kürbis angebaut. Die Kerne werden zu Öl gepresst.

Oben : Frisches Obst und Gemüse direkt vom Feld.

Unten: Obstgarten bei Müllendorf.

Einerseits sollte damit der Obstbau vorangetrieben werden, der bis zu diesem Zeitpunkt eine eher untergeordnete Rolle spielte, andererseits sollten die Bäume aber auch ihren Zweck als Straßenschmuck erfüllen. Und in den Ortschaften sollten sie den Funkenflug eindämmen und so verhindern helfen, dass die meist mit Stroh oder Holz gedeckten Häuser Feuer fingen.

Obstbäume prägen auch das Landschaftsbild zwischen Stotzing und Sommerein, doch werden sie nicht wie an den Südhängen des Leithagebirges so zahlreich von Weingärten begleitet, sondern grenzen viel mehr Felder und Äcker von den Straßen und Wegen ab. Früher einmal, da wuchs hier so wie am Südhang des Leithagebirges mehr Wein, da blühten im Frühjahr in großen Mengen die Obstbäume, um im Herbst reiche Ernte zu bescheren. Vorausgesetzt, die Früchte waren nicht dem Frost zum Opfer gefallen, denn häufig kam es vor, dass die bis in den Mai hinein andauernden Nachtfröste zunichte machten, was in der Blüte auf Früchte hoffen ließ. In Mannersdorf etwa war 1836 die gesamte Obsternte durch Frost vernichtet, beim strengen Winter 1928/1929 erfroren an die 200 Nussbäume. So sind Obstbäume heute nur mehr vereinzelt anzutreffen, alte Flurnamen aber wie Kirschbühl, Birnhaide oder Birnwald erinnern noch daran.

Wenn man aber aufmerksam durch die Landschaft streift, so findet man manche Kultur, die man hier nicht unbedingt erwarten würde. Neben Getreidefeldern finden sich auch Kürbisäcker in größerem Stil. Das Fruchtgemüse wird teilweise hier zu Kernöl verarbeitet, es wird von hier aber auch „exportiert", nämlich dorthin, wo man den Kürbis wähnt: in die Steiermark, wo seine Kerne zu Öl weiter verarbeitet werden.

Süße, rote Frucht

Einen besonderen Stellenwert unter all den Obstbäumen, die rund um das Leithagebirge die Landschaft zieren, nimmt die Kirsche ein.

Von den Römern hierher gebracht hat die Steinfrucht an den Südhängen des Leithagebirges optimale Bedingungen gefunden und so verwandeln rund 10.000 Kirschbäume die Region jährlich in ein Blütenmeer. Was für eine Augenweide, wenn man bedenkt, dass ein Kirschbaum an die 20.000 Blüten zählt. 15 Sorten wachsen in den Weingärten und an Wegrändern, wobei Kirschbaum nicht gleich Kirschbaum ist. In Donnerskirchen heißen sie „Pfarrerkerschten", weil früher der Pfarrer für die Ver-

edelung und Vermehrung zuständig war und die Bäume in seinem Pfarrgarten zog. Die „Braune Purbecker" war die Sorte in Purbach, sechs Bäume, die diese besondere Kirsche tragen, sind heute noch bekannt. In Jois gedeihen die „Joiser Kerschten" und in Breitenbrunn, das quasi auch in der Mitte liegt, da wurde gekreuzt. Entstanden sind hier die „Bolaga Kerschten". „Urban streicht Kirschen an" besagt ein Sprichwort aus Winden – der Weinheilige St. Urban wird am 25. Mai gefeiert, ab dann nehmen die Kirschen demnach Farbe an.

Lange Zeit waren die Kirschen wichtige Einnahmequelle für die Frauen der Dörfer, sie brachten das erste Geld im Jahr, von dem Schuhe oder Kleidung gekauft wurden oder auch das bezahlt wurde, was über den Winter beim Kaufmann angeschrieben worden war. So mühsam und gefährlich das Kirschenbrocken ist, war es dennoch ein gutes Geschäft, die Ernte in Winden brachte um 1920 in guten Jahren bis zu 40.000 Kronen.

Die Kirschen waren mitunter so populär, dass sie bis in die höchsten Kreise geliefert wurden. Angeblich gelangten die heimischen Kirschen sogar bis an den russischen Zarenhof – und auch das Sprichwort „Mit dem ist nicht gut Kirschen essen" geht auf die Exklusivität der Früchte zurück: Im Mittelalter waren Kirschen teuer, nur vornehme Leute konnten sich den Luxus leisten. Manchmal gab jemand aber auch Wohlstand vor, um in den Genuss der Früchte zu kommen. Wurde er dann entlarvt, bespuckten ihn die anderen mit Kirschkernen.

Bis noch vor einigen Jahren wurden rund 15 bis 20 Tonnen Kirschen täglich über Händler vertrieben – bis durch exotische Früchte und billige Konkurrenz aus dem Ausland der Absatz sank. Also sahen sich die Produzenten gezwungen, ihre Möglichkeiten zu überdenken. Auch standen die Kirschbäume teilweise der mechanischen Bearbeitung der Weingärten im Wege, schließlich wird so ein Kirschbaum bis zu 20 Meter hoch, der Stamm kann bis zu einen Meter Durchmesser erlangen. Das nimmt den Trauben einerseits die wichtige Sonne, andererseits steht der Stamm dem Traktor im Weg. Wurden im Jahr 1960 in Purbach noch 22.000 Bäume gezählt, so sind es heute rund 500. Und dennoch soll die alte Tradition nicht ganz der Technik zum Opfer fallen. Daher wurden in den letzten Jahren in der Region rund 10.000 neue Bäume gepflanzt. Zahlreiche Produzenten haben erkannt, welchen Stellenwert die Kirsche für die Landschaft hat. Und so ist 2008 der Verein Leithaberg Edelkirsche ins Leben gerufen worden, in dem sich die Gemeinden Donnerskirchen, Purbach, Breitenbrunn, Winden und Jois zusam-

Diese Seite: Alles rund um die Kirsche: In Donnerskirchen wird jährlich die Kirschenkönigin gekrönt (links oben), beim „Markt der Erde" in Parndorf finden die reifen Früchte großen Absatz (unten links). Für die weitere Verarbeitung werden die Früchte maschinell entkernt (rechts).

Rechts: Immer noch ein Kultgetränk: der Kirschencocktail aus Donnerskirchen.

mengeschlossen haben, um die Kirschbaumpopulation zu erhalten. 2012 ist der Verein noch einen Schritt weiter gegangen und hat sich fachkundige Hilfe gesucht. Die Kirschbäume der Region werden nun katalogisiert und aufgearbeitet. Denn was wäre schließlich eine Kirschblütenregion ohne Kirschbäume?

Doch nicht nur bei jenen, die Traditionen bewahren möchten, sondern auch bei den jungen Leuten der Region hat die Leithaberg-Kirsche mittlerweile Kult-Status erlangt. Süß, rot, hochprozentig kommt sie jedes Jahr beim Kirschencocktail in Donnerskirchen zum Ausschank. Plakate kündigen entlang der B50 schon Wochen vorher das Ereignis an: Das Wort „Kico", das Datum und eine selbst gemalte Kirsche genügen, um am Samstag nach Schulschluss das Festgelände mit mehreren tausend Menschen zu füllen. Hunderte Liter Kirschen-

cocktail gehen über die Tresen. Das Rezept dafür ist streng geheim, nur zwei Leute in Donnerskirchen kennen und hüten es wie einen Schatz.

Kein Geheimnis hingegen ist die Erfolgsgeschichte des Festes: Im Jahr 1964 überlegten sich junge Donnerskirchner, die eingebrachte Kirschenernte gebührend zu feiern. Mit etwa 200 Gästen und einer Live-Band wurde der Kult rund um die rote Frucht ins Leben gerufen, der Innenhof des Donnerskirchner Meierhofs wurde bald zu klein und das Festgelände folglich ständig erweitert. 2012 sollte der letzte Kirschencocktail auf dem alten Gelände stattfinden: Es wurde verkauft, und so musste eine neue Location gefunden werden – was dem Erfolg des Festes aber keinen Abbruch tut. Für jede Altersgruppe ist etwas dabei, auch bei den Getränken. Denn neben der Kirsche gibt es natürlich auch ausgezeichnete Donnerskirchner Weine.

170

Kirsche oder Wein, für eine junge Dame aus dem Ort ist das an diesem Abend keine Frage, denn sie wurde auserkoren, um für ein Jahr die Kirsche zu repräsentieren.

Jedes Jahr bewerben sich 18-jährige Mädchen um das Amt der Kirschenkönigin. Jeder Bewohner darf seine Stimme abgeben. Ein Komitee zählt schließlich aus und ermittelt die Königin für das folgende Jahr. Gekrönt wird das Haupt kurz vor Mitternacht. Ein anschließendes Feuerwerk sorgt für entsprechenden Salut.

„O'gstochn wird"

Der Winter war für die Landwirte die ruhigere Zeit. Der Wein war in den Fässern, die Ernte eingefahren, der Roggen für das nächste Jahr bereits angebaut, die Erdäpfel waren ausgenommen und in den kühlen Kellern eingelagert. Zeit also, sich ein wenig von der harten Arbeit zu erholen, Feste zu feiern und bei Tanz und Musik die Sorgen des Alltags zu vergessen.

Entweder vor oder nach der weihnachtlichen Fastenzeit war die Zeit gekommen, eine Sau zu schlachten. Was war das für ein Fest, wenn das gemästete Tier zum Abstechen geführt wurde. Freunde, Verwandte, Bekannte waren geladen, ein Musikant sorgte mit seinen Melodien für ausgelassene Stimmung, sodass nach dem Festmahl auch bald das Tanzbein geschwungen wurde – und diesem anstrengenden, aber ergiebigen Tag den Namen „Sautanz" eintrug.

Doch bis Musik erklang, wartete ein hartes Stück Arbeit auf die Bauersleute. Alle mussten mithelfen, meist waren Nachbarn gekommen, um anzupacken, auch die Kinder langten zu und dabei ist das Abstechen gar nicht ungefährlich. Erst muss das Tier mit der Sauzange eingefangen werden. Wie sehr es um sein Leben schreit, wie es zittert! Es hilft nichts. Mehrere Männer halten es fest, ein gekonnter Messerstich in die Halsschlagader und das Blut quillt stoßartig heraus. Rasch muss nun ein Weidling zur Stelle sein, in dem das Blut aufgefangen wird, das fortan ständig gerührt wird, damit es nicht stockt.

Das tote Tier wird mit Wasser übergossen und mit Fichtenharz, dem „Saupech", eingerieben, um die Borsten zu entfernen. Sind diese so weit abgezogen, wird das Tier an den Hinterbeinen auf der „Saureib'm" aufgehängt und anschließend aufgestellt, was eine der größten

Links: Sautanz war früher ein Fest für Freunde und Nachbarn.

Anstrengungen darstellt, schließlich wiegt die gemästete Sau bis zu 200 Kilo. Nun geht es ans Ausnehmen: Gedärme, Beuschel, Herz, Nieren und Leber werden entfernt, sorgfältig, denn wenn die Galle verletzt wird, vergiftet sie mit ihrem Geschmack das Fleisch, die ganze Sau ist dann ungenießbar. Ansonsten wird alles verwertet, was die Sau hergibt. Der Speck wird abgezogen und zum Auslassen in kleine Würfel geschnitten, das Fleisch wird zur Konservierung vorbereitet, die Leber wird gewürfelt und mit dem Stichfleisch rund um die Stichwunde verarbeitet – viele helfende Hände sind notwendig, um alle Teile möglichst rasch zu verarbeiten. So um die Mittagszeit gibt es eine erste Belohnung für die Mühsal: Sautanzleber, Beuschel oder Nieren, ganz frisch und von der Hausfrau zubereitet. All jene, die in Kindertagen einem Sautanz beiwohnten – früher war es noch möglich, am eigenen Hof abzustechen – schwärmen heute noch von diesen Köstlichkeiten.

Noch lange ist die Arbeit nicht getan. Die Därme werden gereinigt und mit der Wurstspritze mit einer Masse aus Speck, Schwarten, Blut und Semmeln gefüllt, natürlich mit der hauseigenen Würzung. Weggeschmissen wird so gut wie nichts: Teile des Kopfes, die Schweinshaxen und Abfälle werden in die Presswurst eingearbeitet, selbst für die Blase gab es Verwendung. Sie wurde gesäubert, getrocknet und sollte später, sorgfältig zusammengenäht, als Tabakbeutel dienen.

Durch Suren oder Räuchern wurde das Fleisch für die folgenden Wochen haltbar gemacht. Freilich verlor es dabei rasch an Qualität, wurde von Maden zersetzt, von Schimmel befallen, wurde hart und trocken. Der Sautanz war eine der wenigen Gelegenheiten, frisches Fleisch zu genießen, die Gäste ließen sich also nicht zweimal bitten, wenn sie geladen waren. Der beste Wein wurde aus dem Keller geholt, Brot aufgetischt, aus dem frischen Fleisch wurden Schnitzel gemacht, ein Musikant unterhielt die Runde bis in die späte Nacht. Zum Abschied und als kleines Dankeschön bekam jeder noch warme Grammeln und frische Blunzen mit auf den Weg.

Hausschlachtungen sind heute selten geworden. Zu streng sind die Hygienevorschriften, sodass selbst viele Fleischer nicht mehr selbst abstechen. Vereinzelt gibt es aber noch Betriebe, die diese Tradition pflegen – oder wieder belebt haben. Meist kommen die Gäste nicht, um zu helfen, sondern einfach, um dem Spektakel beizuwohnen. Aber die frischen Grammeln, die Sautanzleber und die frischen Würstel schmecken immer noch so, wie zu Großmutters Zeiten.

Spirituelle Wege

Heilige Orte

Wallfahrtsorte spielen im christlichen Glauben eine wichtige Rolle. Entstanden an Plätzen, an denen sich Wundersames zugetragen hat oder Heilungen geschehen sind, wurden sie bald zum Ziel der Pilger. Zeitig in der Früh beginnt die Wallfahrt, schließlich ist der Weg weit, führt meist über das Leithagebirge oder zumindest in den Wald hinein. Die Pilger nehmen die Mühen auf sich, um zu sich selbst zu finden. Auf dem Weg werden Neuigkeiten ausgetauscht, es wird gescherzt, geplaudert, dazwischen auch bei Wegstöcken Andacht gehalten. Bis schließlich das Ziel vor Augen erscheint. Dann kehrt wieder Beschaulichkeit ein in die pilgernden Gruppen. Wie erfüllend ist der Moment, nach langem Marsch endlich angekommen zu sein, sich selbst und Gott ein Stück näher.

Rund um das Leithagebirge ist im Laufe der Jahrhunderte eine rege Pilgertradition entstanden. Der bekannteste Wallfahrtsort ist Loretto mit seiner Basilika, auch Mannersdorf erlebte vor der Josephinischen Klosteraufhebung regen Zustrom. Doch auch andere Ortschaften wurden durch wundersame Heilungen oder Begebenheiten zum Ziel von zahlreichen Gläubigen.

An die Marienstatue von Wimpassing sind gleich mehrere Legenden geknüpft. Die Bewohner hatten sie eines Tages im Bett der Leitha gefunden, sie war dort angespült worden. Als Geschenk Gottes wurde sie in einer neu erbauten Kapelle aufgestellt. Das ursprüngliche Bild verschwand in der Zeit der Reformation und wurde durch ein neues, die „Mater admirabila", ersetzt. Bald genoss auch diese den wunderbaren Ruf, vor allem bei Augenleiden zu helfen und so heißt die Quelle, die bei der Madonna sprudelt, auch „Augenbründl".

Links: Ein trauernder Engel kniet neben dem Karner auf dem Hornsteiner Friedhof.
Nächste Seite: Ein Lichtermeer erhellt die Kapelle der Schwarzen Madonna in Loretto.

Auch in Stotzing befindet sich ein wundersames Marienbild, das im 18. Jahrhundert zahlreiche Pilger anzog. Kranke und Verletzte eilten herbei und beteten um Genesung. In den Mirakelbüchern steht von „Krump und Lahmen", von Blinden, die wieder sehend wurden, von nachgewachsenen Zähnen und von der Wiederherstellung „von verfallene red" (Rede) – und das sogar „augenblicklich".

Der große Zustrom ist heute gebrochen. Die Seiten der Mirakelbücher bleiben leer. Jedoch die Wallfahrer aus Donnerskirchen, Schützen am Gebirge, Oslip, Purbach und St. Margarethen machen immer noch auf ihrem Weg nach Loretto hier Halt.

Weiter in Richtung Osten war bis zur Klosteraufhebung Mannersdorf mit dem Mannersdorfer Jesulein der nächste Wallfahrtsort, in Sommerein findet sich eine Marienkirche. Das Wallfahrtsziel in Bruckneudorf ist im Wald zu finden. Bis in unsere Zeit pilgern die Gläubigen aus den umliegenden Gemeinden zu Ostern und Pfingsten zur Spittelwaldkapelle, um zu der Mutter Gottes zu beten. Einen Pilgermarsch der besonderen Art stellt die „Wallfahrt der Kreaturen" dar, bei der die Menschen für sich und ihre vierbeinigen Begleiter den Segen der Gottesmutter erbitten.

So wie in Mannersdorf war auch in Großhöflein der Heiligen Radegundis, der Quellen- und Kinderpatronin, eine Kapelle geweiht. Im Laufe der Jahrhunderte war St. Radegundis jedoch aus der Mode geraten, die verfallene Kapelle wurde im 17. Jahrhundert neu errichtet und eine Marienstatue sollte die Quellenheilige ersetzen. Bald trug sich sodann die erste wundersame Heilung zu, deren Kunde sich rasch verbreitete und die oft mehrere hundert Menschen an einem Tag anzog. Paul Esterházy holte die Statue jedoch in die neu errichtete Gnadenkapelle nach Eisenstadt, womit die Großhöfleiner gar nicht einverstanden waren. Zwei Mal soll die Madonna im Geheimen nach Großhöflein zurückgekehrt sein, letztendlich blieb sie aber in Eisenstadt-Oberberg, wohin fortan Menschen aus zumindest 136 Ortschaften, aus Westungarn, Wien, Niederösterreich und der Steiermark,

kamen, um in diesem Meisterwerk der Kirchenbaukunst zur Mutter Gottes zu beten. Noch heute pilgern die Gläubigen hin. Wahrscheinlich auch aus Großhöflein, wo man sich schließlich mit dem folgenden Ausspruch tröstete: „Maria, aufs höchste entführt vom Bad, im Berg Calvari hilft sie mit ihrer Gnad".

Kirche zur Unbefleckten Empfängnis in Loretto

Die Geburtsstunde des Wallfahrtsortes Loretto wird mit dem Jahr 1644 datiert, seine Geschichte reicht aber noch weiter zurück. Die Erben von Johann Kanizsai hatten im ehemaligen Johannesgarten eine kleine Johannes-Kapelle bauen lassen, die dem ersten Türkensturm 1529 zum Opfer fiel. Rudolf von Stotzingen, späterer Besitzer der Herrschaft, fasste auf einer Italienreise den Plan, in seiner Heimat eine Nachbildung des „Heiligen Hauses von Nazareth" zu errichten. Der Legende nach entdeckte Rudolf von Stotzingen bei einer Treibjagd im Juli 1644 die Überreste jener Johannes-Kapelle und nahm dies als Zeichen, dort das Haus für sein Gnadenbildnis zu errichten. Bereits zu Mariä Geburt am 8. September konnte die Kapelle „im Beisein von etwa 4000 andächtigen Kirchenvätern" eingeweiht werden. Da schon bald von Wundern gesprochen wurde, kamen immer mehr Menschen und Rudolf betraute die Serviten mit dem neuen Gnadenort.

Im Jahr 1648 beanspruchte Graf Franz Nádasdy das Erbe der Kanizsai für sich und damit auch den Wallfahrtsort Loretto. Durch einen Ausgleich erhielt Nádasdy die Herrschaft und ließ das Kloster sowie die barocke Kirche errichten, welche 1659 im Beisein von 20.000 Gläubigen und des ungarischen Hochadels geweiht wurde – was muss das für ein Spektakel gewesen sein! Von überall her kamen die Prozessionen, das Kirchweihfest dauerte acht Tage, der Kardinal und nicht weniger als elf Bischöfe waren anwesend.

Als im Jahr 1683 die Osmanen gegen Wien zogen, verschonten sie auch Loretto nicht. Kirche und Kloster erlitten großen Schaden. Die Gnadenmutter wurde mitgenommen, gelangte aber schließlich in die Hände von Jan Sobiesky, der sie mit nach Polen nahm, von wo sie erst einige Jahre später wieder zurückkehrte.

Mit Paul Esterházy hatte Loretto einen gütigen Unterstützer gefunden, die Kirche erhielt ein neues Gesicht, ganz dem Geist des 18. Jahrhunderts entsprechend. 1720 konnte das neue Gotteshaus fertig gestellt werden.

So war es auch ein schwerer Schlag, als Kaiser Joseph II. 1787 nicht nur das Kloster aufhob, sondern auch Wallfahrten verbot. Das 70 Jahre zuvor mühsam wieder errichtete Gebäude war dem Verfall preisgegeben, die Einrichtung eines Militärspitals und später des zentralen Wolldepots der Familie Esterházy waren auch nicht unbedingt förderlich, um den Komplex zu retten. Erst Nikolaus Esterházy machte dem Ganzen im Jahr 1806 ein Ende, indem er Loretto, Wimpassing und Stotzing aus dem Religionsfonds auslöste. Waren 1704 noch mindestens 114 Prozessionen belegt, so konnte man 1864 nur mehr 42 zählen, rund 12.000 Menschen pro Jahr, die den Gnadenort besuchten.

Nach dem Ersten Weltkrieg wurde das Kloster als Anstalt für schwer erziehbare Kinder geführt, bevor noch einmal für kurze Zeit die Serviten zurückkehrten. In den 1960er Jahren übernahm die Kongregation der Oblaten der Jungfrau Maria das Kloster und betreut seither die Wallfahrer. Auch der Vatikan würdigte das kirchliche Kleinod am Leithagebirge, indem Papst Johannes Paul II. 1997 die „Kirche zur Unbefleckten Empfängnis" in Loretto zur Basilika Minor erhob.

Durch den Tiergarten zur Schwarzen Mutter Gottes

Der Höhepunkt im Wallfahrtsjahr in Loretto ist Mariä Himmelfahrt am 15. August. Rund um das Leithagebirge machen sich die Menschen schon früh morgens auf, um zu der Hauptmesse um zehn Uhr den Gnadenort zu erreichen.

Ein besonderes Privileg wird an diesem Tag den Wallfahrern aus Schützen zuteil. Denn das erste Stück ihres Weges führt sie durch den Esterházy'schen Tiergarten, der sonst nicht öffentlich zugänglich ist. Um fünf Uhr morgens gibt der Pfarrer vor der Kirche den Reisesegen. Es ist noch finster, wenn die Pilger durch den Ort ziehen. Während sie beten und singen, reihen sich immer mehr Menschen ein. Je nach Wetterlage sind es eine Handvoll oder aber über hundert. Sie passieren den Guten Hirten, das Tiergartentor, ziehen schließlich am Schlösschen Rendezvous vorbei. Bevor die andächtige Gruppe den Tiergarten verlässt, wird gegen sechs Uhr morgens eine Rast eingelegt. Dann führt der Weg weiter, die Steigung hinan in Richtung Stotzing. Nach einer weiteren Pause erreichen die Schützener gegen halb neun Loretto.

Dort haben sich mittlerweile auch schon viele andere Pilger eingefunden: Zwischen 15.000 und 20.000 Men-

Oben: Am höchsten Marienfeiertag, dem 15. August, ist die Basilika Loretto bis auf den letzten Platz gefüllt.

schen besuchen an diesem Tag den Ort, in starken Jahren wie 2011 wurden auch 40.000 gezählt. Sie kommen zu Fuß oder mit dem Auto. Fünf Gottesdienste und zwei Andachten werden abgehalten, die Basilika ist bis unter das Dach gefüllt – im wahrsten Sinne des Wortes.

In der Loretto-Kapelle blickt die Schwarze Gottesmutter auf ihre Kinder herab. Und auf ein Lichtermeer von hunderten Kerzen. Sie strahlen Wärme aus, erleuchten den schlichten Raum. Und ständig kommen neue Pilger, um ihre Gebete und stillen Wünsche darzubringen.

Rund um die Basilika herrscht reges Treiben. Mit einem großen Kirtag wird hier der Feiertag begangen, der Rummel vor der Kirche hat nichts mit der Stille des Morgens gemein, als die Wallfahrer ihre Pfarren verlassen haben. Schnell, bunt und laut geht es hier zu, an den rund 300 Marktständen. Süßes, Kleidsames oder Nützliches wird feilgeboten. Kochlöffel, Reiben oder Kannen finden sich hier gleich neben den Schaukeln, dem Ringelspiel und anderen Fahrgeschäften. Lebkuchenherzen

neben Gartenzwergen, Schals und Unterwäsche, dazu der Duft von gebratenen Würsten, Langos und Zuckerwatte. Einzig Engelsfiguren erinnern entfernt an den religiösen Charakter des Festes. Die Mühe der Wallfahrer wird jedenfalls belohnt. Ob mit Stille oder Konsum, das entscheidet jeder für sich selbst.

Noch zwei weitere Wallfahrtstage werden im September groß begangen: Mariä Geburt am 8. September und der dritte Sonntag im September, der traditionelle „Kroatensonntag".

Während in Loretto zu seiner Blütezeit in drei Sprachen gepredigt wurde (Deutsch, Ungarisch, Kroatisch), wurde dies nach der josephinischen Klosteraufhebung eingestellt – vor allem, weil nicht genügend Priester vorhanden waren. Die Kroaten wollten jedoch nicht auf ihre Wallfahrt verzichten und führten Anfang des 19. Jahrhunderts einen eignen Wallfahrtssonntag ein. Schon am Vorabend des Kroatensonntags ziehen die Gläubigen ein, mit Fahnen und Gesang. Nach dem Segen setzen sich

Oben: An Markttagen bekommt man in Loretto alles, was gut und praktisch ist.

die Pilger in Bewegung, um beim „Lichtlumgang" die Gnadenmutter um den Anger zu tragen. Früher war es noch Brauch, auch die Nacht in der Kirche zu verbringen, Rosenkranz betend und singend. Heute wird dies nur mehr von einer Handvoll älterer Frauen gepflegt.

Der Andrang auf Loretto ist aber ungebrochen, und so kommen jährlich wieder rund 200.000 Menschen, um zu der Gottesmutter zu beten.

Grüne Wüste

Zwischen Hof und Mannersdorf geht es rechts ab in die Wüste. Jedoch prägen hier nicht Dünen das Bild, sondern Wiesen, Wälder und rauschende Bächlein. Über einen Forstweg gelangt man erst zur verfallenen Klosterpforte, dann zu einer kleinen Brücke. Am Wegesrand grüßt der Heilige Nepomuk. Ein Brückenheiliger inmitten des Waldes. Durch eine schöne, alte Lindenallee

gelangt man schließlich an einen Ort, an dem die Uhren stehen geblieben sind. Ruhe, Muße, Kraft strahlt er aus, einzig die Bezeichnung „Wüste" irritiert. Ist alles doch so grün rundherum.

Der Name dieses Ortes geht vielleicht auf das griechische Wort „Eremos", also „Wüste", zurück, könnte seine Grundlage aber auch im altbairischen Wort „wiast" – Wiese – haben. Auf dieser Wiese weideten dereinst Schafe, der Wald um sie herum war holzreich, bei den Steinbrüchen in der Nähe befand sich ein Kalkofen. Ideale Bedingungen also für die Errichtung eines Klosters.

Eleonore von Mantua, die Witwe Kaiser Ferdinands II., legte 1644 den Grundstein für die Anlage und übergab den Grund an die Unbeschuhten Karmeliter, zehn Jahre später wurde das Kloster eingeweiht. Das Zentrum der Anlage bildete die Klosterkirche, um die 20 Mönchszellen gruppiert wurden. Dazu gehörten sieben Einsiedeleien, ein Obstgarten, ein Fischteich, ein Kalk-

180

Oben: Das Kloster St. Anna in der Mannersdorfer Wüste ist ein Ort kontemplativer Einkehr.

ofen und Steinbrüche, um die Anlage wurde eine 4,5 Kilometer lange Mauer gebaut.

Als besonderes Geschenk erhielten die Mannersdorfer Karmeliter von ihren Wiener Brüdern eine Kopie des Prager Jesukindes. Der Legende nach betete Prov. P. Alexander im Jahr 1747 zu dem Jesuskind. Das Kind soll darauf zu ihm gesprochen haben: „Ich werde diesen Ort allezeit beschützen", und segnend seine Hand empor genommen haben. Sie ist heute noch erhoben.

Welche Anziehungskraft die Statue hatte, davon zeugen die Gaben, die das Jesulein bekam: Eine spanische Edeldame, zur Kur in Mannersdorf, spendete ein kostbares Kleid aus Brokat, die Gräfin Esterházy fertigte selbst ein Kleidchen an und übergab ein vergoldetes, mit Edelsteinen besetztes Krönchen. Heute befindet sich das „Mannersdorfer Jesuskind" in der Karmeliten-Wallfahrtskirche „Maria mit dem geneigten Haupt" in Wien. Auch dem Kloster „St. Anna in der Wüste" setzte die

Josephinische Klosteraufhebung ein Ende: Zwar war Kaiser Joseph II. im Jahr 1782 noch selbst dort und sprach dem Prior sein Lob aus, dennoch schrieb das Dekret vom 1. September 1783 die Aufhebung des Klosters vor. Zwölf Mönche verließen die Wüste und zogen in das Bruderkloster nach Wien, welches erhalten blieb. Mit sich nahmen sie das Vermögen von St. Anna und auch die Statue des Jesuleins. Die Klosterkirche wurde entweiht, in ihren Räumlichkeiten zog ein Jäger ein, die Kirche wurde als Schüttkasten verwendet.

Einzelne Teile verfielen und wurden nicht wieder aufgebaut. Ein Schicksal, das im 20. Jahrhundert schließlich beinahe dem gesamten Komplex gedroht hätte. Rechtzeitig wurde jedoch damit begonnen, diesen Verfall zu stoppen und so ist rund um das Kloster auch heute noch die Zeit zu spüren, in der die Mönche ihre Obstgärten pflegten, im Fischteich Fische fingen oder einfach in Einsamkeit meditierten.

Bergauf und bergab

Vergnügen im Leithagebirge

In Wanderschuhen durch den Wald

Mit dem Aufschwung des Wandertourismus und der Gründung der Alpinen Vereine in den 60er Jahren des 19. Jahrhunderts erfolgte die touristische Erschließung der Alpen. Das Leithagebirge galt zu dieser Zeit eher als Außenseiter unter den Wanderzielen und in den „Meyers Reisebüchern" aus dem Jahr 1890 wurde sogar empfohlen, sich einen Führer zu nehmen, um sich nicht im Dickicht des Waldes zu verirren. Eine Wanderkarte aus dem Jahr 1922 zeigt jedoch schon markierte Wege in der Form, in der sie großteils heute noch erhalten sind. In einer späteren Broschüre des Landesverbandes für Fremdenverkehr im Burgenland heißt es: „Hier kann man tagelang herumstreifen, ohne auf menschliche Wohnungen zu stoßen; aber auch stets in kurzer Zeit hinabsteigen zu einer der schmucken Ortschaften, die den Saum des Gebirges umlagern. [...] Und überall, wo man am Bergabhang aus dem Walde hervortritt und gegen Süden schaut, blickt das Auge über Weingärten und Felder hinweg auf einen weithin, sich dehnenden, fast unwirklich scheinenden Wasserspiegel, den Neusiedler See."

Heute hat sich das Leithagebirge zu einem attraktiven Wandergebiet gemausert – und gilt noch immer als Geheimtipp. Höhlen, Marterl, Gräben, Bründl, Aussichtspunkte oder versteckte Lichtungen inmitten eines von Eichen und Buchen geprägten Waldes erwarten den Wanderer. Von Hainburg über Neusiedl am See kommend führt der Zentralalpenweg 902 durch die Ortschaften Jois und Winden nach Breitenbrunn, wo er den Wanderer schließlich über das Naturschutzgebiet Thenauriegel in den Wald bringt. In rund acht Stunden Gehzeit gelangt man entlang des Bergkammes, so man dem „Null Zwarer" folgt, von Breitenbrunn bis Großhöflein, wo der Pfad schließlich in Richtung Rosalia

Links: Bikepark in Eisenstadt. Für Mountainbiker gibt es im Leithagebirge ein markiertes Wegnetz mit anspruchsvollen Routen.

abbiegt, durch die Bucklige Welt und dann die Niederen und Hohen Tauern durchquert, an den Zillertaler Alpen und der Silvretta vorbei schließlich nach etwa 1100 Kilometern in Feldkirch endet.

Wir bleiben jedoch im Leithagebirge, das selbst eine Vielzahl an Wandermöglichkeiten bietet. 1100 Kilometer werden es wohl nicht werden auf dem rund 35 Kilometer langen Gebirgszug, aber die Natur gibt Einblicke in eine Tier- und Pflanzenwelt, die sonst in mediterranen Gebieten oder den Steppen Asiens vorkommt. Winden, Jois, Breitenbrunn, Purbach und Donnerskirchen sind durch einen Panoramawanderweg verbunden. Den Reiz dieses Weges macht der Kontrast aus: Das Leithagebirge auf der einen, der Neusiedler See auf der anderen Seite prägen die Landschaft. Vorbei an Naturschutzgebieten, Zieselkolonien, blühenden Kirschbäumen oder verfärbten Weingärten zeigt sich die Gegend stets in neuem Kleid. An den Naturpark Neusiedler See/Leithagebirge schließt auf der nördlichen Seite der Naturpark Mannersdorfer Wüste an, den man von Purbach in rund 2 ½ Stunden erreicht. Historische Überraschungen wie die Ruine Scharfeneck auf dem Schlossberg (347 Meter), eine Eremitage samt Fischteich und das ehemalige St. Anna-Kloster machen eine Wanderung durch die Wüste zu einem Erlebnis schon für die Kleinsten – und wenn man in der Wüste über den Jordan geht, dann kommt man von dort auch wieder zurück.

Von Mannersdorf aus oder von der „See-Seite" gelangt man zu der ältesten der vier Aussichtswarten im Leithagebirge. Eine alte Eiche im Gemeindegebiet von Hof am Leithagebirge war 1793 Ziel einer Ausflugsfahrt von Kaiser Franz II. Ob der Baum damals schon den Namen „Kaisereiche" erhielt, ist ungewiss. Im Jahr 1839 kam er jedoch erneut zu kaiserlichen Ehren. Diesmal war es Kaiser Ferdinand I., der hier Rast machte, um auf einer eigens für ihn errichteten Plattform die Fernsicht über sein Reich zu genießen. Diese Eiche wurde vermutlich Anfang des 20. Jahrhunderts durch eine neue ersetzt, der Name „Kaisereiche" blieb. Zum 40. Regierungsjubiläum von Kaiser Franz Joseph I. im Jahr 1888 wurde neben der Eiche eine Aussichtswarte errichtet, welche bis heute erhalten ist. Der Namensgeber selbst war jedoch nie zu Gast, um das Panorama zu genießen.

Von der Kaisereiche erreicht man nach ca. zwei Stunden Gehzeit den Buchkogel. Doch bevor man den Anstieg auf den 443 Meter hohen Berg nimmt, sollte man unbedingt noch in der „Waldrast zum Wilder Jäger" einkehren. Das ehemalige Esterházy'sche Jagdhaus wird von Mai bis Oktober bewirtschaftet. Auf einer Wiese vor dem Haus genießt man kleine Schmankerl. Ein Blick ins Innere lässt erahnen, welch muntere Stunden die Jäger hier einst verbracht haben – wobei sie sich sicherlich auch den einen oder anderen Bären aufgebunden haben.

Weiter also auf den Buchkogel. Obwohl die Eisenstädter die Buchkogelwarte als „ihre" Warte betrachten, steht sie nicht auf Eisenstädter Hotter, sondern im Gemeindegebiet von Stotzing. Errichtet wurde sie aber von der Sektion Eisenstadt des Österreichischen Touristenklubs. Zwei Vorläufer des heutigen Turms hatten keinen Bestand, 1993 wurde der Grundstein zu der heutigen Konstruktion gelegt. 21 Tage wurde gearbeitet, in 500 Stunden wurden von 17 Personen 1400 Schrauben und etwa 40qm Gitterroste zusammengebaut. Das stählerne Resultat: acht Tonnen schwer, zwölf Meter hoch – und hoffentlich von langem Bestehen. Oben bietet sich ein atemberaubendes 360° Panorama. Windräder in der Ferne, die Vorstädte von Bratislava und Wien, der Schneeberg, die Rosalia – und wieder einmal der See. Reißt man sich von dem Ausblick los, so führt der Weitwanderweg weiter nach Westen, lässt Eisenstadt links liegen – wobei sich hier ein Abstecher zu der im Herbst 2012 neu errichteten Gloriettewarte lohnt. Doch das Besteigen dieser Warte kombiniert man am besten mit einem Spaziergang auf dem Walderlebnispfad und schließt ihn mit einem Besuch im ehemaligen Jagdschloss „Marientempel", in dem das Restaurant „Gloriette" eingerichtet ist, ab.

Marterl und alte Grenzsteine säumen den Weg. Unweigerlich kommt man zum „Juden", einer uralten, mittlerweile umgestürzten Linde, die, so habe ich es wo gelesen, auch als der „Praterstern des Leithagebirges" bezeichnet wird. Ihren Namen trägt sie nach einem alten Juden, der einst bei seiner Überquerung des Leithagebirges hier erfroren sein soll. Gefunden wurde er im Sitzen, angelehnt an eben jenen Baum. Der Weitwanderweg biegt hier nach Großhöflein ab, ein anderer Weg leitet weiter auf den Sonnenberg, wo auf 484 Metern ein weiterer Aussichtsturm steht. Enge, steile Stufen führen nach oben. Bei

jedem Schritt scheint der Turm zu schwanken. Das wagemutige Abenteuer wird mit einer Aussicht auf die westlichen Ausläufer des Leithagebirges belohnt. Von hier aus kann nach Hornstein oder Wimpassing abgestiegen werden, hinab in jene Ebene, in der die Leitha fließt.

Auf der Pirsch

Lebensgrundlage – Opferbringung – Zeitvertreib und schließlich ökologische Maßnahme. Die Intention zu jagen hat sich im Laufe der Jahrtausende gewandelt. Erste Spuren der Jagd im Leithagebirge finden sich in Bruckneudorf aus einer Zeit, in der die Jagd den Menschen die Lebensgrundlage lieferte. Nachdem ein Tier erlegt war, wurden all seine Teile verwertet, Fleisch, Knochen und Fell.

Später wurde die Jagd zum Privileg der Herrschenden, war für sie nicht mehr Mittel zum Überleben, sondern körperliche Ertüchtigung ebenso wie ein gesellschaftliches Ereignis. Dem Landesherrn oblag ab dem 12./13. Jahrhundert das Jagdregal, der Adel nahm von diesem Recht gerne Gebrauch. Zur Zerstreuung, zum Zeitvertreib, als Symbol der höfischen Kultur und adeligen Lebensführung.

Neben dem Adel war die Jagd im Leithagebirge noch einzelnen Bürgern oder Bauern erlaubt. Meist waren es Ratsbürger, denen das Privileg zuteil wurde. Manch einer nahm sich jedoch das Recht zur Jagd auch selbst heraus, aus Lust am Jagen, als Auflehnung gegen die Obrigkeit oder einfach aus purer Not, um nicht zu verhungern. Mit Wilderern wurde scharf ins Gericht gegangen. Wurde jemand im Wald mit einem Messer oder einer Flinte erwischt, so hatte er mit einer Geldstrafe zu rechnen, mit einigen Tagen Freiheitsentzug im Kotter oder sogar mit dem Tod.

Mit der Beseitigung des adeligen Jagdprivilegs 1848/1849 und der darauf folgenden gesetzlichen Verankerung des neuen Jagdrechtes ging die Zeit der prunkvollen Adelsjagden langsam zu Ende. Gleichzeitig traten um 1900 auch erstmals ethische Debatten um die Jagd auf, die bis heute andauern.

Die Jagd im Leithagebirge liegt heute in verschiedenen Händen. Zum einen sind hier die Grundbesitzer, die das Recht haben, zu jagen – vorausgesetzt sie verfügen über mindestens 300 Hektar zusammenhängende Waldfläche wie die Esterházy Forstbetriebe, die Heeresforste und die Bundesforste. Um die vorgeschriebenen

Oben: Die Wanderwege im Leithagebirge sind gut beschildert, wenngleich die Schilder manchmal von den Bäumen gefressen werden.

Unten: Waldkämpfer.

Nächste Seite: Jäger beim morgendlichen Rundgang bei der „Saugrabenlacke" bei Donnerskirchen.

Oben: Der Esterházy'sche Tiergarten in Schützen wird seit seiner Gründung als Wildgarten genützt –
das macht ihn in Europa einzigartig.

Abschusspläne zu erfüllen, werden die Jagden als Pacht-
jagden oder in Form von Abschussverträgen an die Jäger
vergeben. Besitzer kleinerer Waldgrundstücke treten
ihre Rechte an einen Jagdausschuss ab, der dann das
Jagdrecht verpachtet. Die Pacht wird auf alle Grund-
stückseigentümer herunter gebrochen und ausbezahlt
oder aber investiert, etwa in Güterwege, sodass sie allen
zugute kommt. Auch die Urbarialgemeinden verpach-
ten das Jagdrecht.

Gejagt, wird, was Saison hat. Ab April beginnt die
Rehjagd und ab erstem Mai darf man sich über den
Maibock freuen. Von Juni bis Ende Jänner werden auch
Wildschweine und Rotwild gejagt. Das Federwild wie
Fasane hat vom Spätherbst bis in den frühen Winter
Saison. Im späten Winter, von Ende Jänner bis März, ist
für alle Ruhezeit. Die Muttertiere tragen jetzt ihre Jun-
gen aus, die Tiere werden nicht unnötig herumgetrieben.
Mit dem Frühjahr setzt dann auch wieder die Jagdsaison
ein, der Kreislauf beginnt von neuem.

Als Schalenwild tritt im Leithagebirge Reh-, Rot-,
Schwarz- und Muffelwild auf, das Niederwild, Hasen,
Fasane und Rebhühner, lebt vor allem an den Waldrän-
dern und in den umliegenden Feldern. Wie oft passiert
es bei einem Spaziergang am Waldesrand, dass man einen
im Baum schlafenden Fasan aufschreckt, der ein empör-
tes „Gö-Göck" ausstößt und rasch davon fliegt. Oder
aber, dass plötzlich ein Rascheln ertönt, ein Grunzen und
man schließlich das Gefühl hat, der Waldboden würde
unter den Hufen der flüchtenden Wildschweine zittern.
Eine Wildschweinrotte flößt Respekt ein, zumal die
Bachen auch im Ruf stehen, ihre Frischlinge mit Leibes-
kräften zu verteidigen. Zwar auch wehrhaft, aber doch
eher scheu geben sich die Rehe. Sie sind gute Verstecker
und lassen die Spaziergänger gerne passieren, ohne sich
selbst zu zeigen. Selten anzutreffen sind die zwei Muffel-
wildkolonien im Leithagebirge. Hat man jedoch das
Glück, dann ist es schon ein Schauspiel, denn wenn einer
erst mal loslegt, dann rennen alle hinten nach.

Das Ziel der Jägerschaft ist es, diese Bestände ausgewogen zu halten. Abschusspläne und eine nachhaltige Jagd sollen gewährleisten, dass keine Art Überhand nimmt. Im „Hegering III Bezirk Eisenstadt", der das Leithagebirge von Leithaprodersdorf bis Breitenbrunn sowie seine Ausläufer umfasst, sind rund 140 Jagdnehmer im Einsatz, dies sind vor allem Jagdpächter sowie Eigenjagdberechtigte. 2011 wurden hier 79 Stück Rotwild, 907 Stück Rehwild, 88 Stück Muffelwild und 607 Stück Schwarzwild geschossen. Auf den 1.126 Hektar großen Waldflächen der Bundesforste, die an drei Jagdgesellschaften verpachtet sind, werden im Mittel 90 Stück Rehwild, fünf bis zehn Stück Rotwild, 100 Stück Schwarzwild und zehn Füchse erlegt. Die Jagd in Jois umfasst 1.364 Hektar und wird von der Jagdgesellschaft Jois bejagt. Ihre Zahlen zeigen die Entwicklung der Abschüsse im Leithagebirge exemplarisch auf: 1970 wurde der Abschuss von einem Stück Rotwild, 20 Stück Rehwild und fünf Stück Schwarzwild verzeichnet. In den 1980er Jahren haben sich diese Abschusszahlen verdoppelt bis verdreifacht, 2005 konnten sieben bis zehn Abschüsse bei Rotwild, 60 bis 70 bei Rehwild und 30 bis 40 bei Schwarzwild verzeichnet werden. Abgenommen hat hingegen die Zahl des erlegten Niederwildes. Waren es 1970 noch 250 bis 400 Hasen und an die 200 Fasane, wurden 2005 zwischen 100 und 150 Hasen und 20 bis 40 Fasane erlegt. Das Kaninchen scheint aus den Beständen verschwunden.

Heute gilt die Jagd als ökologische Maßnahme. Ihr Ziel ist es, Wildbestände zu erhalten und Ausgewogenheit zu gewährleisten. Ohne ihr Zutun wären Bestände überhöht, Seuchen würden nicht entsprechend eingedämmt, robustere Arten wie die Wildschweine würden überleben, andere verdrängt werden. Die Jäger sorgen dafür, dass die Tierbestände sinnvoll bewirtschaftet werden und liefern so auch ein wertvolles Lebensmittel: frisches Fleisch aus der unberührten Natur.

Fürstliche Jagdfreuden

Bei Schützen am Gebirge scheint der Wald des Leithagebirges aus seiner Linie auszubrechen. Bis in die Ebene zieht er sich hier, wie eine Zunge ragt er in die Felder und Weingärten hinein. Umgeben ist er von einer Mauer. Bis zu drei Metern ist sie hoch, mehr als 30 Kilometer lang. Stein auf Stein ist geschlichtet, manchmal ist sie jedoch schon brüchig geworden. Vereinzelt geben Löcher in der Mauer einen Einblick auf das, was sich dahinter verbirgt. Bäume, nichts als Bäume findet das Auge, vielleicht auch eine Wildschweinkuhle oder ein scheues Reh. Im Wald tummeln sich die Tiere, freilich dem Betrachter von außen verborgen. Prachtvolle Jagden wurden hier abgehalten, rauschende Feste gefeiert.

Fürst Paul Anton II. Esterházy hatte 1751 die Planung des Tiergartens beauftragt. Vorbild waren die französischen Wildgärten. Um die zusammenhängende Fläche zu erhalten, wurde mit den Gemeinden St. Georgen, Oslip, Schützen und Donnerskirchen Grund getauscht, die Bauern erhielten an anderer Stelle eine dreifache Grundentschädigung. 1755 wurde mit dem Bau der Umfriedung begonnen, rund zehn Jahre später war die Mauer mit darauf aufgesetzten Holzpfeilern fertig gestellt, doch sie sollte in dieser Form nur wenige Jahre bestehen. Zu aufwändig waren die Reparaturen, zu kostspielig die Instandhaltung und so ließ Fürst Nikolaus I. Esterházy eine Mauer ganz aus Stein um den Tiergarten errichten. Steine hatte man zuhauf, man brach sie in zwei Steinbrüchen im Tiergarten, beim Stotzinger Tor wurde ein Kalkofen errichtet.

Innerhalb der Mauer entstand ein prachtvoller Wildgarten mit rechtwinkelig angelegten Alleen, einem Schildkrötenteich, Forellen- und Krebsteichen, Försterhäusern an den acht Toren und einem Jagdschlösschen, das fortan den klingenden Namen „Rendezvous" tragen sollte.

Maria Theresia gab sich hier gerne ein Stelldichein, wenn sie im Leithagebirge jagte. Von Mannersdorf kommend bildete der Tiergarten stets den Rahmen für einen glanzvollen Abschluss der Jagd. Auch Kaiser Franz Joseph, der, wie auch die meisten seiner Vorgänger, freundschaftliche Beziehungen zu der Familie Esterházy pflegte, nahm hier an einer Jagd teil, noch heute erinnert die Kaisereiche an der Hauptallee an seinen Besuch 1855.

Die Jagden wurden – nicht nur ob der hochadeligen Teilnehmer – als königlich gerühmt. Gottlieb August Wimmer schrieb 1840: „Zur großen Jagd dient das ungeheure Wildgehege, wozu der ganze Berg mehrere Stunden weit gehört, in welchem sich auch Remisen für Jagd und Einfall, wie auch die Fasanengärten mit ihren Aufzügen, befinden". Niederwildgehege fanden sich also ebenso wie Reh- und Saugatter. Vor allem im 19. Jahrhundert hatte das Damwild eine vorrangige Stellung eingenommen – auch Franz Joseph soll bei seinem Besuch einen Damhirsch erlegt haben. An die 300 Stück Damwild zählte man vor dem Zweiten Weltkrieg, während des Krieges sollen es gar 700 bis 800 gewesen sein.

Der Krieg hatte auch den Tiergarten in Mitleidenschaft gezogen. Die Mauer wies zahlreiche Löcher auf, sodass die Tiere hinein und auch wieder hinaus gelangten. Erst 1958 wurde sie soweit geschlossen, dass mit einer kontrollierten Aufhege begonnen werden konnte. Weit länger musste das im 20. Jahrhundert verfallene Schloss Rendezvous darauf warten, wieder wach geküsst zu werden. Vor einigen Jahren jedoch ist es aus seinem Dornröschenschlaf geweckt worden. Es wurde aufwändig renoviert und ist heute verpachtet.

Dass der Tiergarten seit seiner Gründung durchgehend als Wildgarten genützt wird, macht ihn einzigartig in Europa. Seine Trophäen sind begehrt, die Jagden international bekannt. Obwohl die Fläche des Reviers Tiergarten mit 1.200 Hektar nur rund drei Prozent des bejagbaren Esterházy-Waldes ausmacht, wurden hier mit 451 Stück erlegtem Schalenwild im Jahr 2007 mehr als zehn Prozent der gesamten Schalenwildstrecke auf Esterházy'schem Jagdgebiet erlegt: 319 Stück Schwarzwild, 71 Stück Rotwild, neun Stück Rehwild, 14 Stück Muffelwild und 38 Stück Damwild. Insgesamt kam man damit auf ein Gesamtgewicht von 17.378 Kilogramm Wildbret allein in diesem Revier.

Auch für Außenstehende hat der Tiergarten nach wie vor eine große Anziehungskraft. Eine Wanderung entlang der Mauer ist stets auch mit sehnsüchtigen Blicken verbunden auf das, was dahinter liegt.

Wintersport im Kleinformat

Kaum deckt der Schnee das Leithagebirge mit einer weißen Decke zu, schon entwickelt sich ein ganz eigenes Leben im Wald. Ruhig ist es dann, der Schnee scheint jeglichen Lärm zu schlucken, alles hat sich verändert. Wenn viel Schnee fällt, dann biegen sich die Bäumchen, die die Wege säumen, einem Tunnel gleich. Die Lichtungen verschwinden unter einem weißen Teppich, die Wege füllen sich mit Schnee.

Schon früh morgens findet man dann im Wald die ersten Spuren. Das Wild hinterlässt seine Tritte in der Schneedecke, so wie die Vögel und Eichkätzchen. Bald sind auch erste Linien gezogen. Immer zwei nebeneinander. Daneben in regelmäßigen Abständen ein Loch. Noch bevor die ersten Spaziergänger den Winterwald genießen, machen sich die Langläufer auf den Weg. Ziehen ihre eigene Loipe oder folgen der gezogenen Spur. So mutiert das Leithagebirge bei Schnee zum Wintersportplatz. Lautlos gleiten die Langläufer auf ihren Schiern durch den weißen Wald. Einzig ihr Schnaufen durchbricht die Stille, denn die Strecken sind abwechslungsreich und herausfordernd.

Später kommen dann die Spaziergänger dazu. Die freuen sich, wenn der Schnee schon bearbeitet ist, wenn sie nicht selbst erst den Weg ebnen müssen. Die Langläufer hingegen freut es nicht so sehr, wenn ihre mühsam gezogene Spur zertreten wird, doch sind auch sie nur Wegbenützer und müssen sich so mit den anderen Waldbesuchern arrangieren.

Klare Regeln gibt es hingegen in Mannersdorf, und die kennen sowohl Langläufer als auch Spaziergänger. Die Loipe gehört den Langläufern, die Wanderer bleiben auf den Spazierwegen. Sobald es die Schneelage zulässt, werden die Spuren mit einem professionellen Gerät gezogen, die drei Strecken umfassen zwischen 9,8 und 14 Kilometer und sind, wie beim Schi fahren, in die Schwierigkeitsgrade blau, rot und schwarz gegliedert.

Für Schifahrer hat Mannersdorf zwar keine drei Schwierigkeitsstufen parat, dafür aber einen Schilift, sogar mit Flutlichtanlage und zünftiger Hüttengaudi. Damit sich Schifahrer, Bobfahrer und Rodler nicht in die Quere kommen, gibt es auch eine eigene Rodel- und Bobbahn.

Sobald also der erste Schnee gefallen ist, sind alle auf den Beinen, das Gewusel auf der Piste gibt wohl ein ungewohntes Bild im Leithagebirge ab. Und doch hätte es nicht die einzige Piste sein müssen. Denn auch in St. Georgen gab es 1970 Bemühungen, eine Schipiste zu errichten. Georg Hahnekamp, Bürgermeister von St. Georgen, gab seinen Bürgern 1970 in einer Postwurfsendung die Eingemeindung St. Georgens in Eisenstadt bekannt und zählte dabei seine Verdienste auf. Als vorletzten Punkt führte er an: „Wenn uns ein radikaler Winter die Arbeit nicht einstellt, wird unsere Jugend, vorausgesetzt, dass […] Schnee fällt, auf einer Schipiste am Florianiberg Schi fahren können. Auch eine Rodelbahn für die Kleinen soll entstehen." Doch leider machte Petrus den St. Georgenern einen Strich durch die Rechnung. Obwohl die Piste schon angelegt war geriet sie in den folgenden schneearmen Wintern in Vergessenheit.

Somit genießen die Mannersdorfer mit ihrer Schiwiese und ihrer Loipe weiterhin eine Ausnahmestellung. Allen anderen Gemeinden bleiben da höchstens ihre Rodelwiesen oder vielleicht ein Teich, auf dem sie Eis laufen können. Vorausgesetzt, der Winter lässt es zu.

Oben: Auf 442 Metern gibt die zwölf Meter hohe Buchkogelwarte einen Überblick über das Leithagebirge und die umliegende Landschaft.

Unten: Schitag in Mannersdorf.

Holzbringung und Steinbrechen

Das Leithagebirge als Arbeitsplatz

Vom Fällen und Schlägern

Die Waldarbeit gehört zum Leithagebirge wie die Arbeit in den Weinbergen oder auf den Feldern. Holz wurde immer gebraucht: zum Heizen wie zum Kochen, zum Anfeuern der Kalköfen wie zum Backen des täglichen Brotes, als Bauholz und für verschiedene Güter des Alltags. Der Wald war meist in herrschaftlichem Besitz, die Rechte der Bevölkerung, Holz für den Eigenbedarf zu entnehmen, waren streng geregelt und in einem „Urbar" genannten Verzeichnis eingetragen. Der ärmeren Bevölkerung wurde zudem erlaubt, Klaubholz zu sammeln – dafür war eine Bestätigung des Dorfrichters notwendig, der die Bedürftigkeit der jeweiligen Familie unterschrieb. So war der Wald stets „aufgeräumt", jedes Ästchen wurde verwertet. Selbst das herabgefallene Laub fand als Einstreu in den Ställen Verwendung – nicht unbedingt mit Zustimmung der Herrschaft, denn das Laub ist für die Humusbildung notwendig. Auch das Weiden von Schafen, Ziegen und Böcken im Wald wurde großteils nicht geduldet, Großvieh musste beaufsichtigt werden.

In wenigen Orten wie St. Georgen oder Eisenstadt standen die Wälder in direktem Grundbesitz der Bauern selbst, in den meisten Gemeinden besaßen sie hingegen einen zugewiesenen Urbarialwald. Mit dem Jahr 1848 sollte sich hier in den Besitzverhältnissen einiges ändern. Über Jahrhunderte galten die Bauern als Untertanen, mussten Teile ihres Ertrages an ihre Herrschaft abliefern. Mit der Proklamation vom 2. Dezember 1848 ging nun der von den Bauern genützte Wald in ihr Eigentum über – verbunden mit einer Entschädigung für die bisherigen Grundherren. Meist betrug diese zwei Drittel des Wertes, für die Bauern ein nicht unerheblicher Betrag. Wer es sich leisten konnte, kaufte von jenen auf, die diese Ablöse nicht bezahlen konnten. Weide und Wald ließen sich freilich nicht so leicht teilen wie Wiesen und Äcker. Hier-

Links: Baumstämme beim Holzlager.

für wurde also ein anderes System gefunden, das bis heute praktiziert wird: Vom grundherrschaftlichen Wald wurde so viel Grund abgetrennt, dass er den Bauern bei nachhaltiger Bewirtschaftung die gleiche jährliche Holzmenge gewähren würde. Bis heute befinden sich diese Flächen in Urbarialbesitz, verwaltet werden sie von der Urbarialgemeinde. Sie erstellt einen Waldwirtschaftsplan, der festlegt, wann wo abgeholzt, aus- oder aufgeforstet wird. Bei Wanderungen durch das Leithagebirge sind oftmals Zahlen an den Bäumen zu beobachten. Meist sind das die Markierungen, die den Losbesitzern anzeigen, wo sich ihr Anteil befindet, aus dem sie in diesem Jahr das Holz entnehmen dürfen. Auch werden jene Bäume gekennzeichnet, die als Samenbäume stehen bleiben sollen um so den Fortbestand des Waldes zu sichern.

Was von den herrschaftlichen Wäldern nicht an die Bauern abgegeben werden musste, das gehörte weiterhin der Herrschaft. Heute befinden sich weite Teile des Leithagebirges im Besitz der Esterházy Betriebe. Die Wälder der ehemaligen Herrschaft Scharfeneck, die über Jahrhunderte den Habsburgern gehörten, gingen in den Besitz der Bundesforste über und teilweise auch in den der Gemeinden, auch die Besitzungen der Zisterzienser in Kaisersteinbruch sind heute in staatlichem Besitz, nachdem die Mönche diese 1912 an das k.k. Kriegsministerium verkauft hatten. Dieser Grund ist heute Teil des Truppenübungsplatzes Bruckneudorf. Die etwa 3.000 Hektar Wald auf dem insgesamt 5.000 Hektar umfassenden Gebiet werden von der Heeresverwaltung in Bruckneudorf forstlich betreut, die eine jährliche Einschlagmenge von 15.000 Festmeter Holz angibt. Die Bundesforste bewirtschaften im Leithagebirge 1.126 Hektar Wald, woraus sie jährlich im Schnitt 4.000 Festmeter Holz gewinnen.

Wie viele Arbeiten in der Natur war auch die Waldarbeit mit Mühsal und Gefahr verbunden. Früher wurde alles von Hand verrichtet: das Sägen, das Hacken und Spalten, das Aufladen des Holzes. Das Holz wurde mit Karren in die Ortschaften gebracht, auf immer gleichen Pfaden rumpelten sie hangabwärts. Das Gewicht der

Oben: Vieles wird heute von Maschinen erledigt, trotzdem erfordert die Waldarbeit immer noch Manneskraft.

Fuhre drückte in die Erde, so haben sich über Jahrhundert Hohlwege gebildet. Immer tiefer gruben sich die Wege, der Regen wusch sie zusätzlich aus. Die Bäume am Rand scheinen mit ihren Wurzeln die Erde festzuhalten, oder krallen sie sich selbst am Rande fest? Im Herbst füllen sich die Rinnen mit Laub, erzeugen für den Wanderer ein angenehmes Rascheln. Für jene, die ihre Holzfuhre nach Hause bringen, birgt das jedoch immer noch Gefahren: Schnell kommt ein Wagen auf dem glitschigen Laub ins Rutschen, auch wenn die Reifen der Traktoren heute besser greifen als die Wagenräder von einst.

Über Jahrhunderte wurde der Wald vorwiegend niederwaldartig bewirtschaftet, das Holz wurde als Brennholz verwendet, auch für die Erzeugung der Weinfässer – in fast jedem Ort gab es früher Fassbinder. Die Wälder des Leithagebirges deckten nicht nur den Holzbedarf der umliegenden Gemeinden, es wurde auch verkauft, beispielsweise nach Baden. Heute wird hauptsächlich Brennholz gewonnen, lediglich zehn Prozent werden für Möbel und Fußböden verwendet.

Auffallend sind, bei einem Blick auf die Wanderkarten oder auch bei einer Wanderung selbst, die großen Alleen, die künstlich in den Wald geschlagen wurden und die meist schnurgerade weiter führen, wie auf dem Reißbrett angelegt. Meist sind sie rund um den Kamm des Gebirges vorzufinden, während die Wälder zu den Orten hin ein weniger geometrisches Wegenetz aufweisen. Die Alleen waren aus Brandschutzgründen angelegt worden. Fing der Wald in trockenen Jahren Feuer, so hoffte man, durch diese Maßnahme ein Übergreifen auf weitere Teile zu verhindern. In den Wäldern der Esterházy-Betriebe sind sie beispielsweise noch heute so erhalten und finden als Forstwege Verwendung, in den Urbarialwäldern wurde diese Form der Brandverhütung nicht übernommen.

Während der Wald in Großgrund- und Urbarialbesitz ständig bearbeitet und gepflegt wird, verfallen viele Grundstücke privater Waldbesitzer zusehends. Es fehlt das Wissen um die Waldarbeit, es fehlen die Maschinen, um die Bäume zu schneiden und aus dem Wald zu bringen. Oft sind auf den, über Generationen weiter gegebenen, Grundstücken, mehrere Besitzer angeschrieben, die es zu keiner Einigung bringen, wie der gemeinsame Besitz bearbeitet werden soll. Für den Wald ist dies ein großer Schaden. Haben sich erst einmal Schädlinge wie der Borkenkäfer in ausgetrockneten, morschen Ästen breit gemacht, vermehren sie sich rasch. Schwer ist es, hier die Interessen unter einen Hut zu bringen.

Der Wald aber hätte sich die Bewirtschaftung verdient, die ihm seit Jahrhunderten gut tut. Dies ist freilich mit viel Arbeit verbunden: Nach 20 bis 30 Jahren erfolgt die Erstdurchforstung. Sie ist weder wirtschaftlich noch genetisch interessant, doch bildet sie die Grundlage dafür, dass wertvollere Bäume, wie zum Beispiel die Eichen, sich durchsetzen können. Vereinzelt ragen diese dann aus einer Lichtung empor, als Samenbäume, deren Früchte dafür sorgen, dass neuer Wald entsteht. Dazwischen wächst Gras, blühen Blumen und Sträucher. In einigen Jahren werden diese wieder verschwunden sein, werden einer anderen Vegetation weichen, wenn das Laubdach die ausgeholzte Fläche überdeckt. So ist der Wald einem ständigen Wandel unterworfen. Er verändert sich über die Jahreszeiten, er verändert sich über die Jahre. Er liefert uns Brennstoff, er liefert uns Sauerstoff. So gesehen ist der Wald das Herz dieses Landstrichs. Er ist Lebensraum, er ist Erholungsraum. Er ist und war aber auch über Jahrhunderte wichtiger Arbeitsplatz.

Kreidestaub und Kalkstein

Historischer Abbau

Über Jahrhunderte war der Stein von Hand abgebaut worden. Als Vorarbeit wurde eine Schräme, ein schmaler Schlitz, in den Stein geschlagen, so konnten dann große Stücke heraus gebrochen werden. Der Zweispitz, mit dem der Schlitz geschlagen wurde, hinterließ seine Spuren, die noch heute, selbst in aufgelassenen Steinbrüchen, wie etwa in Breitenbrunn, zu sehen sind. In der Kürschnergrube in Eisenstadt sind auch die Schrämen noch erhalten. Dort liegt ein Block, 27 Meter lang, vier Meter hoch und 60 Zentimeter breit. Fast scheint es,

dass der Steinbruch plötzlich verlassen wurde, die Arbeit nicht beendet. Uns zeigt es heute, welch eine Mühe es erforderte, Steinblöcke aus dem Fels zu brechen, wie viel Kraft, aber auch welche Gefahr es barg. Immer wieder geschah es, dass ein Arbeiter verletzt wurde oder sogar zu Tode kam.

Während der Stein, der zu Kalk gebrannt werden sollte, mit Schwarzpulver abgesprengt wurde, hielt man beim für den Bau bestimmten Stein an der traditionellen Methode des Schrämens fest. Sprengen wäre ihm nicht gut bekommen, denn das hätte zu feinen Haarrissen geführt, die ihn später durch Auffrieren zerstört hätten. Trotzdem gab es im Laufe der Zeit auch Neuerungen beim Abbau, etwa die Mannersdorfer Steinsäge, die sich durch die gleichmäßige Zugabe von Wasser und Quarzsand und das regelmäßige Ziehen langsam in den Stein hinein grub.

Mit Hebemechanismen wie der Steinzange wurde der gebrochene Stein schließlich auf Pferdewägen in Blöcken zu seinem Bestimmungsort gebracht, etwa schon um das Jahr 1400 nach Wien zum Bau des Stephansdomes. Verrechnet wurde der Block, der Preis für das Brechen war stets gleich, unabhängig von der Größe. Variabel hingegen war der Tarif des Transportes, der sich wahrscheinlich nach dem Gewicht richtete. Nicht der Stein oder das Brechen war das Teure daran, sondern die Fuhre, denn die Frachtkosten nach Wien betrugen bis zum Dreifachen der Bruchkosten, wie die Kirchenmeisteramtsrechnungen zwischen 1407 und 1476 bezeugen.

Nach dem Dombau erlebte der Leithaberg-Kalkstein im Barock und später noch einmal zur Zeit des Ringstraßenbaus einen Höhepunkt. Auch auswärtige Arbeiter wurden geholt, um beim Abbau zu helfen. In Jois waren es zwischen 20 und 55 Gastarbeiter, in Winden sogar an die 100, die in der zweiten Hälfte des 19. Jahrhunderts in Kolonien direkt bei den Steinbrüchen angesiedelt waren. Damals flaute das Geschäft mit dem Stein vom Leithagebirge allerdings allmählich ab. Zugleich hatte aber schon die Industrialisierung eingesetzt, die für den Leithakalk neue Verwendungen vorsah.

Nach und nach wurden die Steinbrüche aufgelassen. Erst die kleineren, dann auch die größeren, wie jener in Breitenbrunn oder der Fenk-Steinbruch zwischen Müllendorf und Großhöflein. Längst hat sich die Natur dort wieder ausgebreitet, wo der Mensch sich über viele Jahre das genommen hat, was er brauchte, um seine Häuser zu bauen, seine Kirchen zu errichten, seine Marterl und Grabsteine zu formen. Die hohen Steinwände, teilweise

Vorige Seite: Der Kreidesteinbruch von Müllendorf ist eine weithin sichtbare Landmarke. Er gilt als eines der wertvollsten Kreidevorkommen in Europa.

Oben: Der Baxa-Kalkofen ist ein Industriedenkmal, in seinem Inneren ist ein Museum eingerichtet.

Unten: Radlader, Steinbrecher und ein Förderband. Von hier wird der Stein in die drei Kilometer entfernte Mannersdorfer Zementfabrik gebracht.

verwittert und grau, dann wieder strahlend gelb. Sie beeindrucken immer noch und erfüllen mit Ehrfurcht vor dem, was die Menschen hier über Jahrhunderte mit Muskelkraft verrichtet haben.

Abbau im 21. Jahrhundert

Längst haben andere Materialien den Stein ersetzt, der einst das herrschaftliche Wien erbaute: Ziegel, Beton, Stahl oder Holz. Von den zahlreichen Steinbrüchen im Leithagebirge sind heute vier geblieben, in keinem jedoch wird mehr Stein zu dem Zweck abgebaut, den er über Jahrhundert erfüllte. Auch wird er nicht mehr, wie dereinst, mühevoll von Hand gebrochen. Maschinen haben dies in unserer Zeit übernommen.

An den westlichen Ausläufern des Leithagebirges befindet sich in Wimpassing der Dolomit- und Quarzitsteinbruch der Firma Schraufstädter. 300.000 Tonnen Stein werden hier jährlich abgebaut, Schotter, Kies, aber auch Steine für Steinschlichtungen oder auch Ziersteine werden gewonnen. Auch im Baxa Steinbruch in Mannersdorf werden Stein, Schotter und Kies aufbereitet und beispielsweise zu Asphalt weiter verarbeitet.

Am anderen Ende von Mannersdorf befindet sich ein weiterer Steinbruch. Versteckt und – so wie die anderen Steinbrüche auch – nicht frei zugänglich. Schließlich ist das hier Bergbaugebiet und unterliegt dem Bergbaugesetz. Der Steinbruch liefert den Rohstoff für das nur wenige Kilometer davon entfernt gelegene Zementwerk. 1894 gründeten die aus Schwaben stammenden Gebrüder Leube hier eine Zementfabrik als Ergänzung zu ihrem Stammhaus bei Ulm, später wurde die Fabrik an die Kaltenleutgebener Kalk- und Zementfabrik verkauft, die sich 1905 mit der Perlmooser AG vereinigte, welche wiederum 1997 Teil der weltweit agierenden Lafarge Gruppe wurde. Vier Dietzsche Doppelöfen erzeugten anfangs eine Jahresleistung von 24.000 Tonnen Portlandzement. Heute sind es eine Million Tonnen pro Jahr und die Fabrik in Mannersdorf ist Österreichs größte Zementfabrik.

Einen Überblick über das Steinbruchgelände kann man sich von Spazierwegen aus verschaffen – und es ist beeindruckend, wie der Berg hier geöffnet wurde. Wie er langsam, Schicht für Schicht, abgegraben wird. Weit unten steht eine Maschine. Ein Steinbrecher, höher als ein Haus. Ein Radlader befüllt ihn mit Steinen, sie werden zerkleinert und gelangen über ein unterirdisches Förderband in die drei Kilometer entfernte Fabrik. Dort, wo nicht abgebaut wird, wird rasch wieder begrünt. Und der Steinbruch hilft dabei auch selbst mit. Aus Felsspalten

wachsen Föhren. Im Frühling, wenn die Sonne drauf scheint, hört man das Knacken der Pockerl. An einer anderen Stelle blühen Blumen in verschiedenen Farben, und wenn es Nacht wird und die Motorengeräusche verstummen, dann gehört der Steinbruch ganz der Natur.

Während in Mannersdorf Zement verarbeitet wird, ist es in Müllendorf das, was im Volksmund „Kreide" genannt wird. Doch Tafelkreide verlässt schon seit 40 Jahren keine mehr das Unternehmen, das in dritter Generation von der Familie Hoffmann-Ostenhof geführt wird. Heute ist es Pulver oder Staub, reiner Kalk in verschiedenen Körnungen. Verwendet wird das Calcium Karbonat vor allem in der Kunststoffindustrie als Füllmittel, in der Pigmentherstellung für Farben und Lacke oder in der Gummi- und Reifenherstellung.

Nicht eine Windmühle, wie uns das Firmenlogo suggeriert, mahlt hier den Stein zu Staub, sondern schwere Maschinen, 60.000 Tonnen Kreidestaub werden im Jahr produziert.

Abgebaut wird der Rohstoff im rund fünf Kilometer entfernten Steinbruch. Wie ein weißer Berg hebt sich der durch die Bagger zusammen geschobene Kalk gegen den blauen Himmel. Warmer Frühlingswind weht über das Leithagebirge, alles ist weiß rundherum, der Berg fällt in Terrassen zur Ebene ab. Zwischen fünf und 20 Metern ist die Kalkdecke hier hoch, die Qualität des Materials ist unterschiedlich und kann sich binnen weniger Meter ändern. Vereinzelt wurden Felsen stehen gelassen. „Härtlinge" nennt man sie, jene Felsblöcke, deren Material zur Weiterverarbeitung nicht geeignet ist. Längst wird nicht mehr gesprengt, wie früher. Heute ist es ein Bagger, der mit seinem Pflug den Untergrund aufreißt, anschließend durch gleichmäßiges Verteilen homogenisiert und schließlich zu einem großen Haufen aufschüttet. Nach einer Trockenphase wird das Material hinunter in die Fabrik gebracht, wo es weiter verarbeitet und schließlich unter dem Logo der „Mühlendorfer Kreidefabrik" an seine Abnehmer geliefert wird.

Kasernenmauer, Kriegsrelikte und ein Bunker

Die Geschichte des Leithagebirges ist gleichzeitig auch eine Geschichte der Verteidigung. In der Hallstattzeit wurden hier Burgställe errichtet, im frühen Mittelalter das Gyepű-System, später dann Spähburgen wie Scharfeneck oder Hornstein und vielleicht auch Burg Roy.

Auch die deutsche Wehrmacht hatte sich die strategische Lage des Leithagebirges zunutze gemacht und 1939 auf dem 484 Meter hohen Sonnenberg „Selma", eine Jägerstellung mit Funkmessgeräten und Radar, gebaut. Ein eigens dafür errichteter und heute noch vorhandener Fahrweg sicherte die Erreichbarkeit der Anlage, in der über 300 Personen, die Hälfte davon Nachrichtenhelferinnen, die sogenannten „Blitzmädchen", beschäftigt waren. An die 150 Abschüsse sollen aufgrund der Ortungen von „Selma" getätigt worden sein. Gegen Ende des Krieges sollte zudem auch noch ein riesiger UKW Peiler der Type „Bernhard" entstehen. Er wurde jedoch nie fertig gestellt. Was blieb, ist eine ringförmige Anlage mit 23 Metern Durchmesser.

Manches hat sich aber auch erhalten aus einer Zeit, als Österreich längst in Frieden lebte und doch in ständiger Angst vor der Bedrohung aus dem Osten. Stacheldrahtzaun, Panzergräben, versteckte Befestigungsanlagen. Teilweise noch erhalten sind Panzersperren bei Donnerskirchen und Bunker in Sommerein, die allerdings Übungszwecken gedient hatten. Manches blieb jedoch auch unter strenger Geheimhaltung vor der Öffentlichkeit verborgen. Sichtbar war nur das, was sich an der Oberfläche befand, eine Kaserne und die dazugehörenden Gebäude.

Der Truppenübungsplatz in Bruckneudorf hat heute noch immer etwas Verbotenes. Gelbe Tafeln warnen vor dem Betreten, weisen auf „Lebensgefahr" hin. Das Begehen des rund 5.000 Hektar großen Geländes ist zwar erlaubt, allerdings nur an bestimmten Tagen – eben wenn nicht geschossen wird – und nur auf bestimmten Wegen. Trotzdem kommt es vor, dass Zivilisten davon abweichen, etwa um Pilze zu suchen. Ein nicht ganz ungefährliches Unterfangen, denn immer noch liegen Blindgänger unter dem Waldboden verborgen, können zum Verhängnis werden für den, der sich nicht an die Regeln hält.

Der Truppenübungsplatz selbst sieht sich heute als Dienstleistungsbetrieb. Hier werden die Soldaten versorgt, die hierher verlegt werden, um im Rahmen ihres Grundwehrdienstes ihre Ausbildung zu absolvieren, so wie jene, die zu Übungen hierher reisen. An die 100.000 Soldaten sind es jedes Jahr und sie kommen vor allem aus Wien, Niederösterreich und dem Burgenland, aus einem Einzugsgebiet von etwa 100 Kilometern. Sie sind hier die „Systemerhalter", sorgen dafür, dass Abschnitte für Übungen abgesperrt werden, sie arbeiten aber auch in der Küche oder leisten Ordonanz. Sie sind in modernisierten Mannschaftsunterkünften untergebracht, die nichts mehr von den Baracken von einst haben, wo zwölf Mann sich ein Zimmer teilen mussten.

In Bruckneudorf wird aber auch unterrichtet. Seit 2010 sind zwei Abteilungen der Heerestruppenschule untergebracht, hier werden die Kader der Jäger und Pioniere geschult. Ein anderes Ausbildungszentrum befindet sich nur wenige Kilometer entfernt von der Benedek-Kaserne in der Uchatius-Kaserne in Kaisersteinbruch: Dort werden die Hunde der Hundestaffel ausgebildet – und viele der vierbeinigen Schüler haben es auch schon zu Auslandseinsätzen gebracht. Während die rund 80 Hunde unbekannte Besucher mit lautem Gebell begrüßen, geht es in der Benedek-Kaserne beinahe beschaulich zu.

Draußen auf dem Übungsplatz, da wird geschossen, da fahren die Panzer. Manchmal donnern auch Hubschrauber über die Köpfe der Soldaten hinweg, oder die Flugzeuge, die im nahen Schwechat landen. Um den Flugverkehr nicht zu gefährden ist hier ein ständiger Kontakt notwendig, damit die einen wissen, wo geflogen wird und die anderen, wo geschossen.

Während sich diese Übungen an der Oberfläche abspielen, wurde auch unter der Erde für den Ernstfall geprobt. Am östlichen Rand des Truppenübungsplatzes befindet sich ein Bunker. Es ist noch nicht so lange her, da wussten nur wenige Eingeweihte von diesem unterirdischen Bauwerk. Drei Meter sind seine Mauern stark, drei Meter aus Beton. Bis 15 Meter unter die Erde reichen die Räume. Begonnen wurde mit der Anlage ab den 60er Jahren des 20. Jahrhunderts, bis 1999 hat man daran gebaut. Aus Angst vor Truppen aus dem Osten wurden zwischen Donau und Leithagebirge sechs solche Anlagen errichtet.

Von diesen sechs ist heute noch U3 geblieben. Ungerberg 3. Eine komplette Unterkunft mit Wasserversorgung, Kläranlage, 24-Volt Stromanlage, Küche, Mannschaftsunterkünften, einer Sanitätsstation und jeder Menge Munition. 50 Mann konnten hier zwei bis vier Wochen überleben, konnten von hier unten aus Panzerwaffen bestücken, deren Geschoße weit in die Ebene trafen. Das war zu einer Zeit, als sich die Welt im Kalten Krieg befand. Das war aber auch zu einer Zeit, als der Eiserne Vorhang bereits durchtrennt war. Die Anlage erinnert daran, dass der Kalte Krieg nicht nur zwischen Amerika und Russland stattgefunden hat, sondern dass die Angst davor bis hierher ausgestrahlt ist, an die ungarisch-slowakische Grenze, zum Truppenübungsplatz Bruckneudorf. In der Bunkeranlage Ungerberg 3, da lagert noch das Dosenbrot, das Öl steht noch bereit, um die Waffen zu schmieren.

Heute ist es die Schauanlage U3. Gott sei Dank musste sie nie in Betrieb gehen.

Oben: Die Reste des Peilsenders Bernhard nahe dem Sonnenberg.

Unten: Truppenübung in Bruckneudorf.

Sonnenanbeter und Stierkopfurne

Das Leithagebirge als Inspiration

Die Kunst im Laufe der Jahrtausende

„Lieber Leser, lass dich an der Hand nehmen: Wir sind von Wien aus erst knapp vor Wampersdorf – also nicht im Burgenland –, und doch sieht man schon hinein in seine Landschaft, und es wirkt, als wäre man vor Rodez, und das Flüsschen da – oder ist's ein Äderchen unseres Planeten – ist nicht die Leitha, sondern das Flüsschen Aveyron, und man käme nicht aus Ebenfurt, sondern aus Montauban in der französischen Provinz Guyenne... Die geradlinige Straße mit den wilden Akazien vordem – in Frankreich ist sie fast dieselbe [...]. Sanft gewellte Abhänge, Böschungen, Hügel in der Ferne, die das Leithagebirge sind, ergeben einen geheimnisvollen Zusammenhang. Ein bewunderungswürdiges Grün, das fast grau-oliv ist, strahlt, sanften Sonnenlichts umflossen, in majestätischer Reglosigkeit. Ein Ort mit weißen, geradlinig hingebauten und herleuchtenden Dorfhäuschen grüßt aus der Ferne: Es ist Hornstein, schon im Burgenlande.

Wenige Minuten, und man fährt die Straße empor: Riesige Täler weiten sich. Hat die Erde sich erhoben! Ist sie in Bewegung übergegangen! Erst war man im niederösterreichischen Flachland: Gewöhnlich, horizontal war der Raum, durch den man fuhr. Nun aber scheint die Erde ein ungeheures Wellenmeer geworden zu sein. [...] Vergaß ich die Farbnuancen! Licht fällt darüber, ein ganz anderes Licht als vordem. Nun hat alles seine Atmosphäre! Welche? Das erste Mal sieht man die burgenländische Landschaft. Ist es nicht ein Bild von Vincent van Gogh? Ist's nicht die Landschaft bei Nimes? Die gewellte Anhöhe nach Aix hin? So gelb leuchtet hier die Sonne wie das Gelb dieses Malers Vincent, dem sie Trumpf war! Gelb in allen Nuancen!

Mich würde es nicht im Geringsten wundern, erschiene zum Hang, wo üppig violetter Salbei blüht und

Links: Einblick in das Kunstreich von Fria Elfen-Frenken.

leuchtet, Vincent selber (der schon lange tot ist) mit einem fertigen Bild [...].

Und schon ist man andernorts auf einer Straße: Links winden sich Hügel hinan, überwachsen von Wein! Wein! Wein! – Wein, wohin man schaut. Die Straße verläuft an einer Anhöhe hin gegen Eisenstadt. Rechts sieht man zu Tale. Sehr weit sogar! Ist man in Grinzing? Zwischen besonnten Weinstöcken grüßt ein in blauer Schürze gekleideter Bauer: Sonnenverbrannt braun glänzt sein Antlitz wie Bronze [...].

Und nun steht ein braunes Rind am Rain unter einem mächtigen, schattenden Baum, ein weißer Ochse daneben und im Hintergrund eine mächtige Ebene... Wo sah man dieses Bild? Hängt es im Rijksmuseum zu Amsterdam? Paulus Potter! Hat er es nicht gemalt? Wo nur? Ging man nicht einmal bei Leyden in die Wiesen hinaus, um dann vor der Sonne unter schattige Bäume zu flüchten [...]. Wie viel Holland ist im Burgenland!"

Solch schwärmerische Worte fand der Bildhauer und Schriftsteller Gustinus Ambrosi in seinem Beitrag „Das Burgenland, wie ich es sehe" in einer Festschrift anlässlich 25 Jahre Burgenland im Jahr 1946 für seine Heimat. Nicht nur ein Bildhauer war er, sondern auch ein Meister der Sprache, arbeitete in den Kunstmetropolen und fand doch diese zärtlichen Vergleiche für den Ort seines Ursprungs, er, der später nicht unumstritten dennoch die Bande zur Heimat am Leithagebirge gehalten hat, dem schließlich auch die Ehre zuteilwurde, im Jahr 1954 die sterblichen Überreste des Genius Loci Joseph Haydn im Haydnmausoleum durch die feierliche Beisetzung des Haydn-Kopfes zu vereinen.

Wie viele andere Künstler schon hat diese Umgebung inspiriert! Über Jahrhunderte hinweg finden sich bekannte Namen von Malern, Komponisten, Steinmetzen, Literaten, die hier geboren sind, gelebt haben oder noch leben.

Mit einem archäologischen Fund aus der Steinzeit möchten wir unseren gestrafften Streifzug durch die Jahrhunderte beginnen. Als 1911 Max und Emma von Groller von Sándor Wolf mit einer Grabung in Donners-

Oben: Fanny Elßler war eine der bedeutendsten Tänzerinnen des 19. Jahrhunderts, sie hielt sich oft in Eisenstadt auf.

kirchen beauftragt wurden, stießen sie auch auf Spuren aus der Hallstattzeit. Erst durch die Zusammensetzung der einzelnen Stücke stellte sich die Einzigartigkeit des Fundes heraus und so schrieb Emma von Groller an Sándor Wolf: „[…] Es ist wieder eine ganz originale Form, wie ich sie noch nie sah. Ich glaube, dass es wieder ein interessantes Stück für Ihr Museum wird." Und tatsächlich hat die Stierkopfurne aus Donnerskirchen aus der Zeit um 700 vor Christus ihr Plätzchen dort gefunden, ist heute ein bedeutendes Exponat im Burgenländischen Landesmuseum.

So wie die Mosaike und Wandmalereien aus der römischen Villa in Bruckneudorf. Kunstvolle, geometrische Muster, aus farbigen Steinen zusammengefügt. Ornamente, Mythologie und Szenen des täglichen Lebens. Bilder an den Wänden, in einen gemalten Rahmen gefasst: Stillleben, Tiere, Früchte. Auch junge „Künstler" scheinen sich in der römischen Villa verewigt zu haben:

Petronia und Julia, zwei Namen und zwei Figuren, kindlich in die rot bemalte Wand gekratzt. Scraffito vor rund 2000 Jahren.

Stierkopfurne, römische Mosaike und Malereien legen heute Zeugnis ab vom einstigen Reichtum einiger weniger Leute, sie waren wohl weniger als Kunst gedacht denn zum Gebrauch, dennoch erscheinen uns diese Funde heute als Kunstwerke aus der vergangenen Zeit.

Wenn wir heute von „Kunst" sprechen, so meinen wir die „schönen Künste": Bildende Kunst, Musik, Literatur, Darstellende Kunst und die Oper als ihre Verbindung. Rund um das Leithagebirge finden wir Vertreter all ihrer Formen: Joseph Haydn als bekanntester Vertreter der Musik lebte lange in Eisenstadt. Adalbert Stifter verewigte, bevor er seine Liebe zum Schreiben fand, 1841 das Leithagebirge in Öl, der Maler Edmund Adler lebte und starb in Mannersdorf. Fanny Elßler, deren Vater Kopist bei Joseph Haydn war, machte als Tänzerin

204

Oben: Restaurierung der geschnitzten Kalvarienbergfiguren von Felix Niering.

Furore und der Schriftsteller Robert Musil besuchte zwei Jahre lang die Militär-Unterrealschule in Eisenstadt. Architekten wie Fischer von Erlach oder viel später Roland Rainer wirkten in Mannersdorf, der Pariser Architekt Charles Moreau gestaltete das Schloss in Eisenstadt zu einer zeitgemäßen Residenz des beginnenden 19. Jahrhunderts. So ließe sich die Liste noch um viele weitere bekannte Namen ergänzen, um schließlich bei Maria Biljan-Bilger, Wander Bertoni, Fria Elfen-Frenken, Sepp Laubner und vielen anderen namhaften Künstlern anzukommen.

Kunst ist heute überall. Moderne Skulpturen schmücken den öffentlichen Raum, anders als früher, wo Kunst von der Kirche und vom Adel bestimmt war. Bildstöcke und Pestsäulen waren Ausdruck der barocken Frömmigkeit, Heiligenbilder in Mauernischen waren oft der einzige Schmuck in den schlichten Hauszeilen der Dörfer. Prächtig jedoch waren die Kirchen ausge-staltet, Steinmetze und Maler brachten mit ihren Werken Vollendung in die Gotteshäuser. Der Wiener Maler Stefan Dorffmeister hinterließ mit seinen Altarbildern in der Eisenstädter Bergkirche und in der Purbacher Kirche Spuren seines Schaffens. Rund hundert Jahre vor seinem Wirken wurde in Purbach 1677 Joseph Orient geboren, einer der bedeutendsten österreichischen Tafelbildmaler des Spätbarocks.

In Eisenstadt hatte Fürst Paul Esterházy mit dem Kalvarienberg ein „Bergwerk des Glaubens" geschaffen – und was für eines. Es ist fast unheimlich, wenn man die Gänge und Höhlen alleine durchstreift. Hat sich da nicht etwas bewegt? War da ein Schatten? Wie lebensecht die 24 Stationen des Leidenswegs Christi doch wirken!

Fürst Paul war es auch, der 1711 eine Hofkapelle als Trägerin der geistlichen Musikkultur gründete und der begann, sakrale und profane Musikalien zu sammeln. Über 5000 Handschriften von Partituren von Albrechts-

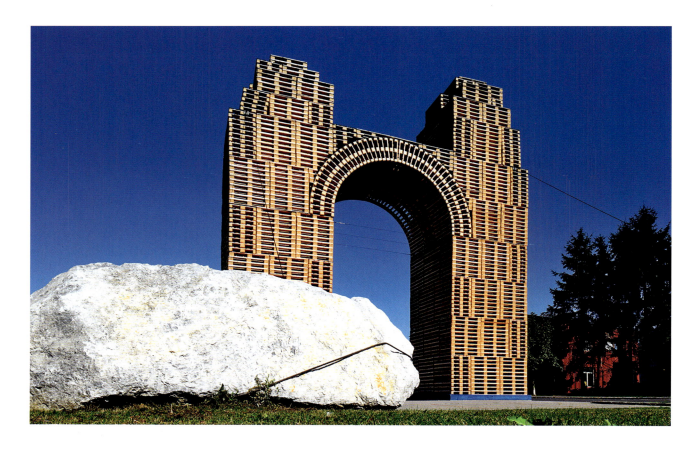

Oben: Im Heldentor in Petronell wurde Stein aus Sommerein verwendet - das Heldentor in Hof am Leithaberge ist aus ganz anderem Holz geschnitzt.

berger, Haydn, Hummel, Mozart und Beethoven befinden sich heute in Eisenstadt. Daneben wuchs über die Jahre auch die Kunstsammlung der Esterházy. Namhafte Künstler fanden an ihrem Hof Engagement, Ludwig van Beethoven dirigierte in der Bergkirche eine Messe zu Ehren von Fürst Nikolaus II. Das Werk gefiel dem Fürsten jedoch nicht, woraufhin der Komponist sie kurzerhand einem anderen, nämlich dem Fürsten Kinsky, widmete.

Durch die soziale Entwicklung im 19. Jahrhundert verloren die Kleinstadt und der ländliche Raum an Bedeutung. Einzig das biedermeierliche Bürgertum trug die Kunst in kleinem Kreis weiter. In Eisenstadt entstand um Karl Marko ein kleinstädtischer Künstlerzirkel, dem unter anderem auch der Theatermaler und spätere Magistratsrat Michael Mayr angehörte. Im Ausland machte sich ein Emigrant aus Hornstein einen Namen: Franz Bizonfy

wanderte nach der Revolution 1848 erst in die Schweiz aus und zog schließlich weiter nach London, wo er das erste Ungarisch-Englische Wörterbuch verfasste, für die London Times schrieb, ein Büchlein mit philosophischen Betrachtungen und ein Lyrikbändchen „Klänge aus der Jugendzeit" verfasste. Im Alter kehrte er ans Leithagebirge zurück und verstarb in Eisenstadt.

Den Geist des beginnenden 20. Jahrhunderts, das immer noch von Feldarbeit und Arbeit in den Weingärten geprägt war, hielten die Eisenstädter Künstler Franz Elek-Eiweck und Albert Kollmann fest. In Mannersdorf war es Edmund Adler, der die Menschen seiner Zeit porträtierte. Und in Eisenstadt, da wurde 1893 Gustinus Ambrosi geboren, der Gesichter in Stein meißelte, Figuren aus Bronze goss und mit seinen Worten ein treffendes Bild seiner Heimat zeichnete.

Kunst am Stein

Meister Pilgram schaut im Stephansdom aus dem Leithagebirge heraus, viele Adelige gingen mehrmals täglich darüber. Ein Blick auf ein Stück Leithagebirge war vor Jahrhunderten, von Süden kommend, der erste Blick auf Wien. Die schönste Aussicht im Park von Schönbrunn hat man von einem Stück Leithagebirge aus. So gibt es kaum ein historisches Gebäude in Wien, das keinen Bezug zum Leithagebirge hat. Die Kanzel im Stephansdom wurde in Breitenbrunner Stein gemeißelt, die Stiegen in vielen Wiener Residenzen waren aus dem besonders harten Kaiserstein gehauen. Die Spinnerin am Kreuz, ein gotisches Wahrzeichen von Wien, wurde 1452 aus Mannersdorfer Stein gefertigt. Und auch die kolossalen Steinsäulen und viele Teile der Gloriette in Schönbrunn sind aus Leithakalk gefertigt.

Der Steinabbau im Leithagebirge hat Geschichte, schon die Römer machten sich den Kalkstein zunutze. Sie hatten die Qualität des Leithakalks schnell erkannt, schlugen Abbilder ihrer Verstorbenen in diesen Stein und setzten ihren Toten ein Denkmal. Sie brachen ihn aber auch in kleine Stücke, um daraus wieder etwas Neues zu schaffen. Wie viele Steine sind wohl notwendig, um ein Mosaik entstehen zu lassen, wie viele Farben, um ein Ganzes zu ergeben! Wie viele Steine muss man suchen, in verschiedenen Tönen und dann auch wieder in gleichen, um Menschen, Tiere, Gottheiten oder Ornamente entstehen zu lassen. Der Stein aus dem Osliper Steinbruch erleichterte den Römern hier ein wenig die Arbeit. Sie erkannten, dass dieser beim Erhitzen eine rötliche Farbe annimmt und diese auch nach dem Abkühlen beibehält – und so fand dieser „Trick" nicht nur Verwendung in einem in Parndorf aufgefundenen Mosaik, sondern vielleicht auch in zahlreichen anderen Darstellungen in der ganzen Gegend.

Mit dem Dombau zu St. Stephan im 14. Jahrhundert sollte der Stein des Leithagebirges aber seine wirklich große Bedeutung gewinnen. Von verschiedenen Brüchen rundum wurde der Dom beliefert, Breitenbrunn, Sommerein, Au, Mannersdorf und Müllendorf werden unter ihnen auch genannt.

Den künstlerischen Aufschwung erfuhr der Leithakalk-Stein mit der Renaissance und dem Barock. Bürgertum und Adel begannen, prachtvolle Profanbauten zu errichten. Der Leithakalk war dafür prädestiniert. 1551 berief Kaiser Karl V. italienische Steinmetze und Bildhauer nach Kaisersteinbruch. Sie sollten mit ihrem Wissen und ihrer Kunst den harten Stein zur Vollendung bringen, ihm in Figuren, Brunnen und Portalen Formen verleihen, wie es nur große Meister vermochten. Kaisersteinbruch wurde bald zum Zentrum der Steinmetzkunst. Nach und nach übernahmen deutsche Steinmetze das Handwerk.

Namhafte Architekten wie Johann Bernhard Fischer von Erlach, Joseph Emanuel Fischer von Erlach und Johann Lucas von Hildebrandt zeichneten Pläne für die zu neuem Leben erwachte Stadt Wien, der Stein zur Verwirklichung kam aus Kaisersteinbruch. Untrennbar mit dem Ort ist der Name Elias Hügel verbunden. Er war es wohl, der den „Kaiserstein" in größte Vollendung brachte. In der Karlskirche in Wien hinterließ er seine künstlerische Handschrift so wie in vielen Kirchen rund um das Leithagebirge. Er schaffte es, sein Können mit unternehmerischem Denken zu vereinbaren, arbeitete aber nicht nur im Dienste anderer, sondern auch im Dienste Gottes. 1735 stifteten er und seine Frau 800 Gulden an die Kirche in Loretto, mit dem Marienaltar in der Kirche in Stotzing setzte er sich selbst ein barockes Denkmal. Hügel starb 1755, begraben liegt er zu Füße des von ihm geschaffenen Kreuzaltars in Kaisersteinbruch.

Elias Hügel war sicher der bekannteste Steinmetz am Leithagebirge, doch gab es neben ihm Dutzende andere, die hier im Laufe der Jahrhunderte gewirkt hatten. Vor allem in Kirchen, aber auch entlang des Gebirges und selbst in seinen Wäldern finden sich zahlreiche steinerne Zeugen, die von Schicksalen berichten, von Krankheit, Not, aber auch von Errettung und glücklichen Fügungen. Kunstvoll sind sie gestaltet, die Marterl, beweisen die Größe der Steinmetze, die hier einst gewirkt hatten, und die darauf verewigt haben, was die Leute bewegte. Zum einen war es stets der Glaube. Zahlreiche Bildsäulen zeigen Peitsche, Hammer, Kreuz; jene Werkzeuge, mit denen der Sohn Gottes gegeißelt wurde. Wieder andere sind mit Weinranken verziert und mit Trauben, in der Hoffnung auf eine reiche Ernte. Andere wurden in Dankbarkeit dafür errichtet, dass Plagen wie die Pest vorüber gegangen sind oder aber zur Entsühnung für Verbrechen wie Diebstahl oder Todschlag.

Oft stößt man mitten im Wald, wo man es nicht vermuten würde, auf ein Marterl oder eine kleine Kapelle, benannt nach Heiligen oder aber nach ihren Errichtern. Und immer gibt es eine Geschichte dazu. So, wie beim Prawitsch Kreuz in Schützen: Als im Jahr 1738 die Kuruzzen durch das Land streiften, versteckte sich der

Jäger Thomas Prawitsch in einem Baum vor den mordenden Scharen. Er blieb unentdeckt und gab aus Dank jenes Kreuz in Auftrag, von dem heute nur mehr die Säule übrig ist.

Auch von Schicksalen wissen sie zu berichten, die Bildsäulen, und oft haben wir es den Steinmetzen zu verdanken, dass diese bis in die heutige Zeit noch nachklingen. In Trauer um ihr Kind ließen Georg Lampel und seine „liebe Hausfrau Margareta" in Breitenbrunn im Jahr 1656 das Fieberkreuz nahe den Steinbrüchen aufstellen. Heute steht es neben dem Sportplatz, es zeigt ein Lamm und ein betendes Kind. Der Schmerz der Eltern ist auch fast 500 Jahre später noch zu spüren: „Ich war ein Madl bei 6 Jahren der tott nam mich bei den haren (...)".

Auf Hornsteiner Hotter erinnert ein moderner, mit Keramiken gestalteter Bildstock an „jenen armen Schustergesellen, der einst auf dem Weg durch den winterlichen Schneesturm vom Weg abkam und in eisiger Nacht hilflos erfror". Auch, wenn niemand mehr von diesen Menschen weiß, dem Jäger, dem Mädchen, dem Schustergesellen. Durch diese Bildstöcke wurde ihr Schicksal in unsere Zeit getragen.

Eine Geschichte aus dem „Buch der Bücher" wird in Großhöflein auf Stein erzählt, nämlich jene vom Leiden Christi. Der Bildhauer Rudi Pinter hat hier seine persönliche Interpretation des Leidensweges dargestellt, auf 14 Bronzetafeln, die in Natursteinblöcke eingearbeitet wurden. Ganz eigenartig verschmelzen die Tafeln mit der kargen Umgebung. Der Stein und das von Menschenhand Geschaffene, die Brücke schlagend zur Religion, in der die Menschen hier über Jahrhunderte Halt gefunden haben.

Schüler, Komponist und Kapellmeister

Joseph Haydn

„Ich wurde als Capell Meister bey S. Durchlaucht: dem fürsten an- und aufgenommen, allwo ich zu leben und zu sterben mir wünsche", schrieb Joseph Haydn 1776 in einer autobiographischen Skizze, nachdem er bereits 15 Jahre im Dienste der Fürsten Esterházy gestanden war. Rund 30 Jahre verbrachte Haydn an ihrem Hofe, um seinen Ruhm schließlich in Wien und London zu krönen.

Geboren wurde Franz Joseph Haydn am 31. März 1732 in Rohrau. Der Vater, ein Wagner, war der Musik zugetan und so war „Sepperl" schon in jüngsten Jahren mit dem Liedgut seiner Heimat vertraut, lernte als Kind jene Melodien kennen, die ihn bis in sein spätes Schaffenswerk prägen und begleiten sollten.

Durch Zufall traf er in Wien nach seiner Zeit bei den Sängerknaben den italienischen Opernmeister Nicola Porpora, der ihn als Begleiter am Klavier für seine Gesangsstunden aufnahm. Der Meister unterrichtete unter anderem auch die Geliebte des venezianischen Botschafters in Wien und als das Paar einen Sommer in Mannersdorf am Leithagebirge verbrachte, sollten auch Porpora und sein Bediensteter Haydn dorthin mitkommen. Haydns Vertrauensmann Griesinger berichtet 1810 in seinen „Biographischen Notizen über Joseph Haydn" über diese Zeit: „Er musste hier zuweilen [...] dem Porpora, in Gegenwart Glucks, Wagenseils und anderer berühmter Meister, am Klavier accompagnieren, und der Beyfall solcher Kenner diente ihm zur besonderen Aufmunterung."

Wahrscheinlich war es auch hier in Mannersdorf, wo Haydn seinen späteren Förderer Karl Joseph Edler von Fürnberg kennen lernte, der ihn 1755 auf sein Schloss Weinzierl bei Wieselburg holte, später kam er in den Dienst des Grafen Morzin nach Lukavec nahe Pilsen, wo ihn schließlich Fürst Esterházy für sich entdecken sollte.

Fürst Paul II. Anton Esterházy hatte bei einem Besuch bei Morzin Haydns erste, gerade erst vollendete Symphonie gehört und war entschlossen, den jungen Komponisten an seinen Hof zu holen. Am 1. Mai 1761 unterzeichnete Haydn seinen Dienstvertrag als Vizekapellmeister. Gemeinsam mit seiner Frau Maria Anna Aloysia wohnte er zunächst in Untermiete in der Stadt. 1766 bezog das Ehepaar das Haus in der Klostergasse 82, der heutigen Haydngasse. Mit dem Haus erwarb Haydn auch ein „Kuchlgärtl hinter den Spittal". Entgegen der weitläufigen Mär, dass er sich dorthin zum Komponieren zurückgezogen habe, diente es eher dem tatsächlichen Zweck eines Kräutergärtleins. Haydn besaß später auch einen kleinen Weingarten, bestehend aus zwei engen, aber langen Zeilen im Gebiet des späteren Schlossparks, etwas unterhalb des heutigen Leopoldinentempels. Gemäß der damaligen Tradition waren dies unterschiedliche weiße Sorten: „Zapfner", „Weyrer" und „Grün Muskateller", aus denen der „Gemischte Satz" gekeltert wurde. Der Weingarten wurde Haydn 1805 von Fürst Nikolaus II. abgelöst. Wo einst der Wein wuchs, sollte ein Kunstwerk der Landschaftsarchitektur entstehen. Heute stehen auch wieder Reben dort – in Erinnerung an den großen Meister, der hier einst seine eigenen Trauben hegte – oder hegen ließ.

Vorige Seite: Der Stein des Leithagebirges in kunstvoller Ausgestaltung. Vorne der Brunnen von Maria Biljan-Bilger in Sommerein, dahinter die Dreifaltigkeitssäule mit Meisterzeichen des Steinmetzes Elias Hügel.

Oben: Nicht nur in Eisenstadt, auch in Mannersdorf trifft man auf den Komponisten Joseph Haydn.

Das bürgerliche Leben mit Wein- und Küchengarten auf der einen, die höfische Welt mit Perücke, Uniform und jeder Menge Verpflichtungen auf der anderen Seite prägten das Leben des Komponisten. Nach dem Tod von Paul II. Anton trat Nikolaus I. das Erbe des Bruders an. Schon bald begann dieser, er trug den Beinamen „der Prachtliebende", mit dem Bau der Sommerresidenz „Esterház", dem „ungarischen Versailles". Haydn komponierte und dirigierte für die hochrangigen Gäste seines Dienstgebers, daneben leitete er das Kammerorchester und musizierte gemeinsam mit seinem Fürsten. Hier sammelte er viele musikalische Eindrücke, die in seine späteren Werke einfließen sollten, Volkslieder der deutschen, aber auch der kroatischen Bevölkerung: Die kroatische Weise „Oh Jelena, Jelena" findet sich später in der Londoner Symphonie (4. Satz) wieder, „Ustal jasam rano ja" („Ich stand früh auf") begegnet uns in der Kaiserhymne aus dem Jahr 1797. Das burgenländische

Volkslied „Es steht ein Baum im tiefen Tal" gelangte durch die Arie „Mit Würd' und Hoheit angetan" in der „Schöpfung" zu seiner Vollkommenheit.

Als Nikolaus I. starb und sein Nachfolger Fürst Anton Esterházy den Kapellmeister in Pension schickte, machte sich der Komponist von 1791 bis 1792 und nochmals 1794 bis 1795 zu zwei Reisen nach London auf, wo er seine Laufbahn mit bejubelten Auftritten küren sollte. Zwischen den beiden London-Aufenthalten kehrte Haydn immer wieder nach Eisenstadt zurück. Für Gschieß, heute Schützen am Gebirge, traf sich das gut, denn die Pfarrkirche brauchte eine neue Orgel und der Meister selbst erteilte Rat bei der Neuanschaffung – so wird es zumindest erzählt. Erwiesen ist, dass die Orgeln in der Eisenstädter Pfarrkirche und in der Bergkirche tatsächlich nach seiner Disposition gebaut worden waren. Für die Orgel in der Spitalskirche komponierte er eigens eine Messe – auf dieser Orgel und für diese Orgel.

Nach seinen Reisen trat Haydn wieder seinen Dienst am Hofe Esterházy an. Nikolaus II. war der vierte Fürst, für den er als Kapellmeister tätig war. Neben zahlreichen Messen, vor allem für die Fürstengattin Marie Josepha Hermengilde, brachte er seinen Glauben in den Oratorien „Die sieben Worte des Erlösers" und „Die Schöpfung" zu Papier.

Gestorben ist er nicht in seiner „Heimat", sondern in Wien. Am 31. Mai 1809 schloss er in seinem Wohnhaus in Mariahilf für immer seine Augen.

Seine vorläufige Ruhestätte fand er in Wien am Hundsturmer Friedhof, doch wurde kurz nach seinem Tod sein Schädel entwendet. 1820 wurde der Corpus in der Krypta der Bergkirche in Eisenstadt bestattet. Dr. Paul Esterházy ließ 1932 ein Mausoleum in der Kirche errichten, jedoch erst 1954, also 145 Jahre nach Haydns Tod, wurde dem Bildhauer Gustinus Ambrosi die Ehre zuteil, den Schädel mit den restlichen Gebeinen zu vereinen. Ein Sarkophag aus Marmor, mit Engeln geschmückt, ist die letzte Ruhestätte des Meisters. „Haydn" steht darauf. Mehr Worte braucht es nicht. Ein Marmor-Engel hält ein Notenblatt in der Hand. Eingemeißelt darin sind die ersten Takte des Kaiserliedes. Von den Wänden blicken allegorisch die Jahreszeiten.

Joseph Haydn ist immer noch präsent. Sein Geist weht durch die Kirche, die auch seinen Namen trägt, seine Musik ergreift die Herzen. In Konzerten wird seiner gedacht, zu seinem Geburtstag, zu seinem Sterbetag. Und am Karfreitag erklingen hier jedes Jahr „Die sieben letzten Worte unseres Erlösers am Kreuze".

Wo der Stein ins Haus einfließt

Maria Biljan-Bilger

In Sommerein steht ein Haus, in dem Kunst und Architektur mit den Gegebenheiten der Landschaft verschmelzen. „Maria Biljan-Bilger Ausstellungshalle" steht auf dem Wegweiser an der Straße. Hinter einem alten Bethaus verbirgt sich eine Ausstellungshalle, die sich über Skulpturen aus Stein und Ton spannt, an deren Wände moderne Gobelins hängen und in die, wie selbstverständlich, ein Stück Felsen aus dem angrenzenden Steinbruch hinein ragt. In dem gewölbten Dach fließen die Wellen der Weinkeller aus der Umgebung weiter, der Stein läuft hinaus in Richtung Wald, die Kunstwerke aber, sie haben hier ein zu Hause gefunden.

Friedrich Kurrent, Architekt und Ehemann von Maria Biljan-Bilger, hat mit dieser 2004 eröffneten Ausstellungshalle ein Denkmal gesetzt. Ein Denkmal für seine 1997 verstorbene Frau, ein Denkmal für ihre Kunst und ein Denkmal für die Architektur. Nichts ist verputzt, nichts ist verkleidet. Der Architekt lässt seine Materialien sprechen. Fenster im herkömmlichen Sinn gibt es nicht. Bewegliche Lamellen lassen Licht in den Raum und geben den Blick frei auf das Werk der Künstlerin. Figuren aus Ton, bunt bemalt, stehen auf Sockeln im Raum verteilt oder sitzen in Mauernischen. Nichts ist starr, alles scheint im Moment der Bewegung aus Ton geformt, überrascht mit ungewöhnlichen Elementen. Steinzeuggefäße verschiedener Formen, mit Ornamenten geschmückt erinnern an etruskische, kykladische oder kretische Elemente ebenso wie die Tierfiguren, die Bilder von Menschen und Gottheiten.

Die Biografie der außergewöhnlichen Künstlerin Maria Biljan-Bilger hilft, diese Werke zu verstehen. Sie zeichnet ein Bild von einer Frau, die aufgewachsen ist zwischen den Kulturen, die nie mit dem Strom geschwommen ist, sich stets ihren eigenen Weg gesucht hat und dafür die Anerkennung der Großen ihrer Zeit, zu denen sie selbst auch schon früh zählte, gefunden hat.

Geboren wurde Maria Biljan im Jahr 1912 im salzburgischen Radstadt. Ihre Wiege stand, wie Fritz Wotruba es später nennen sollte „neben Häferln und Geschirr aus gebranntem Ton in der Keramikwerkstätte ihres Vaters", eines aus Bosnien stammenden Hafners.

Sie besuchte die Grazer Kunstgewerbeschule und spezialisierte sich auf Keramik, später zog sie nach Wien, wo sie nach dem Krieg mit Freunden den Art Club gründete. Inzwischen hatte sie sich einen Namen im Wien der Nachkriegsjahre gemacht, gestaltete Auftragsarbeiten wie etwa Gefäße für das Restaurant „Bellevue", die große Mosaikwand in der Wiener Stadthalle, formte mit ihren Händen Kinderhäuser zum Verstecken und Durchkriechen, entwarf einzigartige Gobelins, fand schließlich auch zum Stein, leitete Bildhauer-Symposien in St. Margarethen und unterrichtete an der Hochschule für Angewandte Kunst in Wien.

Sie bereiste mit ihrem Mann Friedrich Kurrent die Welt, ließ sich von ihren Eindrücken inspirieren, sie brachte Ton und Holz, Stein und Wolle in ihre Formen, modellierte starre und biegsame Materialien und setzte ihnen ihre persönliche Handschrift auf.

Der Kontrapunkt zur großen Welt, das war das Haus in Sommerein. 1962 hatte Maria Biljan-Bilger das ehema-

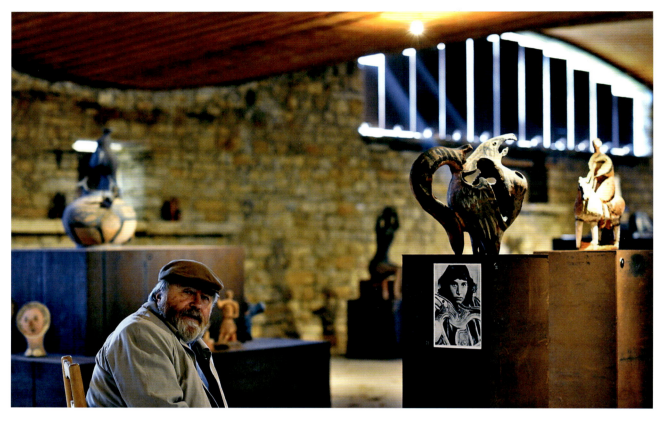

Oben: Friedrich Kurrent in der Ausstellungshalle in Sommerein vor den Werken und einem Bild von Maria Biljan-Bilger.

lige Bethaus erstanden, später auch den dahinter liegenden Steinbruch dazu bekommen und gemeinsam mit ihrem Partner revitalisiert. Es sollte fortan Wohn- und Arbeitsstätte sein. 1995 wurde mit dem Bau der Ausstellungshalle begonnen, in dem Jahr, in dem die Künstlerin durch eine Krankheit ans Bett gefesselt wurde. Am 1. Mai 1997 verstarb sie in München. Friedrich Kurrent arbeitete weiter. Ließ Sandsteine schlichten, Betonpfeiler errichten. So wuchs die Halle. Langsam, Stück für Stück. Neun Jahre nach Baubeginn konnte sie eröffnet werden. „Die Halle ist der Präsentation des künstlerischen Werkes von Maria Biljan-Bilger (1912-1997) gewidmet. Es werden Arbeiten in Stein, Ton, Textil ausgestellt […]", beschreibt der Architekt Friedrich Kurrent sein Werk. Friedrich Achleiter, Kollege, Schriftsteller und Freund des Ehepaares, setzt dieser nüchternen Beschreibung eine sehr persönliche Komponente hinzu, indem er feststellt, dass es sich bei dem Bau „um kein Statement zu einer wie immer gearteten Tendenz, sondern um ein einmaliges, nicht auswechsel-

und auslotbares Zeugnis einer ‚totalen' Lebensbeziehung handelt, um ein Werk der Erinnerung und Trauerarbeit, verbunden mit einem biographischen Ort am Fuß des sogenannten Leithagebirges, also an der Grenze zu anderen mittel- und osteuropäischen Kulturen."

Kunst im Einklang mit der Natur

Wander Bertoni

In Winden am Neusiedler See befinden sich vier alte Mühlen, allesamt Plätze, denen ihre Bewohner ein eigenes Leben eingehaucht haben. In einer davon hat ihr Besitzer, wie er meint, „Plastik, Kunst und Natur vereint".

Durch Zufall hat der aus der italienischen Provinz Emilia-Romagna stammende Künstler Wander Bertoni im Jahr 1965 hierher gefunden. Viele Künstler hielten sich damals gerne im Burgenland auf und ein Wirt in

Oben: Meterhohe Skulpturen im Skulpturenpark von Wander Bertoni.

Nächste Seite: Der Meister und seine Sammelleidenschaft: 2010 eröffnete Wander Bertoni sein Eiermuseum, das Stücke aus der ganzen Welt beherbergt.

der Nähe erzählte ihm von dem zum Verkauf stehenden Anwesen. Bertoni nahm die Gelegenheit wahr, brauchte er doch den Platz für seine Arbeiten, die damals schon weltbekannt und von einer Größe waren, dass sein Wiener Atelier nicht ausreichte. Er griff also zu und erweckte das Schmuckstück aus seinem Dornröschenschlaf.

An warmen Sommertagen trifft man den Hausherrn im Garten an, unter einem Sonnenschirm sitzend, inmitten seines Kunstreiches, oder aber man kann ihn bei der Arbeit in seinem Atelier beobachten. Wenn die Bertonis zu Hause sind, stehen Atelier, Galerie und Ausstellungspavillon für ihre Besucher offen. Und wenn sie nicht da sind, dann bleiben ein Besuch des Skulpturengartens hinter der Mühle und ein Blick in das 2010 eröffnete Eier-Museum, eine 4.000 Stücke umfassende Sammlung, die der Künstler auf Flohmärkten gefunden und bei seinen zahlreichen Reisen zusammen getragen hat. Er hat die ganze Welt bereist und von überall Erinnerungen mitgebracht: Ein Dinosaurierei ist ebenso

Teil der Sammlung wie Eier aus China, Indien oder Burma, aber auch persönliche Stücke wie Kunstwerke von Rosemarie Benedikt oder wie jenes Ei, das ihm von den Professoren der Universität Wien anlässlich seiner Emeritierung 1994 als „Morgengabe", wie Frau Bertoni es bezeichnet, geschenkt wurde.

Nach Österreich war er im Jahr 1943 gekommen. Als Zwangsarbeiter. Er hatte Dreher gelernt, was ihm die Situation ein wenig leichter machte. Und dennoch waren es sehr, sehr harte Zeiten für den damals 18-Jährigen. Als der Krieg vorbei war, erhielt er die Möglichkeit, am Wiederaufbau der zerstörten Denkmäler in Wien mitzuwirken, eine wichtige Möglichkeit für junge Künstler, Geld zu verdienen und gleichzeitig auf sich aufmerksam zu machen. Die Pestsäule am Graben, der Brunnen auf dem Hohen Markt und der Bacchus-Zug im Wiener Burgtheater erlangten durch seine Hände ihr früheres Aussehen – und gerne wird hierbei die Anekdote erzählt, als der Wiener Landeskonservator Josef Zyklan bei der

213

Besichtigung einer Arbeit meinte: „… sehr gut, Bertoni, bis auf die eine Figur links außen, die ist Ihnen nicht gelungen, sie wirkt so unlebendig.“ – diese Figur war die einzige, die den Krieg als Original überstanden hatte.

So wie Maria Biljan-Bilger, mit der ihn zeitlebens eine enge Freundschaft verband, war er Gründungsmitglied des Art Clubs, einer Künstlervereinigung, die für die Autonomie der modernen Kunst eintrat, und er begann sein Studium an der Universität Wien als einer der ersten Schüler Fritz Wotrubas. 1965 übernahm er die Professur für Bildhauerei an der Universität für angewandte Kunst in Wien.

Zu jener Zeit fand er auch seine Mühle in Winden – oder hat die Mühle ihn gefunden, den Künstler, der sich stets als „Mann der Ebene“ bezeichnet? Die Berge sind nicht seins, sie sind ausdrucksstark und brauchen keine Modellierung. Die Ebene hingegen ist sein Zuhause, da kann er fabulieren, seine Gedanken einbringen, gestalten und träumen. Mit seinen Plastiken aus Polyester, Stahl oder Bronze hat er dem Gelände rund um sein Domizil seinen Schliff gegeben, die Kunst mit der Natur verwoben.

So, wie der Künstler und sein Werk ein Teil der Landschaft geworden sind, fügt sich auch sein Sonnenanbeter in das Bild. Weithin sichtbar glänzt die 20 Meter hohe Skulptur aus Edelstahl in der Sonne. Sogar in New York ist sie schon gewesen. 1964 bei der Weltausstellung. Und gerne hätte sie eine amerikanische Universität gekauft. Wander Bertoni aber lehnte ab. In Winden sollte die Skulptur schließlich ein Zuhause finden, so, wie der Künstler selbst. Den Platz, wo sie steht, hat er selbst ausgesucht, einen Platz zwischen Neusiedler See und Leithagebirge, dem Berg, an dessen Hängen der Künstler lebt und arbeitet. Von dort kommt auch das Wasser, das seiner Mühle einst die Kraft zum Drehen der Räder gab. Das alte Wasserrad sei heute nicht mehr an seinem Platz, erklärt der Hausherr, doch „das Wasser fließt wie immer“.

Reich der Gegensätze

Fria Elfen-Frenken

Sand zwischen Glas. Ein altes Holztor führt in einen Hof. Hier wohnt Fria Elfen-Frenken, in einem der ältesten Gebäude von Breitenbrunn. Lithoplatten auf dem Boden der Einfahrt. Schwibbögen überspannen die selbige. Irgendwann dann der Garten. Rosen in vielen Farben. Rosen mit vielen Düften. „Kommen Sie, die müssen Sie riechen“, lädt Fria Elfen-Frenken ein. „Der Duft, er passt richtig zur Farbe.“ Jeder Schritt eine neue Erfahrung. Hinten beim Weinkeller liegt das Gewicht einer alten Baumpresse. Dort drüben eine Mühle für Blocksalz. Zwei unterirdische Keller, verbunden durch einen Gang. Hierher führten die Fluchtgänge der anderen Streckhöfe, hier traf sich die Bevölkerung in Krisenzeiten. Der Keller selbst ist kathedralischen Ausmaßes. In einem lagert noch ein Haufen Koks. Konstante Kühle im organischen, buckligen Lehmgemäuer. „Berühren Sie die Wände, spüren Sie die Kraft der Räume“, kommt sanft die Aufforderung der Hausherrin.

Gemeinsam mit ihrem Mann hat die 1934 in Wien geborene Künstlerin hier die „Werkstatt Breitenbrunn“ gegründet. Bereitwillig öffnet sie uns die Türe und führt uns in eine Welt von Reflexionen, von Installationen, von Licht und Schatten. Hier kommt auch wieder der Sand in den Fenstern ins Spiel. Er lässt gerade so viel Licht ins Haus, damit der dahinter liegende Raum ausreichend beleuchtet ist. Er dient als Sichtschutz und – auch diese Funktion ist wohl durchdacht – als natürliche Dämmung. Der Raum selbst, ein architektonisches Kleinod, von einem Netzrippengewölbe aus dem 16. Jahrhundert überspannt. Sorgfältig restauriert. Liebevoll in Szene gesetzt von seiner Besitzerin. Das ist das Kunstreich von Fria Elfen-Frenken. Hier arbeitet sie, hier lebt sie. „Das sieht für mich auf den ersten Blick aus wie Plexiglas mit Siebdruck“, sagt der Fotograf. „Es ist kein Siebdruck, das sind Folien und Collagen“, antwortet die Künstlerin. „Ich arbeite schon sehr lange mit Schrift, zerlege Buchstaben, es entsteht etwas Neues daraus. Irgendwann hab ich angefangen Fotoelemente zu verwenden und da hat das dann mit der Folie angefangen. Die Leute haben gefragt: Wie kommt man denn zu so was? Und dann habe ich gesagt, dass ich mich schon sehr lange mit Kunst beschäftige, das ist nicht von heute auf morgen vom Himmel gefallen. Ich habe zum Beispiel viele Jahre gestempelt. Das sind alles gestempelte Arbeiten.“ Gestempelte Arbeiten auf feinem Stoff, zart strukturierte Muster, wie viele kleine, aufgeheftete Fäden.

Doch die Kunst von Fria Elfen ist wandelbar. „Ich wollte keine Arbeiten machen, die irgendwo stehen, sondern ich wollte transparente Kunst machen, die in den Raum geht. Ich denke, dass meine Arbeiten mit den Räumen auch etwas machen. Sie verändern die Räume und sie verändern auch sich selber, so dass jede Arbeit in einem neuen Raum wieder eine neue Skulptur wird. Mir ist es immer noch um Übergänge gegangen.“ Auch der

Name Fria ist in gewisser Weise ein Übergang: „Das ist mein Künstlername. Fria Elfen – und zwar ist mein Mädchenname Elfriede und eines Tages hatte ich das Gefühl ich brauche jetzt einen neuen Namen und dann ist dieser Name entstanden, so in Gesprächen, plötzlich war er da und da hat mir dieses Fria sehr gut gefallen. Es geht auch um die Energie der Laute, Elfriede ist alles mit E, so eine sanfte Geschichte, und Fria hat mehr Energie. Das habe ich gefunden und das hat mir deshalb gut gefallen." Ein künstlicher Name für eine Künstlerin, die organische und humanistische Themen auf Folie und auf Acrylglas bringt, die moderne Materialien in traditionellen Gemäuern installiert, die in ihrem Werk Gegensätze herausarbeitet und neu interpretiert.

So bringt die Avantgarde-Künstlerin ihre Empfindungen zum Ausdruck, durch scheinbar Unvereinbares, durch Unerwartetes. Das beste Beispiel dafür ist ihr Refugium selbst, wo Eindrücke zu Ausdrücken werden, wo Licht auf Schatten trifft und wo durch Stimmungen Neues entsteht, das jeder für sich selbst interpretiert.

Spielstätte eines Künstlers

Sepp Laubner

Ein heller Raum, das Licht kommt durch ein Lichtband unter dem Dach. Überall Bilder. An den Wänden, auf Staffeleien, in den Ecken, frei im Raum schwebend, auf dem Boden liegend, in Schubfächern, hinter einer Schiebetür… Farbspritzer auf den Holzdielen, manchmal auch auf der Wand. Mobile, rollende Plattformen mit Farbtöpfen, Pastellkreide, Gießkannen, verschiedenste Pinsel vom Marderhaar bis zum Flächenstreicher. Das ist das künstlerische Refugium von Sepp Laubner, eingerichtet in „seinem" Teil der Cselley Mühle. Hier arbeitet er, hier hat er aber auch ausgestellt. In dem Atelier fühlt sich der Besucher auf Anhieb wohl. Stets findet das Auge ein neues Detail, das den Blick auf sich zieht, unerwartete Elemente in scheinbar logischen Flächen.

Inzwischen fängt der Künstler an zu arbeiten. Klatscht rote Farbe auf die weiße Leinwand. Spritzer, die dabei entstehen, sind durchaus gewollt. „Ich habe einen Jammer mit der weißen Leinwand", meint er und beginnt damit, dem Bild Leben einzuhauchen. Mit kräftigen Strichen zieht er die Farbe in alle Richtungen. Die akustische Kulisse dafür bildet die Farbe selbst. Kratzend, schmatzend, bürstend. Aus dem Radio kommt klassische Musik. Während das Atelier zum Fotostudio wird, kann er nicht von dem Bild lassen. Ein zarter Creme-Ton kommt hinzu, schon spannt sich die Leinwand durch das Auftrocknen der Farbe. Daneben erzählt Sepp Laubner von den Anfängen der „Müh" und von ihrem Vorgänger, dem Köller-Haus in Großhöflein. Es dauert auch nicht lange, bis er ein Fotoalbum holt von damals, von den 70er-Jahren. Er schildert, als ob es gestern gewesen wäre. Von Regentänzen und Piratenfeiern. Von Aktionismus und berühmten Gästen.

Was Sepp Laubner neben seiner Kindheit, er wurde 1949 in Eisenstadt geboren und wuchs auch dort auf, noch mit dem Leithagebirge verbindet? „Das Terroir", meint er. Denn wenn er ein Wein wäre, dann würde man seine Herkunft bemerken. Dann würde man erkennen, dass er das Produkt dieser Gegend ist. Weg von hier hat es ihn eigentlich noch nie gezogen, auch wenn er gerne reist, dann freut er sich dennoch schon wieder auf daheim. Und auch von der Malerei hat er sich nie wirklich entfernt. Zwar kommen hie und da auch andere Materialien ins Spiel, doch bleiben stets die Farbe und der Pinsel die primären Utensilien.

Die Inspiration zu seinen Werken, die holt er sich im Leben. Wäre es farblos, dann könnte er nicht diese Bilder malen. Und so hängen seine Geschichten hier im Atelier an der Wand. Sie sind zwar fertig, aber auch wieder nicht. Müssen warten, bis der Künstler findet, dass sie zu Ende erzählt sind. Oft ist es dann noch ein letzter Strich, ein kleines Detail, bis die Bilder in seine Galerie kommen, wo sie sich selbst immer wieder neu inszenieren, je nachdem, woher das Licht kommt. Stets ist es das Spiel mit der Farbe, das seine Kunst prägt. Nicht Landschaftsbilder sind es, sondern abstrakte Werke, die durch die Gegensätze sprechen, die ihnen innewohnen. Ein grafischer Strich in einer malerischen Umgebung. Das Spiel der Kontraste zwischen Hell und Dunkel. Der Künstler selbst bringt auf den Punkt, was ihn zu seinen Werken ansport: „Zu malen, das ist eine Schlacht. Ich weiß, dass ich sie für mich gewinnen muss." Und so malt Sepp Laubner weiter. Und irgendwann, ist er sich sicher, gelingt ihm das perfekte Bild.

Vorige Seite: Ein Spiel aus Licht und Schatten.
Fria Elfen-Frenken liebt es, den Raum zu inszenieren.

Links: Unter dem Dach der Cselley-Mühle hat Sepp Laubner sein Atelier und seine Galerie eingerichtet.

Sagenhaftes Leithagebirge

„Hättest du nur getan, worum ich dich gebeten habe, dann wäre ich erlöst."

Ein Ausklang

Auf dem Burgstallberg in Eisenstadt, wo dieses Buch entstand, wuchs früher Wein. Eines Tages, so wird erzählt, traf die Besitzerin des Weingartens hier auf eine schöne, weiße Frau, die sprach: „Morgen um die gleiche Zeit werde ich als Schlange mit einem Schlüssel wieder hier an diesen Ort kommen. Fürchte dich nicht und reiße der Schlange den Schlüssel aus dem Maul, dann werde ich erlöst".

Genau so war's am nächsten Tag, wie es die weiße Frau geheißen hatte. Trotzdem erschrak die Bäuerin so sehr über die Schlange, dass sie nur laut um Hilfe rief, anstatt der Schlange, wie geheißen, den Schlüssel aus dem Maul zu nehmen. Da war die Schlange verschwunden, die Frau wieder alleine. Als sie sich am dritten Tag aufmachte, um in ihrem Weingarten zu arbeiten, erschien wiederum die weiße Frau. „Hättest du nur getan, worum ich dich gebeten habe, dann wäre ich erlöst. Einst war ich eine Prinzessin, ehe ich verwunschen wurde. Seither friste ich hier mein Dasein und warte auf meine Errettung. Nun muss ich wieder harren, bis an dieser Stelle ein Nusskern zu einem festen Bäumchen aufgeht, aus dessen Stamm eine Wiege gezimmert wird. Das Kind in dieser Wiege wird mein Erlöser sein", klagte sie laut seufzend und verschwand.

Noch andere wundersame Dinge erzählt man sich von jenem Berg, der als die Wiege Eisenstadts bezeichnet wird. Auf seiner Kuppe befand sich einst eine Wallburg und noch heute sollen sich des Nächtens unheimliche

Vorige Seite: Ein Blick in Nachbars Garten.
Links: Nebel über dem Buchgraben in Eisenstadt.
Nächste Seite: Wanderkarte Freytag & Berndt, ca. 1940

Gestalten dort herumtreiben. Auch von einem Schatz dort oben wird berichtet und von einem Berimandl, das ihn bewacht. Erblickt ein Menschenauge jenes Männchen, so legt es sich den Zeigefinger auf die geschlossenen Lippen und verschwindet rasch im Unterholz. Denn es weiß nicht nur, wo ein Schatz begraben liegt, sondern kann auch Unangenehmes vorhersehen, was es nach Möglichkeit vermeiden möchte.

Als sich einmal ein Mädchen auf den Weg nach Loretto aufmachte, um dort bei der Gnadenmutter zu beten, gesellte sich das Berimandl zu ihm und begleitete es ein Stück des Weges. Schließlich fasste es sich ein Herz und sprach das Mädchen an: „Madl, Madl, du brichst dir heut bei der Stiegen das Wadl".

Das Mädchen wusste nicht so recht, was es damit anfangen sollte. „Wo soll ich mir die Wade brechen, wo's doch im Wald weit und breit keine Stiegen gibt", lachte es und setzte seinen Weg behände fort. So kam es ins Stolpern und blieb mit gebrochenem Bein liegen. Zum Glück kam eine alte Frau des Weges, ihr erzählte das Mädchen vom Berimandl. „Es hat wohl Recht behalten", sagte da die Alte, „denn dieser Teil des Weges trägt den Namen Sieben Stiegen." Hätte das Mädchen also die Warnung ernst genommen, so wäre ihm dieses Leid erspart geblieben.

Ich selbst habe das Berimandl auf dem Burstallberg Gott sei Dank noch nicht getroffen, nur ein paar Wildschweine aufgeschreckt, die sich in dem verwachsenen Wald in ihrer Kuhle versteckt hielten oder das scheue Reh, das sich des Nächtens über meinen Garten her macht. Ob die weiße Frau schon erlöst wurde? Wer weiß. Auch sie ist mir bislang noch nicht begegnet. Manchmal aber, wenn sich der Nebel in die Gräben des Waldes legt, dann spürt man sie hautnah, die Mystik des sagenhaften Leithagebirges.

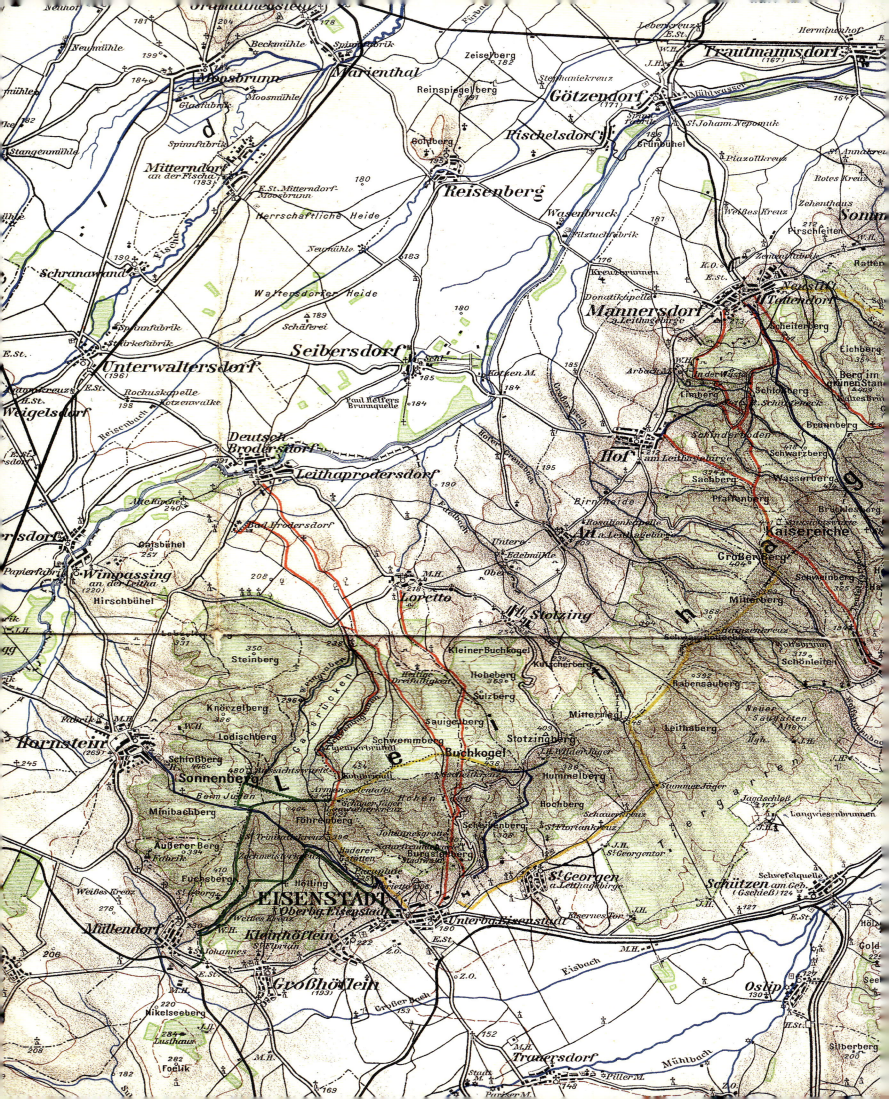

Die Orte des Leithagebirges

*Die in diesem Buch erwähnten Anrainergemeinden
des Leithagebirges in Zahlen und Fakten*

Au am Leithaberge

Marktgemeinde
Einwohner: 921
Fläche: 16,71 km²
Höhe: 211 m ü.A.
Erste Erwähnung: 1375 in Zusammenhang
mit der Edelmühle

Breitenbrunn am Neusiedler See

Marktgemeinde
Einwohner: 1.907
Fläche: 25,72 km²
Höhe: 140 m ü.A.
Erste Erwähnung: 1257 „Praittenbrunn"

Bruckneudorf

Kleinstadt
Einwohner: 2.805
Fläche: 36,64 km² (davon 14 km² Kaiser-
steinbruch)
Höhe: 150 m ü.A.
Ursprung: 1846 Errichtung d. Bahnhofs,
1867 Errichtung des Militärlagers

Donnerskirchen

Marktgemeinde
Einwohner: 1.745
Fläche: 33,92 km²
Höhe: 193 m ü.A.
Erste Erwähnung: 1285 „Dundeskürchen"

Eisenstadt (gesamt)

Freistadt
Einwohner: 13.165
Fläche: 42,89 km²
Höhe: 182 m ü.A.

Eisenstadt ohne Kleinhöflein und St. Georgen

Einwohner: 9.851
Fläche: 18,51 km²
Erste Erwähnung: 1118 „castrum ferreum",
1264 „minor Mortin"

Großhöflein

Marktgemeinde
Einwohner: 1.940
Fläche: 14,25 km²
Höhe: 194 m ü.A.
Erste Erwähnung: 1156 „Gut Heulichin"

Hof am Leithaberge

Marktgemeinde
Einwohner: 1.477
Fläche: 22,07 km²
Höhe: 215 m ü.A.
Erste Erwähnung: 1208 „Hof"

Hornstein

Marktgemeinde
Einwohner: 2.769
Fläche: 37,04 km²
Höhe: 273 m ü.A.
Erste Erwähnung: 1271 „terra zorm"

Jois am Neusiedler See

Marktgemeinde
Einwohner: 1.438
Fläche: 25,91 km²
Höhe: 130 m ü.A.
Erste Erwähnung: 1209 „Nulos"

Kaisersteinbruch

Ortsteil von Bruckneudorf
Einwohner: 304
Fläche: 14 km²
Höhe: 150 m ü.A.
Erste Erwähnung: 1590 „Steinbruch",
Königshof 1203 als Schenkung an die
Zisterzienser

Kleinhöflein im Burgenland

Ortsteil von Eisenstadt
Einwohner: 1.094
Fläche: 10,19 km²
Höhe: 182 m ü.A.
Erste Erwähnung: 1380 „Clanhewelin"

Leithaprodersdorf

Gemeinde
Einwohner: 1.159
Fläche: 18,94 km²
Höhe: 196 m ü.A.
Erste Erwähnung: 1232 „castrum Pordan",
jedoch gibt es Hinweise auf eine frühere
Erwähnung 833 als „Lithaha"

Loretto

Marktgemeinde
Einwohner: 463
Fläche: 2,38 km²
Höhe: 218 m ü.A.
Bau der Lorettokapelle: 1644

Mannersdorf am Leithagebirge

Stadtgemeinde
Einwohner: 3.828
Fläche: 29,91 km²
Höhe: 212 m ü.A.
Erste Erwähnung: 1233

Müllendorf

Gemeinde
Einwohner: 1.326
Fläche: 12,78 km²
Höhe: 232 m ü.A.
Erste Erwähnung: 1271 „Mylchdorf"

Parndorf

Gemeinde
Einwohner: 4.214
Fläche: 59,2 km²
Höhe: 182 m ü.A.
Erste Erwähnung: 1264 (oder 1268) „Perun"

Purbach am Neusiedler See

Stadtgemeinde
Einwohner: 2.701
Fläche: 45,75 km²
Höhe: 128 m ü.A.
Erste Erwähnung: 1270 „Castrum Purpach"

Schützen am Gebirge

Gemeinde
Einwohner: 1.400
Fläche: 21,18 km²
Höhe: 130 m ü.A.
Erste Erwähnung: 1211 „Lvev" (=Lövö)

Sommerein

Marktgemeinde
Einwohner: 1.934
Fläche: 41,41 km²
Höhe: 197 m ü.A.
Erwähnung: 1436 als „Samaria", „in vulgari thetonico" – zu Deutsch „Zentmareyn" – ob dies jedoch die erste Erwähnung ist, konnte an dieser Stelle nicht festgestellt werden.

St. Georgen am Leithagebirge

Ortsteil von Eisenstadt
Einwohner: 2.311
Fläche: 14,19 km²
Höhe: 160 m ü.A.
Erste Erwähnung: 1300 „villa Sancti Georgii"

Stotzing

Marktgemeinde
Einwohner: 805
Fläche: 12,89 km²
Höhe: 253 m ü.A.
Gründung: Ansiedlung der Bewohner um 1583, offizielle Dorfgründung: 1593

Wimpassing an der Leitha

Gemeinde
Einwohner: 1.265
Fläche: 7,91
Höhe: 222 m ü.A.
Erste Erwähnung: 1376 „spiculatores de Cheky", 1463 „Wimpassing"

Winden am See

Gemeinde
Einwohner: 1.281
Fläche: 13,49 km²
Höhe: 124 m ü.A.
Erste Erwähnung: 1217 „Sasun sive Winden"

Einige Superlative am Leithagebirge:

Kleinste eigenständige Gemeinde nach Einwohnern: Loretto, 463 Einwohner

Größte Gemeinde nach Einwohnern: Eisenstadt, 13.165 Einwohner

Höchste Bevölkerungsdichte: Loretto, 194,54 pro km²

Geringste Bevölkerungsdichte: Sommerein, 47,7 pro km²

Kleinste Gemeinde nach Fläche: Loretto, 2,38 km²

Größte Gemeinde nach Fläche: Parndorf, 59,2 km²

Am höchsten gelegene Gemeinde: Hornstein, 273 m ü.A.

Am tiefsten gelegene Gemeinde: Winden am See, 124 m ü.A.

Älteste urkundl. Erwähnung: vermutlich Leithaprodersdorf, 833, Eisenstadt: 1118

Jüngste Gemeinde: Bruckneudorf, entstanden nach Ansiedlung des Bahnhofs 1846

Bibliographie

Literatur allgemein

Amt der Burgenländischen Landesregierung (Hg.): Historischer Atlas Burgenland. WAB 141. Eisenstadt 2011.

Burgenländische Landesregierung (Hg.): Allgemeine Landestopographie des Burgenlandes. Eisenstadt 1963. Bd. II/1 und II/2.

Burgenländische Landesregierung (Hg.): Burgenland. Landeskunde. Wien 1951.

Schmeller Alfred: Das Burgenland. Seine Kunstwerke, historische Lebens- und Siedlungsformen. Salzburg 1965.

Sagenhaftes Leithagebirge

Friedl Hofbauer: Sagen aus dem Burgenland. Wien 2000.

Korallenriff und Bärenhöhle

Burgenländisches Landesmuseum Eisenstadt (Hg.): Karste und Höhlen im Burgenland. Eisenstadt 1998.

Schönlaub Hans P. (Hg): Geologie der österreichischen Bundesländer: Burgenland. Wien 2000.

www.sommerein.gv.at/system/web/zusatzseite.aspx?men uonr=218984440&detailonr=218983148 (Stand 18.12.2011)

Quellen, Bründl und Bäder

Amt der NÖ Landesregierung (Hg.): Europaschutzgebiete „Feuchte Ebene - Leithauen" - Informationen zum Natura 2000-Management für das FFH- und Vogelschutzgebiet. St. Pölten 2009.

Antl-Weiser Walpurga: Mannersdorf am Leithagebirge. Stadtgeschichte. Mannersdorf. 1994.

Bauer Martha: Der Weinbau des Nordburgenlandes in volkskundlicher Betrachtung. Eisenstadt 1954.

Bezemek Ernst, Krauscher Rudolf (Hg.): Au am Leithaberge. Au am Leithaberge 2002.

Ernst August: Am heiligen Berg Eisenstadt-Oberberg. Eisenstadt 1996.

Gemeinde Schützen am Gebirge (Hg.): Chronik der Gemeinde Schützen am Gebirge. Eisenstadt 1996.

Frank Norbert: Die Straßennamen von Eisenstadt. In: Prickler Harald, Seedoch Johann (Hg.): Eisenstadt. Bausteine zur Stadtgeschichte. Eisenstadt 1998. S. 87-142.

Koschischek Christa Maria: Geomorphologie und Hydrologie am Südostrand des Leithagebirges (erläutert am Beispiel Purbach). Diplomarbeit. Wien 1988.

Marktgemeinde Leithaprodersdorf (Hg.): 750 Jahre Leithaprodersdorf. Leithaprodersdorf 1982.

Mochty Christina, Bezemek Ernst: Die Marktgemeinde Hof am Leithaberge im Wandel der Zeit. Hof am Leithaberge 1998.

Wenzel Reinhard: 80 Jahre Burgenland von Kalch bis Kittsee. Ebreichsdorf 2001.

austria-lexikon.at/af/Wissenssammlungen/Bibliothek/ Heilige_Quellen/Burgenland/Leithaprodersdorf_ Dreifaltigkeitskapelle (Stand 2.2.2012)

de.wikipedia.org/wiki/Leitha (Stand 12.1.2012)

www.kleinezeitung.at/nachrichten/chronik/ hochwasser/2045920/index.do (Stand 12.1.2012)

www.burgenland.at/natur-umwelt/geschuetzte-gebiete/ naturschutzgebiete/ (Stand 12.1.2012)

Uhu, Diptam und Smaragdeidechse

Esterhazy Betriebe GmbH: Kleinode des Burgenlandes. Eisenstadt 2010.

Fischer Manfred A., Fally Josef: Pflanzenführer Burgenland. Deutschkreutz 2000.

Mochty Christina, Bezemek Ernst: Die Marktgemeinde Hof am Leithaberge im Wandel der Zeit. 1998.

Naturschutzbund Burgenland (Hg.): Jungerberg und Hackelsberg. Broschüre, ohne Jahr.

Prost Franz (Hg.): „Der Natur und Kunst gewidmet." Der Esterházysche Landschaftsgarten in Eisenstadt. Wien, Köln, Weimar 2005².

Wiegele Miriam: Geschichten von Blumen und Kräutern. Waidern 2010⁴.

Verein „Freunde des Eisenstädter Schlossparks" (Hg.): Spaziergang durch den Eisenstädter Schlosspark. Eisenstadt 2009.

www.batlife.at (Stand 30.11. 2011)

www.naturschutzbund-burgenland.at (Stand 26.3.2012)

Lebensraum

Au am Leithaberge
Bezemek Ernst, Krauscher Rudolf (Hg.): Au am Leithaberge. 2002.

Hof am Leitaberge
Mochty Christina, Bezemek Ernst: Die Marktgemeinde Hof am Leithaberge im Wandel der Zeit. 1998.

Mannersdorf
Amelin Christl: Das Einsiedlerkloster St. Anna in der Wüste im Naturpark von Mannersdorf am Lbg. o.O. 2004.

Antl-Weiser Walpurga: Mannersdorf am Leithagebirge. 1994.

Sommerein
Ricek L.G.: Geschichtliche Mitteilungen über Sommerein am Leithaberge. Sommerein 1910.

www.oeaw.ac.at/vid/download/histortslexikon/ Ortslexikon_Niederoesterreich_Teil_1.pdf (Stand 17.7.2012)

www.sommerein.at (Stand 17.7.2012)

Letzte Ruhe
Speckner Hubert: In der Gewalt des Feindes: Kriegsgefangenenlager in der „Ostmark" 1939-1945. Wien 2003.

de.wikipedia.org/wiki/Kriegsgefangenenlager_ Kaisersteinbruch (Stand 14.5.2012)

Kaisersteinbruch
Gespräch mit Helmuth Furch im März 2012

de.wikipedia.org/wiki/Kaisersteinbruch (Stand 14.3.2012)

de.wikipedia.org/wiki/Kaiserstein_%28Gestein%29 (Stand 14.3.2012)

de.wikipedia.org/wiki/Handwerk_der_Steinmetzen_und_Maurer_in_Kaisersteinbruch (Stand 14.3.2012)

Bruckneudorf
Hašek Jaroslav: Die Abenteuer des braven Soldaten Schwejk. Übersetzt von Grete Reiner. Reinbeck bei Hamburg 1999. S. 288 und S. 338.

Lechner Karl (Hg.): Handbuch der historischen Stätten Österreichs. Donauländer und Burgenland. Stuttgart 1970. S. 715.

de.wikipedia.org/wiki/Bruck_an_der_Leitha (Stand 23.3.2011)

Parndorf
Burgenländische Landesregierung (Hg.): Allgemeine Landestopographie des Burgenlandes. Bd. I. Eisenstadt 1954.

Dikovich Bettina: Studien zur Ortsgeschichte von Parndorf. Von den Anfängen der historischen Kenntnis bis zum Revolutionsjahr 1848. Diplomarbeit, Wien 2001.

Moser Jonny: Wallenbergs Laufbursche. Jugenderinnerungen 1938-1945. Wien 2006.

www.bda.at/text/136/Denkmal-des-Monats/16606/Alter-Meister-neu-entdeckt (Stand 21.7.2012)

www.doew.at/aktuell/moser.html (Stand 21.7.2012)

Jois
Hillinger Franz: Jois. 800 Jahre und mehr. Jois 2008.

Swittalek Peter: Jois. In: Rosnak Hans (Hg.): Burgenland. Jahrbuch für ein Land und seine Freunde: Ausgabe 1975. S. 24.

Winden
Guglia Otto, Schlag Gerald: Burgenland in alten Ansichten. Wien 1986.

Hillinger Franz: Jois. 2008.

Lechner Karl (Hg.): Handbuch der historischen Stätten Österreich. Donauländer und Burgenland. 1970.

www.winden.at (Stand 1.3.2012)

Informationstafeln in Winden

Breitenbrunn
Kumpf Gottfried: Maler und Bildhauer. Wien 2008.

Rosnak Hans (Hg.): Burgenland. Jahrbuch für ein Land und seine Freunde. Eisenstadt. 1978.

Purbach
Rosnak Hans (Hg.): Burgenland – ein Jahrbuch für ein Land und seine Freunde. 1978.

Stadtgemeinde Purbach am Neusiedlersee (Hg.): Purbach. Die Stadt am Land. o.A.

Ulbrich Karl: Der Burgstall von Purbach im Nordburgenland. In: Volksbildungswerk für das Burgenland (Hg.): Burgenländische Heimatblätter 24. Jahrgang Heft 3. Eisenstadt 1962.

www.purbach.at (Stand 24.1.2012)

www.nikolauszeche.at (Stand 14.1.2012)

Donnerskirchen
Kaus Karl: Das Stierkopfgefäß von Donnerskirchen. In: Burgenland. Archäologie und Landeskunde. Wissenschaftliche Arbeiten aus dem Burgenland Bd. 114. Eisenstadt 2006.

Lechner Karl (Hg.): Handbuch der historischen Stätten Österreich. 1970.

Ohrenberger Alois: Archäologie. In: Burgenland. Land der Zukunft. Wien o.A.

www.donnerskirchen.at (Stand 12.2.2012)

Schützen
Gemeinde Schützen am Gebirge (Hg.): Chronik der Gemeinde Schützen am Gebirge. Eisenstadt 1996

Ausstellung: 900 Jahre Schützen am Gebirge. Juli bis August 2011.

de.wikipedia.org/wiki/Sch%C3%BCtzen_am_Gebirge (Stand 15.8.2011)

St. Georgen
Dorfblick St. Georgen (Hg.): St. Georgen – Geschichte und Geschichten. St. Georgen 2000.

Gespräch mit Michael Leberl im Jänner 2012

Eisenstadt
Ernst August: Am Heiligen Berg Eisenstadt-Oberberg. 1996.

Hillebrand-Trautner Gerda, Nemeth Josef: Bergler G'schichten. Zeitzeugen erzählen aus ihrem Leben. Eisenstadt 2003.

Prickler Harald, Seedoch Johann (Hg.): Eisenstadt. 1998.

Semmelweis Karl: Eisenstadt. Ein Führer durch die Landeshauptstadt. Eisenstadt 1987.

Unger Günter: Fred Astaire – Garantiert kein Burgenländer! In: Forscher – Gestalter – Vermittler. Festschrift Gerald Schlag. Wolfgang Gürtler und Gerhard Winkler (Hg.), WAB Band 105. Eisenstadt 2001.

Kleinhöflein
Ernst August: Am Heiligen Berg Eisenstadt-Oberberg. 1996.

Kalamar Andreas: Die Entstehung der Gartenanlagen des Fürsten Nikolaus II. Esterházy auf dem Glorietteberg bei Eisenstadt im ersten Jahrzehnt des 19. Jahrhunderts.

In: Mitteilungsblatt der Österreichischen Gesellschaft für historische Gärten. Heft 2/2001. S. 8-13.

Harald Prickler: Eisenstadt im Überblick – ein historisches Mosaik. In: Prickler Harald, Seedoch Johann (Hg.): Eisenstadt. 1998. S. 3-77.

www.eisenstadt.at (Stand 13.5.2012)

Großhöflein
Ernst August: Am Heiligen Berg Eisenstadt-Oberberg. 1996.

imburgenland.at/index.jsp?activePage=/gemeinden/grosshoeflein/&activeColumnUri=tcm:0-0-0 (Stand 1.4.2012)

Müllendorf
Berghofer Joseph: Müllendorf. Geschichte – Verkehr – Volkskunde. Eisenstadt 1980.

Meyer Wolfgang: Müllendorfer Kostbarkeiten. Bd. 2 der „Ortsmonographie Müllendorf". Eisenstadt 2005.

Hornstein
Homma Josef Karl: Burgenlands Burgen und Schlösser. Wien 1961.

Lechner Karl (Hg.): Handbuch der Historischen Stätten Österreichs. 1970.

www.hornstein.at (Stand 20.10.2011)

Wimpassing
Bezemek Ernst, Krauscher Rudolf: Au am Leithaberge. 2002.

Festschrift für Karl Semmelweis. Eisenstadt 1981. S. 21-43. (nach: mek.niif.hu/03300/03301/html/bgkvti_4/bgki0437de.htm Stand 4.5.2012)

Leithaprodersdorf
Marktgemeinde Leithaprodersdorf: 750 Jahre Leithaprodersdorf. 1982.

Sauer Franz, Hofer Nikolaus: Leithaprodersdorf. Von der Frühbronzezeit zum Mittelalter. Hg.: Bundesdenkmalamt Abteilung für Budendenkmale. Reihe A, Sonderheft 16. Wien 2011. www.leithaprodersdorf.at (Stand 9.10.2011)

Loretto
Fritsch Gerhard, Zachs Johannes: Das Buch vom Burgenland. Wien 1968.

Mohl Adolf: Loreto in Ungarn. Eisenstadt 1894.

Ohrenberger Alois: Archäologie. In: Burgenland. Land der Zukunft o.J.

Stotzing
Marktgemeinde Leithaprodersdorf: 750 Jahre Leithaprodersdorf. 1982.

Marktgemeinde Leithaprodersdorf, Ortsteil Stotzing (Hg.): 400 Jahre Stotzing. 1583. Stotzing 1983.

Schüleraufsatz Baxa Museum Mannersdorf.

Burg Roy
www.stotzing.at am 16. Mai 2012.

Vom Brocken, Klauben und Lesen

Antl-Weiser Walpurga: Mannersdorf am Leithagebirge. o.J.

Bauer Martha: Der Weinbau des Nordburgenlandes.
1954.

Drechsler Michael, Karpf Reinhard: Edelkirschbrand
im Vergleich mit selbstgebranntem Kirschschnaps und
weiteren Destillaten. Projektarbeit 2011.

Hillinger Franz: Jois. 2008.

Jüly Franz: Rosl, meine Urgroßmutter. Bruck/Leitha
2002[2].

Mochty Christina, Bezemek Ernst: Die Marktgemeinde
Hof am Leithaberge im Wandel der Zeit. 1998.

Prickler Harald: Weinbau und Weinwirtschaft. In:
Prickler Harald, Seedoch Johann (Hg.): Eisenstadt
1998. S. 247-294.

Stepan Eduard (Hg.): Burgenland. Festschrift.
Verlag Deutsches Vaterland, Wien 1920, S. 22

Angaben zur Leithaberg Edelkirsche von Rosemarie
Strohmayer und Alfred Schemitz.

Angaben zum Weinbau: Hans Neher im Jänner 2012,
Erwin Tinhof im März 2012.

www.leithaberg.at (Stand 5.2.2012)

Spirituelle Wege

Amelin Christl: Das Einsiedlerkloster St. Anna in der
Wüste. 2004.

Antl-Weiser Walpurga: Mannersdorf am Leithagebirge.
2004.

Ernst August: Am Heiligen Berg Eisenstadt-Oberberg.
1996.

Krauscher Rudolf: Unsere Liebe Frau von Stotzing.
Stotzing 1995.

Mohl Adolf: Loreto in Ungarn. 1894

www.bruckneudorf.eu (Stand 19.11.2011)

Bergauf und bergab. Vergnügen im
Leithagebirge

Cramer Friedrich: Führer durch Eisenstadt. Eisenstadt
1931.

Gemeinde Oslip: Oslip o.J.

Gemeinde Schützen am Gebirge (Hg.): Chronik der
Gemeinde Schützen am Gebirge. 1996.

Hillinger Franz: Jois.2008.

Körner Stefan: Die Fürsten Esterházy und die
ungarische Jagdgeschichte. In: Fürstliches Halali.
Jagd am Hofe Esterházy. Körner Stefan (Hg.) für die
Esterházy Privatstiftung. München 2008.

Landesverband für Fremdenverkehr im Burgenland und
Österreichische Verkehrswerbung (Hg.): Österreich.
Sommer im Burgenland o.J.

Orfer Bernd: Durch das Leithagebirge. In: Der
Standard. Printausgabe vom 22./23.11.2003.

Schutzbier Heribert: 100 Jahre Franz-Joseph-Warte
(Kaisereiche). Informationsblatt anlässlich des Jubiläums
1989.

Dorfblick St. Georgen (Hg.): St. Georgen – Geschichte
und Geschichten. St. Georgen 2000.

www.schiwiese.at (Stand 10.2.2012)

Auskünfte Österreichische Bundesforste AG, Herr
Michael Nedecker im April/Mai 2012.

Mündliche Angaben von Landesjägermeister Dipl. Ing.
Peter Prieler im April 2012.

Arbeit im Leithagebirge

Antl-Weiser Walpurga: Mannersdorf am Leithagebirge. o.J.

Bezemek Ernst, Krauscher Rudolf: Au am
Leithaberge. 2002.

Hillinger Franz: Jois. 2008.

Hübl Erich: Die Wälder des Leithagebirges. Eine
vegetationskundliche Studie. Wien 1959.

Weiß Petra, Antl Walpurga: Bruckneudorf. Bruck-
Ujfalu – Királyhida. Eine wechselvolle Geschichte an
der Leithagrenze. Bruckneudorf 2010.

Auskunft der Esterházy Betriebe, Oberförster
Dominikus Senft im September 2012.

Auskunft Österreichische Bundesforste AG, Michael
Neudecker Mai 2012.

Mündliche Auskunft von Dipl. Ing. Ralph Baehr-
Mörsen (Lafarge Mannersdorf), Dipl. Ing. Peter Karlich
(Mülhendorfer Kreidefabrik), Heribert Schutzbier
(Museum Mannersdorf) und Karl Tschank (Baxa
Kalkofen).

Mündliche Auskünfte von Offizierstellvertreter Josef
Hatos im Mai 2012.

Sonnenanbeter und Stierkopfurne

Achleitner Friedrich: Zur Maria Biljan-Bilger Halle in
Sommerein. In: n: Verein der Freunde der Maria Biljan-
Bilger Ausstellungshalle Sommerein (Hg.): Maria Biljan-
Bilger Ausstellungshalle Sommerein. Salzburg – München
2011. S. 31.

Ambrosi Gustinus: Das Burgenland, wie ich es sehe…
In: Volksbildungswerk für das Land Burgenland (Hg.):
25 Jahre Burgenland. Wien 1946.

Gemeinde Oslip (Hg.): Oslip. o.J.

Geosits Stefan (Hg.): Die burgenländischen Kroaten im
Wandel der Zeit. Wien 1986.

Griesinger Georg August: Biographische Notizen über
Joseph Haydn. Leipzig 1810.

Haromy F.F. (Hg.): Das Burgenland Buch. Wien 1950.

Högler Fritz: Joseph Haydn. Ein Künstlerschicksal,
erzählt nach alten Schriften, Briefen und Berichten.
Wien 1959.

Horvath Manfred, Reicher Walter: Joseph Haydn.
Eine musikalische Topographie. Wien 2001.

Kaus Karl: Das Stierkopfgefäß von Donnerskirchen.
In: Burgenland. Archäologie und Landeskunde. 2006.

Kurrent Friedrich: Zum Bau. In: Verein der Freunde
der Maria Biljan-Bilger Ausstellungshalle Sommerein
(Hg.): Maria Biljan-Bilger Ausstellungshalle Sommerein.
Salzburg – München 2011. S. 13.

Mayer Johannes Leopold: Nachklänge aus Haydns Zeit
– die historischen Orgeln von Eisenstadt. In: Prickler
Harald, Seedoch Johann (Hg.): Eisenstadt. 1998.
S. 230-246.

Meyer Wolfgang: Joseph Haydn und der Wein. Teil 1.
In: Kultur und Bildung 1/2009. S. 12-15.

Vetters Gudrun: Das Leben in einer römischen
Villa anhand ausgewählter Funde. In: Amt der
Burgenländischen Landesregierung (Hg.): Spuren
römischen Lebens im Burgenland. Eisenstadt 2008.
S. 91-116.

de.wikipedia.org/wiki/Wander_Bertoni, (Stand
6.7.2011)

Angaben zu Haydns Weingarten: mündliche Auskunft
von Franz X. Lehner

Mündliche Auskunft von Wander Bertoni im Juli 2011,
Fria Elfen-Frenken im Mai 2012, Sepp Laubner im
Mai 2012

Sagenhaftes Leithagebirge

www.sagen.at (Stand 23.6.2012)

Morscher Wolfgang, Mrugalska Berit: Die schönsten
Sagen aus dem Burgenland. Innsburck-Wien 2010.

Die Orte des Leithagebirges

Einwohnerzahlen lt. Wikipedia, Stand 22.6.2012,
Angaben Eisenstadt, Kleinhöflein, St. Georgen:
Stand 25.6.2012, Magistrat der Freistadt Eisenstadt;
Einwohnerzahlen Bruckneudorf und Kaisersteinbruch,
Stand 27.6.2012, Stadtgemeinde Bruckneudorf.

Impressum

Brigitte Krizsanits, Manfred Horvath

Das Leithagebirge
Grenze und Verbindung

Cover: Hölzelstein, Wulkaebene und Leithagebirge.

Lektorat: Ursula Maria Mungitsch, Gertrud Krems
Korrektorat: Ursula Maria Mungitsch
Grafische Gestaltung: Sebastian Pils

Verlag **Bibliothek der Provinz**
A-3970 Weitra
www.bibliothekderprovinz.at

ISBN: 978-3-99028-172-7

Druck: Wograndl Druck GmbH.
Druckweg 1
A - 7210 Mattersburg

Verlag Bibliothek der Provinz

L i t e r a t u r ,   K u n s t   u n d   M u s i k a l i e n